西洋料理の黄金比

マイケル・ルールマン
谷 水奈子 訳

RATIO

THE SIMPLE CODES BEHIND THE CRAFT OF EVERYDAY COOKING

MICHAEL RUHLMAN

楽工社

推薦の言葉

「創作活動の多くがそうであるように、料理の鍵を握るのは関係である。例えば、一斤のパンに入れる小麦粉の量を正確に知ることより、小麦粉と水、あるいは脂肪や塩との関係を理解するほうがはるかに有益だ。そして関係の鍵を握るのが「黄金比」である。黄金比を手に入れたなら暗号解読リングを手にしたも同然、あなたはレシピの専制から解放される。

黄金比は、プロの料理人やパン職人にとって門外不出の秘密だ。だからマイケル・ルールマンが現代のプロメテウス〔ギリシャ神話に登場する神。人間に火をもたらし、ゼウスに罰せられた〕のように身を隠すことを強いられたとしても私は驚かない。ルールマンは神にこそふさわしい力を我々人間にもたらし、厨房のパワーバランスを永久に変えた。私は感謝している。皆さんもそうではないだろうか」

――アルトン・ブラウン

（料理書作家。TV番組「アイアン・シェフ・アメリカ（米国版 料理の鉄人）」実況解説者）

西洋料理の黄金比

目次

黄金比一覧表

小麦粉の生地（ドウ）

パン	パスタ生地	パイ生地
5：3 小麦粉：水（＋パン酵母＋塩）	3：2 小麦粉：卵	3：2：1 小麦粉：油脂：水

ビスケット	クッキー生地	シュー生地
3：1：2 小麦粉：油脂：液体	1：2：3 砂糖：油脂：小麦粉	2：1：1：2 水：バター：小麦粉：卵

小麦粉の生地（バッター）

パウンドケーキ	スポンジケーキ
1：1：1：1 バター：砂糖：卵：小麦粉	1：1：1：1 卵：砂糖：小麦粉：バター

クイックブレッド	マフィン
2：2：1：1 小麦粉：液体：卵：バター	2：2：1：1 小麦粉：液体：卵：バター

エンジェルフードケーキ	フリッター（洋風天ぷら）	ポップオーバー
3：3：1 卵白：砂糖：小麦粉	2：2：1 小麦粉：液体：卵	2：1：1 液体：卵：小麦粉

パンケーキ	クレープ
2：1：1/2：2 液体：卵：バター：小麦粉	1：1：1/2 液体：卵：小麦粉

ストック

ストック
3：2
水　骨

ルー
3：2
小麦粉　油脂

とろみづけ
10：1
液体　ルー

ブールマニエ（容積比）
1：1
小麦粉　バター

コンソメ
12：3：1：1
ストック　肉　ミルポワ　卵白

とろみづけのルール
1：11/5
でんぷん（大さじ）　液体（カップ）

スラリー（容積比）
1：1
コーンスターチ　水

肉と魚介

ソーセージ
3：1
肉　油脂

ソーセージの味つけ
60：1
肉と油脂　塩

ムースリーヌ
8：4：1
肉　生クリーム　卵（個数）

ブライン液
20：1
水　塩

油脂ベースのソース

マヨネーズ
20：1
油　液体（＋卵黄）

ヴィネグレット
3：1
油　ヴィネガー

オランデーズソース
5：1：1
バター　卵黄　液体

カスタード

固形カスタード
2：1
液体　卵

クレーム アングレーズ
（バニラソース）
4：1：1
牛乳／生クリーム　卵黄　砂糖

チョコレートソース
（ガナッシュ）
1：1
チョコレート　生クリーム

キャラメルソース
1：1
砂糖　生クリーム

黄金比とは何か
なぜ比率が重要なのか

料理の黄金比とは、ひとつもしくは複数の材料の配合比率のことです。この配合が料理テクニックの根幹をなします。**黄金比を理解すれば、ひとつのレシピを覚えることで、千のレシピを身につけることになります。**

*チャバタ

たとえばパンの黄金比は、小麦粉5：水3です。つまり小麦粉250g+水150g（5：3）をあわせれば、量を増やし小麦粉500g+水300gであっても、小麦粉1000g+水600gであっても、こね方が正しければおいしい生地を作ることができます。ふくらますパン酵母も少々必要ですが、これは分量次第で応用がきく部分であり、比率には含みません。風味づけの塩も必要で、好みで仕上がる味が大きく分かれます。そしてパン酵母から発生するガスでふくらみ、十分な弾力が生まれるまで、生地をこねなければなりません。このように守らなければならないルールとテクニックはありますが、これらは比率には含みません。

いったんパンの黄金比を覚えたらどう活用できるでしょうか。**その場しのぎのレシピを、本やウェブサイトから探しまわったりせずに、**好きなパン作りができます。小麦粉500gであれ、小麦粉600gであれ、水の量を計算できます。小麦粉と水に、ドライイーストを多めにひとつまみ、塩を多めの2つまみあわせることで、おいしいパンが仕上がります。風味を添えるならローズマリーのみじん切り大さじ1とローストしたニンニクを一片加えると、ガーリックとローズマリーのチャバタ*にできます。タイム、セージ、オレガノなど他の生のハーブも美味です。もっと強い風味の素材を使ってもいいでしょう。ポブラノペッパー*にチポトレペッパー*、カラマタオリーブ*にクルミ、チョコレートとチェリー、ピスタチオとクランベリー。キャラメリゼした玉ねぎ！　ソーセージ！　チーズ！　小麦粉5：水3の比率を身につければ、バリエーションは無限です。やがて全粒粉やジャガイモも楽に使いこなせるようになるでしょう。

＊ポブラノペッパー
比較的辛味がマイルドな唐辛子。

＊チポトレペッパー
唐辛子の一品種ハラペーニョを燻製にしたもの。

＊カラマタオリーブ

もちろん、できあがるまでにはたくさんの変動要素が関係してきます。最終発酵の時間、オーブンの温度、生地成形のよしあしなど――こうした要素を考慮すると、きわめて難しく思えるかもしれません。たしかに、何度作っても完璧なパンが焼けるまでには修練とこまやかな気配りが必要です。あらゆる料理書がめざしているポイントもそこにあります。ですが基本的なレベルであれば、パン作りは決して難しくありません。

自家製ピザを焼きたい場合は――小麦粉300gと水180g（5：3）、パン酵母1つまみと、塩1つまみで、中サイズのピザ生地が作れます。糖分入りのピザ生地を使うレシピも多く、好みにあうなら砂糖やハチミツを大さじ1加えれば、パン酵母の働きが活発になります。風味づけにオリーブオイルを入れたレシピもよく見かけますが、お好み次第。5：3の比率さえ守れば、まちがいありません。

子供のお弁当に簡単でおいしいサンドイッチ用の白いパンを作りたい場合は？ ――この場合も配合は同じ5：3です。食物繊維がたくさんとれるように胚芽（はいが）を、風味と甘みづけにハチミツを加えてもよいでしょう。ただし低めの温度約175℃で中まで火が通るように、じっくりと1時間かけて焼きましょう。

本書は、こうした黄金比を集大成したものです。

料理は奥が深く、レシピひとつひとつに多くの要素――室温、小麦粉が買ってからどれくらい時間が経っているかなど――が関わるので、私が初めて習った料理の師匠が語っていたように、「黄金比がどれだけ力を発揮するかは、健全な判断力をどれだけ働かせるかに比例する」ことを頭に入れておくのが肝要です。比率は優れたテクニックがあってこそ生きてきます。比率表一枚をただ紹介するのではなく、書籍として紹介するのはそのためで、比率とその説明書が必要なのです。テクニックは練習しなければ身につきません。さらに上をめざせば道は果てしなく続きます。

ここで言っておきたいのですが、私が本書でめざしたのは「自分で作れる最高の」完璧なパン、完璧なパスタ、完璧なマヨネーズ、完璧なビスケットを作り上げることではなく、出発点となる基本を設定することです。応用し発展させることができる基本をまとめることを、本書ではめざしました。私は以前、著名な外科医を取り上げた自著『奇跡をおこす（*Walk on Water*）』〔小児心臓外科医を追ったドキュメンタリー〕の取材中、複数の医師から「『卓越』は『良い』の敵」という同じセリフを聞きました。外科医が卓越した治療をめざすと、ただ良い治療をめざしていればありえなかった弊害が生じることがある、という意味です。私は料理界屈指の完璧主義者と仕事をしたことがあり、その完璧なソース、完璧なカスタードの追求には感服しているものの、この本では「良い」レベルをめざしています。「良い料理」が身についてはじめて、「優れた料理」へとレベルアップしていけるからです。

黄金比を身につける効用はもうひとつあります。料理全般に対する理解が深まるのです。たとえばパンと手打ちパスタではどう違うのか。実はそれほど大差ないのです。パスタの場合は、水を卵に置き換えて小麦粉3：卵2の比率にするだけ。ではパン生地とパイ生地の違いは？　小麦粉と水の配合が少し異なり（パンは5：3だが、パイ生地は3：1）、さらにパイ生地をパイ生地たらしめる重要な第三の材料が加わってきます。それが油脂です。粘り気のあるパン生地と違い、パイ生地がやわらかいのは油脂のおかげです。パイ生地の標準的な黄金比は、小麦粉3：油脂2：水1であり、「3：2：1パイ生地」とよく呼ばれます。これは応用範囲が実に広いすばらしい比率です。こね方が軽いほどやわらかく仕上がるというパイ生地の性質を知らないとこの比率でも失敗することがあるのですが、とはいえ、この比率は大原則です。

世の中にはレシピが無数にありますが、その中で料理の腕を上げてくれる真の知識は限られています。むしろレシピに縛られる習慣が弊害になっているかもしれません。**黄金比**はその縛りをほどく鍵となり、**あなたを自由な料理作りに導いてくれる**ことでしょう。

黄金比は料理の基本です。黄金比はキッチンの基本食材——小麦粉、水、バターや油、牛乳や生クリーム、卵——にどのような働きがあり、配合を変えることで料理にどんなバリエーションが生まれるのか、たとえばパンがパスタになったり、クレープがケーキに変わることを教えてくれます。

ドウとバッター*は、比率が特に肝心です。基本となる食材の配合（比率）次第で、できるものが決まるからです。クレープとスポンジケーキの主な違いは、水分量に対して、クレープ生地の場合は小麦粉が半量という点につきます。

料理の幅を広げてくれる黄金比はほかにもたくさんあります。よく使う

*ドウとバッター
小麦粉などの穀物粉を使って作った生地のうち、手でこねられる硬さの流動性のない生地をドウ（dough）、水分が多く流動性のある生地をバッター（batter）という。

のがヴィネグレット*の標準的な比率です。これも簡単。油脂3：酢1、これだけです。でもおいしい。よく混ぜて緑の葉物にあえます。この比率を覚えたら、味つけを少々工夫すればいいだけです。塩コショウと、バランスをとるために砂糖を少々。風味づけに生のハーブ、ローストしたエシャロット*、白砂糖でなくブラウンシュガー*、ハチミツを加えてもいいでしょう。コクとクリーミーさを出すなら乳化*させましょう。油を変えるのもひとつの手で——キャノーラ油でなくベーコンに、あるいはオリーブオイルにしてもいいでしょう。また酢を変えるなら——赤ワインヴィネガーのかわりにシェリーヴィネガーに、シェリーヴィネガーのかわりにレモン果汁にしてもかまいません。

マヨネーズ——自作の最高の一品——の黄金比を覚えてしまえば、グリルポーク サンドイッチ用のクリーミーなライムクミン ドレッシングや、蒸したアーティチョーク*に添えるレモンエシャロット ディップソースも作れます。p191に簡単なハンドブレンダーを使うバージョンを紹介しています。あのエレガントで濃厚なバターのソース、オランデーズソースも、生のタラゴンをたっぷり加えれば格式あるベアルネーズソースに変わります。オランデーズソースのレシピだけを覚えるのではなく、オランデーズの黄金比とテクニックを覚えることで、唐辛子や、煮詰めた赤ワインとローズマリーを組みあわせて、ローストしたラム脚に添えるソースにも仕上げられる。比率を覚えれば、キッチンで生み出すメニューがどんどん広がっていくのです。

カスタード*にもやはり黄金比があります。これも簡単で、液体2：卵1。液体は通常は牛乳や生クリームですが、これに限りません。標準的な55gの卵（殻を除く重さ）を使うとすると、液体220gに卵2個（110g）でよいでしょう。ディナーにそれでは足りないと思うなら、液体440gに卵4個（220g）としましょう。これでおいしい焼きプリンができますが、デザートではなくおかずにも使えます。骨髄とコリアンダーで、先ほどのローストラムにバターソースのかわりに添える甘くないミントカスタードを作るとしましょう。この場合、加えるミントの量はどれくらいか？黄金比を知っていればシェフと同じ発想ができるようになります。健全な

*ヴィネグレット
よく知られている「フレンチドレッシング」を含む、酢を入れるソース／ドレッシング各種の総称。詳しくはp196～を参照。

*エシャロット

*ブラウンシュガー
糖蜜（モラセス）を含む、精製度が低い茶色い砂糖。

*乳化
水と油のように本来混ざらない2種類の液体が、分離せずに混じりあっている状態になること。

*アーティチョーク

判断力を働かせ、あとは味を見ながら決めていくのです。

比率は目分量で作るような料理、たとえばストック（出汁）や、ストックを煮詰めて作るスープやソースでも役に立ちます。ストックの黄金比があるかといえば、厳密に決まったものではないのですが、それでも、適正な分量配合の感覚をつかんでおくと、特に料理の初心者であれば何かと助けられるはずです。

ドウとバッターの黄金比は頻繁に使えるので、本書では1章でまずそれを紹介していきます。続いて、比率が別の形で価値を発揮するスープ（ストック）とソースを2章と4章で紹介します。油脂をベースにしたソースの場合、黄金比とは他の材料に対する油脂の分量を決めるものです。一方、ストックとそれをベースにしたソースやスープの場合は、黄金比は決まった分量配合というよりは目安となりますが、常に一定の味を出すうえで役立ちます。また3章では、ソーセージとパテ、肉をベースにした料理の比率を紹介します。これはパンやケーキの生地とはまた違った世界で、塩と油脂の分量配合がポイントになります。最後の5章では、私の大好物カスタードを紹介します。おかずにもデザートにも、しっかりした固形にもなまめかしいクリーム状にも、そして基本のデザートソース、かの有名なカスタードソース（クレーム アングレーズ）〔→p231〕にもなるものです。

インターネットの登場によって無数のレシピが手に入るようになりましたが、それに比べ、食物そのものや調理法の情報はまだ不足しています。家庭で料理する人にとって黄金比とテクニックを覚えることは、**より主体的に料理ができる自立への一歩**になります。またシェフや食のプロにとっては、黄金比は**新作料理を開発するための出発点**として大切なものになります。

料理のクオリティを最終的に左右するのは、テクニックになります。一方、黄金比は、無限のバリエーションを展開する基点となってくれるのです。

＊カスタード
英語の custard は、卵と牛乳を合わせたものの総称であり、著者もそのような広い意味で使っている。よって本書内でいうカスタードには幅広い食品――キッシュなどの惣菜系カスタードから、焼きプリンなどのスイーツ系カスタード、バニラソース、菓子用のクリーム、アイスクリームなどまで――が含まれる。

▲キッチンで最も活躍する3つのアイテム：小麦粉、卵、バター

容積ではなく、〈重さ〉を基本に

黄金比の普遍性を保証する要素のひとつは、ここで紹介する比率が、容積ではなく〈重さ〉を基本にしていることです。だから二倍にも、三倍にも、あるいは半分にもできるのです。材料の重さを量るのがベストかつ最も一貫性を保てる計量法で、比率を適用する基本となります。昔つくられた比率には容積の値や単位を使っているものがあります。たとえば、油1カップと卵黄1個分でマヨネーズになる、というのがその一例です。しかしこうした値は一貫性に欠けるため、本書ではなるべく使わないようにして、できるだけ重量での比率を示すようにしました。同じ小麦粉1カップでも、粉の状態や入れ方によって重さが50gほど違ってくることがあります。小麦粉4カップを使うレシピを作る場合、50gの4倍で200gもの差が生じることがあり得るわけです。主たる材料にこれほどの誤差があったのでは、完成品に大きな影響が生じます。

▼計量スプーンはどれでも同じではない。見た目重視、陶器製、プラスチック製、機能に凝りすぎた計量器は避けたい。

小麦粉の重さは湿度に影響される可能性があり、湿度が高いほど小麦粉に含まれる水分は多くなりますが、それでも重さを比率の基準にするのが最も一貫性のある計量法であることに変わりはありません。

秤（はかり）（スケール）を使えば計量作業も簡単です。材料を量りながらボウルに直接入れることができるからです。たとえばパンなら、秤の上にミキシングボウルを置いて小麦粉を500gになるまで入れ、それから水を300g注ぎ入れるだけ。パイ生地にショートニングのような固形の油脂を使う場合など、秤を使えば容器を汚さずにすみます。

とはいえ、固形材料によっては容積で量るほうがよいものもあります。その最大の理由はやりやすいから。厳密さがさほど結果を左右しないならば、容積で計量してもかまいません。たとえばパンに、軸からはずした生のトウモロコシを加える場合は、120gになるよう計量するより1カップ入れたほうが簡単です。こうしたケースでは、私は容積で計量しています。

また、ドライイーストやベーキングパウダーなど均一性の高い材料を少量だけ量るためには、私は計量スプーン（大さじ、小さじ）を使います。ブールマニエ（とろみづけのために小麦粉とバターを練りあわせたもの）やスラリー（とろみづけのためにデンプンを水で溶いたもの）の比率が、重量ではなく容積なのはこのためです。

それ以外の比率は重量を基準にしており、秤で計量するのがベストです。

秤にはいろいろな種類がありますが、次の機能がついている秤をおすすめします。デジタル式であること、2kg以上まで量れること。私の考えではこれ以外の機能はなくてもよく、あとは個人の好みです。良質なデジタル式の秤は安く手に入ります。秤はキッチンでいちばん大事な道具のひとつです。

▲計量用の秤は、キッチンでいちばん大事なツールのひとつ。必ず最大2kgまで量れて“ゼロ設定”ができる秤を買うようにする。

本書の使い方

エスコフィエも語っているとおり、基本なくしては何ごとも達成できません。何ひとつです。本書は料理の基本を記していますが、その基本から作ることのできるあらゆるもの、バリエーションや応用を扱っています。本書にはレシピを満載していますが、私としてはアンチ・レシピ本――「レシピどおりにしなければ」という呪縛から脱出する術(すべ)を読者に教える本――にしたつもりです。

比率はすべて、材料をあわせる順番に記載しています。たとえば3：2：1パイ生地なら最初に小麦粉（3）、そこへ油脂（2）、次に水（1）を加えます。

▶料理のプロのみなさんへ

基本の黄金比が、みなさんの応用と創作への終わりなき精進のなかで、参考メモとしてお役に立てば幸いです。ただし本書のレシピは量産用ではなく家庭用の分量で試作検討したものであることをご承知おきください。重量をベースにしているので、比率に応じて増やしていけば問題ないはずですが、分量が増えるほど、特に化学膨張剤などは調整が必要になるかもしれません。私は50人前のエンジェルフードケーキ生地も500人前のクレープ生地も作ったことはありません。しかし大量生産する場合は、湿度のような小さな変動要素が大きく作用しかねないことは直感的にわかります。

▶基本の材料について

- 「小麦粉」は特に指定のない限り準強力粉を指します。
- 「塩」は粒の粗いコーシャーソルト〔日本のあら塩で代用可〕を指します。私はモートンのコーシャーソルトを使っています。この塩は容積と重さの比率が近く、たとえば大さじ1（15mℓ）が約15gに相当します。
- 「卵」1個の重さは55gを想定しています。
- 「バター」はレシピで特に指定がない限り有塩、食塩不使用いずれでも、お好みでかまいません。料理人はだいたい食塩不使用のバターを好んで使います。風味の純度が高いのと、料理の塩分のコントロールがしやすいためです。私はすべてとはいいませんがほとんどの料理で有塩バターの風味を好むので、料理の味つけは有塩バターのほうに慣れています。あなたのバターの好みがどちらであれ、味つけの際は必ず味見をしてください。1：2：3クッキーの比率のように比率が最も大きい材料がバターの場合は、言うまでもありませんが、バターの質がよいほどクッキーもおいしくなります。

日本語版に関するおことわり

日本語版制作にあたり、以下の調整を行いました。

- 原著では重さの単位にオンスが用いられていましたが、日本語版ではグラムにしました。オンスからグラムへの換算に際しては、米国で用いられている換算表に基本的に従いました。
  換算表の数字のままでは比率としてわかりにくい場合は、微調整を行いました。たとえば8オンス：4オンス（2：1の比率）を225g：115gとすると比率としてわかりにくいので、よりわかりやすい220g：110gとしました。それに伴い必要が生じた場合は他の食材の分量も同率で増減させるなどの調整をしてあります。
- 米国の1カップ（約240mℓ）と日本の1カップ（200mℓ）の違いをふまえ、カップは原著表記の1.2倍にしてあります。たとえば原著で1カップとあった場合、日本語版では1.2倍の1 1/5カップとしてあります。
- 日本での入手が比較的困難と思われる3つの食材について、便宜を考え、以下のような表記にしてあります（矢印左が原著に忠実な訳。矢印右が本書での表記）。
  コーシャーソルト→あら塩またはコーシャーソルト
  ポロねぎ→ポロねぎ（または白ねぎ）
  スカリオン→スカリオン（またはワケギ）
- 小麦粉について。原著で最もよく使われているのは（米国の分類における）準強力粉です。よってこの日本語版でも準強力粉使用の指定が多くなっていますが、以下の点にご留意下さい。
  1．米国の準強力粉はタンパク質含有量が9.5～11.5％。対して日本の準強力粉は10.5～12％と、タンパク質含有量が多少異なります（米国基準のほうがタンパク質含有量がやや低い）。
  2．手元に準強力粉がなく、強力粉と薄力粉はある場合、それらを混ぜてタンパク質含有量を準強力粉程度に調整するのもひとつの方法です。

3．タンパク質含有量を同等に調整しても、日米の小麦粉の性質の違いにより、仕上がりが異なってくる場合があります。そのような場合は仕上がりに応じて、レシピでは準強力粉という指定であっても中力粉や薄力粉を使うなど、臨機応変な工夫をお薦めします。

- 卵は、1玉55g（殻を除く重さ。卵白35g、卵黄20g）を標準としています。
- 写真のうち、▲で始まる説明文が付いているものは原著に元々掲載されていた写真です。＊で始まる説明文が付いているものは日本語版独自の写真です。
- わかりやすくするため、原著にはない日本語版独自の写真を掲載していますが、掲載されている写真と文中のレシピに従って作った場合の仕上がりとは、必ずしも一致しませんのでご了承ください。
- 側注および〔〕内の記述は、原著にはない日本語版独自のものです。
- 書名は『』でくくってあります。邦訳がある書籍については日本語の題名のみを記し、未邦訳書籍については仮の訳題と（）でくくった原題を記してあります。

序——料理の真髄

ウーヴェ・ヘストナーの第一印象は、とらえどころのない謎めいた人物でした。ドイツ ハンブルク出身でカリナリー・インスティテュート・オブ・アメリカ（CIA）*のシェフだった彼は、私が出会った当時は経営陣になっており、教える立場からしりぞいていました。料理の基礎実習クラスには、学長としてほんの短い間、無言で姿を現しました。私が彼から目が離せなかったのは、スパイのような、危険なにおいがしていたからです。威圧感のある大きな体躯(たいく)、どこもかしこも角ばった顔、強いドイツ語なまり。現れたと思うともう姿がない。ある日、玉ねぎをみじん切りにしたり、トマトをコンカッセという粗刻みにしていると、湯気ののぼる大鍋にかぶさるようにのぞきこむ彼の姿が視界にとびこんできました。子牛肉のストック（出汁(だし)）の鍋にスープボウルを突っ込んですくい上げ、傾けて鍋に戻しながらストックをじっと凝視しています。ヘストナー先生が講師と話しているところに私は自分の豆と小玉ねぎ（野菜料理）をもって近づき、評価を仰ぎました。二人の会話がぴたりと止まりました。講師が味見した感想を言い、ヘストナー先生も味見を申し出てくれました。「固すぎますか?」私がたずねると、「プロだね」先生は私の顔も見ずに言いました。

*カリナリー・インスティテュート・オブ・アメリカ（CIA）
The Culinary Institute of America（略称CIA）は、「料理界のハーバード大学」とも呼ばれる米国随一の料理大学。多くの著名シェフを輩出。

執筆中の本の取材で面会を申し込んだのも、彼があまりに謎めいていたからです。彼と向きあった時間は私の人生を変え、本書が生まれるきっかけになりました。

彼のオフィスに腰かけた私は、料理の基本について執筆するために料理学校に入ったんですと話しました。「りょりの基本原理は変わらないものだ」と彼は語りました。ヘストナー先生のその言い方には実に重みがありました。料理の起源、人類が味の向上を求めて食べ物を初めて火であぶったその瞬間にまでさかのぼる発言に思えたのです。

人はどのように料理を学んでいくのか、そもそも料理技術とは何なのかについて私たちは語りあいました。ヘストナー先生は多数の材料を駆使したレシピを一蹴(いっしゅう)しました。彼が認めるのは、本当に味のよいチーズソースでした。

「みんな2つの材料に5ドルも払おうとしない」ヘストナー先生はもらしました。20種類もの材料を使うレシピは腕がない証拠で、ミスをごまかしやすいからそうするのだと。そしてカリフラワーのチーズソースがけでシェフとしての真価がわかるというのです。

「本棚に、料理書をずらりと並べている輩(やから)がいるがね」彼は鼻で笑いました。

「だめですか?」私はたずねました。

「料理人が知るべきすべては5冊の料理書におさまっている。いいかね、すべてがだ——『エスコフィエ フランス料理』〔オーギュスト・エスコフィエ(1846～1935年)の著書〕『ラルース料理百科事典』『ヘリング料理辞典』『フランス料理総覧(*La Repetoire*)』」。それだと4冊しかありませんが、と言うと「それに『カレーム(Câreme)』〔アントナン・カレーム(1784～1833年)の著作のこと〕」と彼は言葉を継ぎました。そして一拍置いて、「誰も読みたがらないが」

白著『料理人誕生』にも書きましたが、彼はこのあと続けて私に問いかけてきました。「料理技術に生命を吹き込むのは何かね?」

本気で私の答えを求めているのか、質問の形をとった前置きなのか判断がつかずにいると、質問を宙に浮かせたまま、彼は人差し指を持ち上げて椅子をくるりと回転させ、背後のファイルに手を伸ばしました。質問を外野席に打ち込むためにバットをつかむような手際でした。マニラフォルダーを探ると、2枚の紙を手にこちらに向き直りました。紙には1ページ半にわたってマス目で区切られた表が記されていました。「本当に必要なのはこれだけだよ」と彼は言いました。料理技術の根本がここにある——エスコフィエ、ラルース、カレームから、ジュリア・チャイルド〔1912～2004年。米国の料理研究家〕、ジェームズ・ビアード〔1903～1985年。米国の料理研究家〕、書籍『料理の愉しみ(*The Joy of Cooking*)』、料理チャンネルのフード・ネットワークまですべてが、この1ページ半の紙に凝縮されている。「これをごじゅドルで売ってもいいよ。しかしだれも買わないのさ」と、椅子に沈めた体を揺らしながら彼は大笑いしました。

私は紙をまじまじと見つめました。それは26の食品と比率のリストでした。いちばん上に1、2、4、6、8、16の数字が並んでいます。脇の列にはアスピック(ゼリー寄せ)*用のゼリー液、シュー生地、サバイヨン*、クールブイヨン*・オルディネールなど基本の食品が縦に並んでいます。料理

*アスピック(ゼリー寄せ)
写真はチキンと野菜のゼリー寄せ。

*サバイヨン
ワイン、砂糖、卵黄をベースとするクリーム状のデザート。他のデザート類のソースとして使うこともある。また、砂糖を塩・こしょうに代えて、デザートソースではなく料理用に用いることもある。

*クールブイヨン
クール(court)は仏語で「短い」の意。クールブイヨンは「短時間でとるブイヨン」の意。水に香味野菜、香辛料、白ワインなどを加え、煮出してとる。甲殻類や魚などの癖の強い食材を下処理するために使われることが多い。「オルディネール」は「標準的な」の意。

の“基本のき”が記されたマス目表でした。

この紙には、どこか私をわくわくさせるものがありました。オランデーズソース*は、1の列に「ポンド、バター」、6の列に「卵黄」と記されています。バター1ポンド〔約455g〕、卵黄6個〔120g〕、それだけ。実習の授業ではオランデーズソースの作り方として、リンゴ酢にコショウを挽いて煮詰め、濾してからレモン汁と一緒に泡立てた卵黄に加え、そこに澄ましバターを入れてよく混ぜると習いました。ところがヘストナー先生の比率の表は伝統的なバターソースをそのエッセンスにまでそぎ落としていました。酢とコショウとレモンがなくてもオランデーズソースになります。しかし卵黄とバターはどちらかが欠ければオランデーズソースは成り立ちません。

比率の一覧表は美しいものでした。アイデアがダイヤモンドになるまで言葉を削り、凝縮し、磨き上げる詩人のように、ヘストナー先生は料理から余分な要素をすべて取り去っていたのです。

私は比率表をいただきたいと願い出て、その許可を得ました。

*オランデーズソース
オランダ風の温かいマヨネーズソース。

比率一覧は私のフォルダーにおさまりました。折にふれて眺めていました。1997年に著書を出版してからは読者からそのコピーがほしいと依頼が来れば送りました。手先の器用な友人カリンに頼んで、額装するための比率表を書き写して作ってもらいました。カリンから表題がただの「料理の比率」ではあんまりだと言われて頭をひねり、「料理の歴史」としました。比率表は私にとってまさに料理の歴史だったのです。いや、それ以上で、料理の真髄、不変不動の基礎といえるでしょう。

本書は、すべての料理人が共有できる土台となる比率というアイデアを探求しています。

ヘストナー先生の比率表を検討してみると、異論を唱えたいところが多々見つかりました。ストック（だし）の材料として骨と水が同量になっていますが、私の鍋では水がまったく足りません。また、カスタードは卵の量が多すぎるように思えました。先生のオランデーズソースはどの料理書とも共通しますが、マヨネーズの比率が卵黄2個と同量の油脂であることを考えると、バター455gに卵黄6個分も本当に必要でしょうか。

無限に応用がきくはずの料理について、傲然（ごうぜん）と教条主義をとるのは愚かしいことです。とはいえ、あらゆる料理人の出発点となるスタンダードは、あってもよいのではないでしょうか。

本書を執筆するにあたって、私はヘストナー先生の携帯に電話をしました。彼はすでに引退してヴァージニア州沿岸のボートで暮らしていました。再び比率一覧が話題になると、彼は嬉しそうでした。あの比率一覧の出所はどこですか？　誰が、何のために作ったのでしょうか？　とたずねると、**自分が作ったのだ、**との答えでした。実習の授業を教える中で、生徒たちが実習中に、レシピの本と首っ引きになっている光景にがまんならなかったそうです。**料理はレシピありきではない、基本の技術と食材をあわせる基本の比率こそが料理なのだ、**ということを生徒たちはわかっていませんでした。そこで先生は主要なテキストにあたってさまざまなレシピを突きあわせ、比率表を作成したのです。

思えば私はカリナリー・インスティテュート・オブ・アメリカ（CIA）を卒業したあと、プロの厨房の精神と教えを家庭のキッチンに持ち込もう、プロの料理人ならあたりまえの知識を、家庭で料理する人に身に着けてもらおうとしてきました。**黄金比は、料理の教えの最高峰といってよいものです。**もちろん、料理の方程式の根幹をなすのは技術ですが、黄金比は世界を広げてくれます。黄金比はケーキ作りやパン作りのような手の込んだ工程と思われていたものを、シンプルな喜びに変えてくれます。これがあれば料理書を閉じて思いどおりに料理が作れます。**黄金比は人を自由にしてくれるのです。**

私が大好きな比率のひとつが3：2：1パイ生地です。気に入っている理由は、パティシエでなくてもこの比率を知っていれば、本を見る必要がないからです。3：2：1のレシピは暗記しています。小麦粉：3、油脂：2、水：1。作り方は、3と2をあわせてから1を加える——小麦粉330g、ショートニングまたはバター220g、冷水110g。これで上にかぶせる分も含めたパイ皿1枚分、またはタルト皿2枚分にちょうどよい分量です。

私の友人でCIAの講師をしていたボブ・デル・グロッソのお気に入りは1：2：3クッキー生地だとか。香りづけなしで砂糖1、油脂2に小麦粉3を加えれば基本のショートクッキーができあがるからだそうです。「何の技巧もいらないけど、確実においしいよ」。バニラかチョコレート、レモン、ケシの実を加え、とびきり香りのよいバターを選ぶ。これが技巧です。オランデーズはバターを卵黄に混ぜ込んで乳化〔注→p11〕させたソースですが、コショウ、レモン汁、煮詰めたリンゴ酢が技巧の部分になります。

しかしこの絶対確実な比率を検証していくうちに、まだまだ研究する余地があることに気づきました。オランデーズソースの乳化を維持するうえで、ヘストナー先生の表に記してあったほどの卵黄は実は必要ありません。本当に必要なのは水分なのです。そこで比率に水を追加しました（p204）。

ストックに黄金比は必要でしょうか。答えはノーです。何度か作ってしまえばまず不要です。目分量と経験で、量を塩梅できるはずです。ただしストックでも、比率は優れた指標として学べるものがあります。またストックに濃度を加えれば、スープやソースになるので応用もききます。特に料理初心者にとっては役に立ちます。ですのでストックの章では基本の用語とテクニックを多数取り上げました。

油脂をベースにしたソース――マヨネーズ、オランデーズソース、そこから派生したソース、そしてヴィネグレット（最も万能で大事なソースのひとつ）、さらにカスタードは、すべて他の材料に対する油脂の比率が決め手になっています。フォースミート*、ソーセージ、パテも同じです。カスタードも比率がものをいう油脂ベースのソースの一種と考えてください。

*フォースミート
詰め物などにするために、細かくひいて調味した肉。

しかし本書ではドウとバッターを最初に持ってきました。これらこそ比率が真価を発揮し、料理の土台である小麦粉、水、卵が配分によってどのような働きをするか、初心者から専門家まであらゆる料理人の理解を助けてくれる分野だからです。比率というレンズを通して見たとき、濃度が高くて弾力のある状態から薄くてデリケートな状態、さらにやわらかい状態、流れる状態までの、ドウからバッターにいたる変化の推移に私は目からウロコが落ちる思いがしました。

技巧の前にまず技術を身に着けなければなりませんが、技術の土台をなすのが基本原理です。**料理の基本原理を数値化して探求するのが、私の長年の願いでした。そこでこの本を書くことにしたのです。**

▲50mℓレードルや、200mℓレードルのように、計量用具を兼ねたレードルもある。50mℓ、100mℓ、200mℓのレードルを持っておくとよい。計量が楽で、サーブする際にも均等に量を配分できる。

▲シノワは細かい穴の開いた円錐形の濾し器。濾すだけでなく滑らかな口当たりにするために使う。

▲調理用のタコ糸はキッチンにあると重宝する。肉を縛り均等に火を通して見た目を整えたり、ハーブを束ねてシチューやスープに入れて後で鍋から引き上げたり、スープやシチューや蒸し煮料理に風味をつけるために使うサシェ――ハーブやスパイスを入れた香草袋――を縛るのに使う。

1

小麦粉の生地

Doughs & Batters

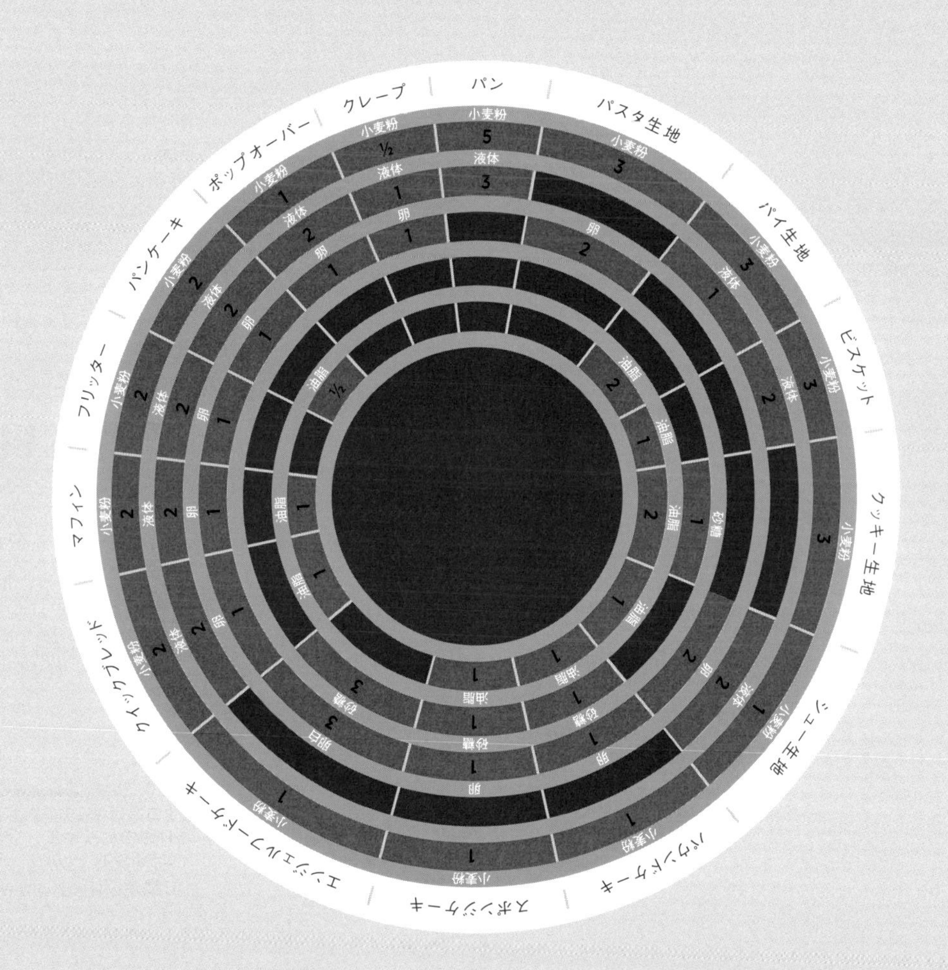

ドウ

手でこねられる硬さの、流動性のない生地

ドウとは、挽いた穀物を何らかの水分でまとめた生地を指します。

いちばんシンプルな生地は、小麦粉と水です。そこに油脂、卵、パン酵母、塩、砂糖を加えたり、餃子の皮のように、下味をつけた豚の挽肉などの具を包んで焼くなど、手を加えなければ風味はあまりしません（ちなみに餃子の皮は、小麦粉と冷水の比率を約2：1にして作ります）。

油脂を加えると、生地に粘りを出すグルテン*の形成が阻害され、生地の食感が「サクサクした」ものになります。麺の生地と、ほろほろと崩れるペイストリー*の生地との違いは、油脂です。

卵は、油脂の有無にかかわらず、生地をリッチ*にしてくれます。

パン酵母は、ブリオッシュ*のような油脂入りの生地でも、バゲットのような油脂なしの生地でも、生地を発酵させると同時に風味を加えます。

砂糖は、伝統的なシュクレ生地*のように、生地を甘くします。

塩が生地に果たす役割はたくさんありますが、たとえば自然発酵させた生地中の野生酵母や乳酸菌の成長を抑えたり、グルテンネットワークを引き締めて生地の弾力性を高めたり、もちろん風味も増してくれます。

ドウは、パン、パスタ、クッキーといった形でそれ自体が主役になることもあれば、タルト、惣菜系パイや甘いパイ、ダンプリング*として、他の味や食感を載せる土台になったりもします。

*グルテン
小麦粉に含まれる2種類のタンパク質（グルテニンとグリアジン）が水と結びついてできる粘着性・弾力性のある物質（タンパク質）。

*ペイストリー
ケーキ、パイ、タルトなどの練り粉菓子。

*リッチ
rich。パンや菓子に、主原料（粉、塩、水）以外の、油脂、乳製品、砂糖、卵などの副材料が多く配合されていること。またその結果もたらされる味わいや風味のこと。反対語はリーン（lean）。

*ブリオッシュ
バター、卵、砂糖などを入れるリッチな生地で作るパン。上の写真のような形以外に、直方体型や王冠型などにも成形する。

*シュクレ生地
菓子の台として使う、製菓の基本生地。シュクレ（sucree）は仏語で「砂糖の」「甘い」の意。

*ダンプリング
小麦粉などの穀物粉で作る洋風ゆでだんご。料理の付け合わせにしたり、スープに入れたりする。甘く味つけしてデザートにすることもある。

パン

5:3

小麦粉　水

パン作りは思い立ったときにすぐ始められるとよいのですが、なかなかそういかないのは手間がかかると思われがちだからです。でもパンの黄金比を知っていれば簡単です。レシピも、計量カップすらいりません。必要なのはボウルと秤(はかり)だけ。その比率は万国共通です。私はパン職人に広く知られている比率を基本の黄金比として採用しています。

小麦粉100%：水60%：パン酵母（生）3%：塩2%、これがうまくいく配合です。パンの分量を増やしたければこの比率に従って分量を2倍にしてください。またたとえば小麦粉を1000gにするなら、この比率に従って小麦粉1000g：水600g：パン酵母（生）30g：塩20gにします。スタンドミキサーを持っていれば数分でこねる作業は完了です。空のボウルを秤に乗せて表示をゼロにし、小麦粉を入れます。再び表示をゼロにして水を加えます。パン酵母を水に入れて溶けるまで待ちます。塩を加えてから、こね始めます。

パン酵母と塩は、基本のパン生地に欠かせない要素ですが、使用する量が少ないために、必要以上に比率を難しいものにしてしまっているように思えます。塩は風味づけに欠かせません。塩がなければパンは味気なくなります。上記の比率では塩を小麦粉の2%と決めています。そこで、次のような量り方ができます。小麦粉300gなら塩6g〔2%〕、小麦粉100gなら塩2g〔2%〕です。これなら秤(はかり)があればラクラクです。

パン酵母はもちろん、パンをおいしくしてくれる立役者です。しかし謎めいた存在でもあります。パン酵母は生きていますが、目には見えないからです。パン酵母にはさまざまな種類――「パン酵母（生）」「ドライイースト」「インスタントドライイースト」――があり、こうしたタイプの違いにもとまどいます。

ドライイーストって何？ ドライイースト以外のパン酵母を使うのはどんなとき？ ドライイーストとインスタントドライイーストの違いは何？パン酵母（生）を使う理由は？

私はパン酵母（生）を使ったパン作りを学びました。パン酵母（生）は日持ちしませんが、香り高く、独特のすばらしい食感を出してくれます。液体に浸(ひた)すとペースト状になって溶けます。パン酵母（生）は、油脂や砂糖や卵の入ったやわらかい白いパンに対して別名リーンブレッド*ともいう、ベーシックな白いハースブレッド（直焼(じか)きパン*）に使うといちばん風味がよいことがわかりました。しかし最近はドライイーストの品質が向上して、日持ちすることから、そちらを使うパン職人が増えています。私も今は“レッドスター ドライイースト”を使っています。パン職人の間では性能と風味から“サフ”が人気です。

ドライイースト（別名活性ドライイースト）は、パン酵母を乾燥させて、不活性化コーティングを施したものです。小麦粉と混ぜる前に、水に溶かす必要があり、多くのメーカーでは約40℃以下のぬるま湯で溶かすことを推奨しています。インスタントドライイースト（別名クイックライズ）はパン酵母を急速乾燥させたもので、コーティングがないため小麦粉と水に加える前にいったん水に戻す必要がありません。

インスタントドライイーストは粒子が細かく、不活性パン酵母が含まれないため、重さで比較した場合ドライイーストに比べると強力です。ドライイーストはまず水に浸しますが、インスタントドライイーストはその必要がありません。ドライイーストもインスタントドライイーストも冷蔵庫で保存できますが、冷凍庫のほうがよい状態を保てます。

パン1斤を発酵させるのに必要なドライイーストやインスタントドライイーストの量は、驚くほど幅があります。2g加えても10g加えても、同じくらいふくらみます。量が多いほどふくらみが早く、普通は発酵時間（パン酵母が糖を食べてガスを発生させる時間）が長いほどパンの風味がゆたかになります。パン酵母をたくさん配合して4時間後に焼いたパン

*リーン
リーン（lean）は、パンの材料がシンプルであること、副材料をあまり入れず基本的に主原料（粉、パン酵母、塩、水）で作ってあることをさす。反対語はリッチ（rich）。「リーンブレッド」は、この文脈では、バゲット、バタールなどのいわゆるフランスパンのこと。

*ハースブレッド（直焼きパン）
型や天板を使わず、窯の炉床（ハース）に直接生地を置いて焼くパン。バゲット、バタールなどもハースブレッド。

は、風味を育てる時間がないために、こうした場合には生地にハーブ、香りづけ食材、オリーブ、ナッツを入れたり、オリーブオイルを塗って粗塩をまぶすだけでもよいので、風味づけをするとだいぶ違います。しかしそれよりも前日に材料をあわせておき、1日冷蔵庫で発酵させてから、焼く前に室温に戻すのが賢明です。多くのメーカーが、小麦粉の量に応じたパン酵母〔ここではドライイーストまたはインスタントドライイースト〕の量を指示しています。しかし十分な時間をかければ指示量より少ない量でも同量の小麦粉はふくらみ、発酵が進むため、風味が増します。パン酵母の量が多すぎると生地がふくらむのが早すぎて風味が育ちません。とはいえ急ぐ場合には指示量より多めのパン酵母を加えてもよいでしょう。

パン酵母（生）を使いたい場合は、小麦粉の重量に0.03をかけて、3％のパン酵母量を計算してください。

パンは焼くまで生きています。そのため、さまざまな変動要素の影響を受けます。特に大きいのは気温ですが、他にも、こね時間、一次発酵の時間、成形、焼く前の最終発酵の時間などの変動要素によってパンのできあがりは左右されるため、パン作りの実践にあたっては気を配らなければなりません。これらをマスターしてパン作りを職人レベルにまで極めるには時間もかかりますし、専用のオーブンを調達したり、小麦粉の調合を変えたり、野生酵母を使ってサワードウ*にしたり、生地の一部に発酵種*――液種*やルヴァン種*――を使ったりする必要があります。しかし実は、おいしいパン生地は「小麦粉5：水3の配合」が基本で、それだけでもおいしいのです。読者の多くは通常以上の長い時間をかけて発酵させたり野生酵母を使う種で風味を育てたりはしないでしょうから、オーブンに入れる前にオリーブオイルを塗って塩をまぶし、風味を少々添えるのがよいでしょう。

パンは基本が大事です。小麦粉と水とパン酵母をあわせてこねる作業が、最初の重要な手順です。こねる、あるいは練ることで、小麦粉に含まれるタンパク質〔グルテニンとグリアジン〕がグルテンという別のタンパク質を形成し、ドウに弾力が生じます。スタンドミキサー*とドウフック*があれば作業は楽ですが、ミキサーを使うとこねすぎになる可能性があることは覚えておいてください。こねすぎてしまうとグルテンネットワークが壊

*サワードウ
野生酵母と乳酸菌を活用して作る生地の一種。焼成すると特有の酸味と風味を持つパンになる。原語sour doughは、酸味のある(sour)生地(dough)の意。

*発酵種、液種、ルヴァン種
発酵種は、生地を作る前に、生地の材料の一部（粉、パン酵母、水など）を使いあらかじめ作って発酵させておいたもののこと。この発酵種を残りの材料に混ぜて生地を仕上げる。すべての材料を一度に混ぜあわせて生地を作る製法よりも、香りや風味が豊かになる利点がある。液種、ルヴァン種は、いずれも発酵種の一種。

*スタンドミキサー
一度にこねられる生地の量に限界があるが、ホームベーカリーマシンをミキサーの代わりにしてもよい。

*ドウフック

れ、ドウがヤワヤワになってしまい、ガスの気泡を閉じ込めておけません。手で練ればこねすぎにはなりにくいです。小さな塊を手にとって、向こうが透けて見えるほど延ばしてもちぎれなくなれば、こねは完了です（p30写真参照）。

ドウがふくらむのは弾力性があるからです。パン酵母が糖を食べてガスを発生させると、ドウは延びますが、気泡を閉じ込めておくだけの強さがあります。一次発酵によってパン酵母が増え、糖を食べてガス（二酸化炭素とエタノール）を放出し、これによってドウに風味が出るとともにグルテンネットワークの形成を助けます。一次発酵の後、こねて成形する際にガスの一部はドウから押し出されますが、これはグルテン構造の形成を続け、余分なガスを抜き、パン酵母を再分散させて新しい養分が摂れるようにするための重要な手順です。

ドウを発酵させる目的は、こねる作業と同じく、食感を高めてくれるタンパク質〔グルテン〕のネットワークを形成させるためです。発酵させることで風味も育ちます。特に自然発酵のパン、野生酵母と乳酸菌で風味が生まれるサワードウにはこれがあてはまります。パンは室温で2倍の大きさになるまで発酵させます（室温が高いほど早くふくらみます）。その後ガス抜きをして成形し、もう一度発酵させてから焼き始めます。最大24時間まで冷蔵庫に入れたままにしておき、焼く1～2時間前に冷蔵庫から出して室温に戻すこともできます。

成形はこねの最終段階で、グルテンネットワークを最終的な形にまとめます。基本的に長方形のドウを何度もたたんだり伸ばしたりして作るバゲットの形にしてもいいですし、あるいはただ単におおまかなチャバタ（イタリア語で「スリッパ」の意味）〔写真→p8〕の形に延ばすだけでもかまいません。この最終的な形の状態でもう一度発酵させます。最終発酵と呼ばれるこの段階は、環境にもよりますが約1時間です。焼く前にパンに切れ味のよいナイフかカミソリで切り込みを入れるとふくらみやすく、見た目もユニークになります。チャバタは切り込みを入れないで、指で生地の表面にたくさんくぼみをつけてください。

オーブン内の環境は重要です。業務用のデッキオーブン*の多くには、焼き始めの数分間、オーブン内に蒸気を発生させる機能がついています。蒸気が格別においしいパリパリのクラスト（パンの皮）を作ってくれるのです。家庭でパン作りをする場合には、オーブンに蒸気か、あるいは単純に湿気を発生させる工夫をこ

*デッキオーブン

*ダッチオーブン

らします。生地を入れる前、あらかじめ温度を上げておく際に浅い鉄鍋をオーブンに置いておき、パンをオーブンに入れるときにこの鍋にコップ一杯の水を入れると蒸気が発生します。また例外的な方法ですが、蓋をしたダッチオーブン*で焼く方法もあり（p34）、焼いている間にパンから出た水蒸気を閉じ込めたままにすることで、熱いパリパリのクラストができますが、どうしても必要なわけではありません。金属製の天板で焼けばよいわけです（セラミック製の天板ならよりよいです）。

オーブンの中でドウには2つの変化が起こります。まずパン酵母の活動がきわめて活発になり、ガスが発生するスピードが早くなり、ガスの気泡が熱とともに膨張します。これがいわゆる「オーブンスプリング（窯伸(かまの)び）」というオーブンに入れてからの数分間でドウが急速に大きくなる現象です。パン酵母の活動とガスの膨張は、熱でパン酵母が死滅し、タンパク質とデンプンが固まるまで続きます。

パンの焼き上がりのタイミングは経験を積むとわかるようになります。底面を軽く叩いてみたときに乾いた音がするはずです。健全な判断力を働かせて下さい。

小麦粉について一言。パン作りには強力粉または製パン用の準強力粉を使いましょう。これらの粉にはグルテンを形成するタンパク質が多く含まれています。しかし手元に中力粉しかなければ、それを使っておいしいパンを作ることもできます。

最後に、繰り返しますが、秤(はかり)は便利です。秤を使えば、小麦粉と水をじかにボウルに入れながら量ることができます。こねが完了すればボウルに入れたままドウを発酵させればよいのですし、仕上がりも安定するでしょう。

基本のパン生地

このレシピはパン屋さんが「基本のリーン生地（basic lean dough）」と呼ぶものです。リーンとは油脂が含まれていないという意味で、余分なものが一切入っていない、満足感のあるおいしいパンです。塩をまぶしてオリーブオイルを塗ればおいしさもいっそう引き立ちます。成形は細長いバゲットでも、ブール（丸型パン*）でも、延ばしてチャバタにもできます。

ブールに成形するなら、ダッチオーブンで焼くのがおすすめです（p34）。基本のパン生地は広く応用がききます。そのいくつかをここで紹介しましょう。

できあがりの分量：通常サイズのローフ1本分

小麦粉（強力粉または製パン用の準強力粉） 550g
水 330g
塩（あら塩またはコーシャーソルト） 9.5〜10g
パン酵母（ドライイーストまたはインスタントドライイースト） 小さじ1

①ボウルを秤（はかり）に載せ、表示をゼロにして、小麦粉を入れる。表示を再びゼロにして水を加える。塩を加える。水の表面にパン酵母を振り入れ、溶けるまで待つ。

②ミキサーにボウルをセットして、ビーター・アタッチメント*を使い、中速で生地がまとまるまで撹拌する。アタッチメントをビーターからドウフックにつけかえる（全工程をドウフックで行うこともできるが、ビーターなら材料が早くまとまる。この生地は手でもこねられる。生地が滑らかになり弾力が出るまで、約10分間こね続ける）。

③確認のため、ひとかたまりを手にとって四角く延ばしてみる。生地の向こうが透けて見えるくらい延びればできあがり。その前にちぎれてしまうようなら、ミキサーか手で生地が滑らかになり弾力が出るまでこね続ける。

④ミキサーからボウルをはずし、ラップをかけて生地が2倍の大きさになるまで発酵させる。ふくらんだ生地に指を押しつけてみて、ある程度押し戻してくるけれど完全に元に戻らないくらいがよい状態。完全に元に戻ってしまうようならもうしばらく置いておく。発酵時間が長すぎると、指を押しつけたときにやわらかすぎて手

*ブール（丸型パン）
「ブール（boule）」は、フランス語で「ボール」の意。

*ビーター・アタッチメントをつけたミキサー

▼パン生地のこね加減が十分かを調べるには、一部を切りとってそっと延ばす。ちぎれずに向こうが透けて見えるまで伸びれば、丸めて覆いをし、発酵させてもよい状態

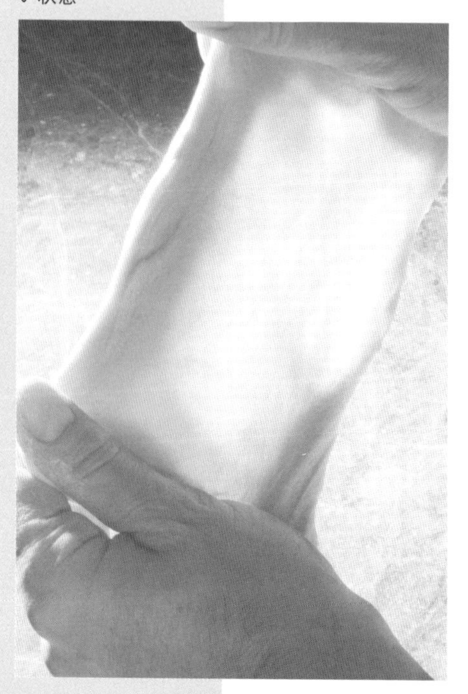

ごたえがない。焼いたとしてもあまりうまくふくらまないだろう（その日のうちに焼く場合は、この段階でオーブンを約230℃で、焼き始める45分前に予熱しておく。蒸気を使うつもりなら、オーブンに浅い鉄鍋を置き、焼くときにコップ1杯の水を入れる）。

⑤手粉を振った台に生地を移し、こねて余分なガスを抜いて、パン酵母を再分散させる。生地をふきんで覆って10〜15分休ませる。

・ブールにする場合は、台の上で円を描くように生地に前後に力を加え、滑らかな丸い玉に成形する。

・チャバタにする場合は、長さ約30cm、厚さ約2.5cmに引き延ばしてチャバタの形を作る。

・バゲットにする場合は、30cm×15cmほどの長方形に生地を延ばす。生地の上辺を手前に折りたたみ、手のひらのつけねでその端の部分を押しつける。また折りたたみ、手のひらのつけねで重ねた端をとじるように押しつける。これを生地がロール状になるまで繰り返す。それから手で転がし、バゲットを引き延ばす。これで内部構造が締まる。

⑥生地をふきんで覆って約1時間ねかせて発酵させる。または生地にラップをかけて最大1日冷蔵庫に入れる。焼く前には少なくとも1時間半、室温で発酵させる。

・ブールを焼く場合は、準備が整ったら、生地のてっぺんに十字もしくは井桁（いげた）型の切り込みを入れてパンがうまくふくらむようにする。

・チャバタの場合は指で生地の表面にくぼみをつけ、お好みでオリーブオイルを塗り、あら塩かコーシャーソルトをまぶす。

・バゲットの場合は、長い斜めの切り込みを入れる。

約230℃で10分焼く。その後オーブンの温度を約190℃に下げてさらに焼く（ブールとバゲットの場合は45〜50分、チャバタなら30分）。

パン生地の黄金比を覚えたらできること

丸形、長く薄く延ばした形、筒形に巻いたバゲット形、形はどうあれ、プレーンなパン生地だけで、おいしい焼きたてパンに仕上がります。しかし私は焼く前にオリーブオイルと少々のあら塩をまぶすのがいちばんおいしいと思っています。そしてこのシンプルですぐに作れるパン生地を、チャバタにするのが私のお気に入りです。チャバタにすればオリーブオイルと塩をまぶす面が広くとれ、とてもおいしくなるからです。私が家で作るクイックブレッド〔パン酵母を使わずに手早く作るパンや菓子。詳しくはp91～参照〕はたいていこのやり方です。しかしパン生地の黄金比を一度自分のものにしてしまえば、作れるパンの種類は無限に広がります。この比率を活用したパンのいくつかをここで紹介しましょう。どれも「基本のパン」の作り方――適度な弾力が出るまで生地をこね、発酵させて、ガス抜きをし、10分ほど休ませ、成形し、最終発酵させて焼く――で作れます。

▶オリーブとクルミのパン

料理学校で作っていたスタンダードのひとつが、刻んだカラマタオリーブ〔写真→p9〕とクルミを飾るパンで、オリーブの紫色と、ナッツの強い香りというすばらしい組みあわせです。基本のパン生地をこねている途中で、刻んだカラマタオリーブ1 1/5カップと粗みじんにしたクルミ9/10カップを加えます。基本のパン生地のレシピどおりに発酵させ、成形、焼成します。このパンは普通はチャバタの形に焼きます。

▶ローズマリーとローストガーリックのパン

タイム、ローズマリー、オレガノのような茎の固いハーブはパンによくあいます。このレシピではどんなハーブを使ってもかまいません。まずニンニクをローストします。ニンニクにオリーブオイル大さじ1をかけてアルミホイルに包み、約175℃でやわらかくなるまで20分ほど焼きます。皮をむき丸ごとか粗みじんにして使います。生地にローズマリーまたは好みのハーブ大さじ1 1/2と一緒にニンニクを加えます。チャバタ形に延ばして発酵させます。焼ける状態になったら生地の表面に指でくぼみをつけます。焼く前に生地にオリーブオイルをすり込み、あら塩をまぶします。

▶セージとブラウンバターのパン

セージと焦がしバター(ブラウン)は昔ながらの組みあわせで、パンとよくあいます。刻んだセージの葉3/5カップにバター110gを加え、葉がパリパリになりバターが茶色くなるまでソテーします。フライパンの底を冷水を入れたひとまわり大きなフライパンにつけ、加熱が進まないようにします。バターの熱を冷ましまだ液状のうちに、水を55g減らした生地をこね、まとまったらバターとセージを加えます。

*ストレート法
すべての材料を一度に混ぜあわせていく製法。発酵種法（材料の一部を使ってあらかじめ発酵種〔注→p27〕を作っておく製法）の対義語として使われることも多い。直（じか）ごね法ともいう。

▶チョコレート チェリーパン

料理学校時代から作り慣れたもうひとつのお気に入りがこれ。リチャード・コペッジ先生の製パンの授業ではサワードウ〔注→p27〕にチョコレートとドライチェリーを飾っていました。しかしストレート法*で作るリーンな生地にもよくあいます。こねている段階で生地に、粗く刻んだセミスイートまたはビタースイートのチョコレート約80gとドライチェリー3/10カップを加えます。生地を丸型に成形します。この形ならば表面積が小さいので、外に露出するチョコレートの量が最小限ですむのです。濃厚で甘い、おいしいパンです。

*ハラペーニョペッパー

▶ハラペーニョペッパー*とトウモロコシのフォカッチャ

基本のパン生地をこねている途中に、細かく角切りしたハラペーニョペッパー2/5カップと生のトウモロコシ1 3/4カップを加えます。円盤形に成形し、生地の表面に指でくぼみをつけ、焼く前に刷毛でオリーブオイルを塗り、あら塩をまぶします。

▶グリルドフォカッチャ

フォカッチャを作ります。前述のハラペーニョペッパーのかわりに、チポトレペッパーのアドボソース漬け〔缶詰で市販されている〕大さじ2を入れます。チポトレは種を取りのぞき、細かくみじん切りにして、辛さの好みによって大さじ2〜5を使います。オーブンで焼かずに、上を覆ってから中程度に熱した木炭でグリルします。

*スパニッシュオニオン

▶玉ねぎのチャバタ

スパニッシュオニオン*は大型で水分が多く、刺激が少ない玉ねぎです。2個を薄切りし、オリーブオイルでしっかり茶色くなるまで弱火で炒めてから冷まします。チャバタの形に成形した生地の上に玉ねぎを広げ、その上にすりおろしたパルミジャーノ・レッジャーノ3/10カップを散らし、レシピどおりに焼きます。

▶ニンニクの揚げパン

基本のパン生地に、細かくみじん切りにしたニンニク大さじ2を加えます。一次発酵の後、小さなボール状または小型のチャバタの形に成形し、45分間最終発酵させてから、約

165℃の油で揚げます。揚げたてがいちばんおいしい。

▶タイムとオリーブとコーシャーソルトのフラットブレッド

基本のパン生地のパン酵母を半量にして、オリーブオイル30mℓ（大さじ2）を加えます。生地をゴルフボール大の小さなボール状に丸めてから、平らにして10分間休ませます。手粉を振ったまな板か調理台の上でできるだけ平らに延ばし、刷毛でオリーブオイルを塗って、生のタイムとコーシャーソルト（あら塩）をまぶします。205℃のオーブンで火が通るまで約10分、または好みの食感になるまで――パリパリなら長めに、しっとりなら短めに焼きます。生地を1枚のシート状にして焼いたり、薄いクラッカー状のパンにしたいなら10cm幅の短冊状に切って焼いたりしてもよいでしょう。フラットブレッド生地にゴマかケシの実を散らしてもよいでしょう。

▶ピザ生地

基本のパン生地の酵母量を半分に減らし、オリーブオイル30mℓ（大さじ2）を加えます。好みの厚さに延ばします。思いどおりの薄さにうまく延ばせないようであれば、ふきんをかぶせて10分寝かせてからもう一度延ばしてください。

▶サンドイッチ用の白いパン

基本のパン生地レシピに、ハチミツ大さじ2、さらに食物繊維を加えるため小麦胚芽 3/10カップを加え、油をひいた標準タイプの食パン型で175℃で1時間焼きます。焼く前に生地の中央に縦に切り込みを入れます。焼成の途中で表面に刷毛で卵を塗ると、クラスト（パンの皮）がおいしそうなきつね色に仕上がります。

▶ダッチオーブンを使った焼き方

パンを、天板やピザストーンやベーキングストーンに載せて焼く以外に、鋳物ホーロー〔「エナメル」ともいう〕のダッチオーブン〔写真→p29〕でも焼くことができます。最初の30分は蓋をし、その後は焼き上がるまで蓋をはずします。主任テスター〔料理書のレシピを実際に作って確認する役割の人〕のマーリーンは、基本のパン生地にハチミツ大さじ1とオリーブオイル大さじ1～2を加えるのが好みだそうです。マンハッタンにあるサリヴァン・セント・ベーカリーの主人ジム・レイヒーを取り上げた「ニューヨーク・タイムズ」の記事で、私は初めて鍋でパンを焼く方法があることを知りました。記事はレイヒーの「こねない」パンについてでした。こねないことにどれだけの価値があるかは疑問ですが、ダッチオーブンでパンを焼くとは！　なんとシンプルで独創的なアイデアでしょう！　私にとって家庭でのパン作りのちょっとした革命でした。ダッチオーブンで焼けば、ピザストーンやベーキングストーンも、家庭のオーブンに蒸気を入れるための裏技も無用です。ダッチオーブンの小さな空間の中なら、パンから出た湿気が蒸気発生機能付きの業務用のデッキオーブンと同じ効果を発揮します。蓋つきの大型鍋でも同じ効果が出せるはずですが、鋳物ホーローは保温性に非常に優れているため、ダッチオーブンのほうがよいでしょう。
ダッチオーブンで焼く最も適した形はブール（丸型パン）ですが、このブールを焼く方法は二通りあります。ミキシング、一次発酵、ガス抜き、成形の後、最終発酵は鍋に入れても入れなくてもかまいません。ですが私はダッチオーブンにブールを入れる派です（パンがこびりつかないように、鍋の底にまず油をひきます。予熱したダッチオーブンで焼く場合には油をひく必要はありません）。この方法は、最終発酵で形成したグルテン構造を壊さずにすみ、軽いパリパリしたクラストのパンができるので私は気に入っています。

オーブンを230℃に予熱します。生地がふくらんだら、オリーブオイルを塗り、あら塩をまぶして十字の切り込みを入れ、鍋に覆いをして、オーブンに入れます。30分焼いてから蓋をはずし、さらに15～30分間焼きます。基本のパン生地には5.5～7.5リットルサイズのダッチオーブンを使ってください。

▼ドウ

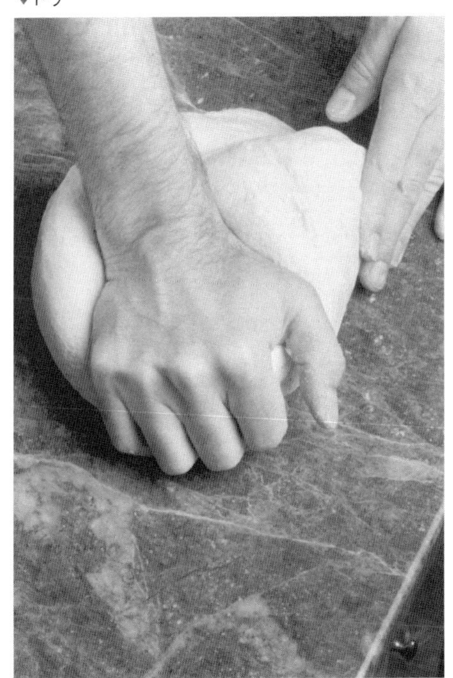

パスタ生地

3:2

小麦粉　卵

パスタ生地のレシピはたくさんあって、目分量の配合ですませるシェフも多いのですが、まちがいのない比率は、小麦粉3：卵2です。秤(はかり)があれば実に簡単です。まず空のボウルを秤に載せ、1人分につき卵1個、そしてその重量の1.5倍の小麦粉を加えます。すなわち2人分作る場合は、卵2個（約110g）を使い、小麦粉165gを加えます。6人分の夕食を作る場合は、卵6個（約330g）に小麦粉495gになります。

小麦粉3：卵2の比率ならば失敗はありません。湿度が非常に高い日や、小麦粉を冷凍保存している場合は、生地が多少べたつくかもしれません。そんな場合は小麦粉を少し追加してください。イタリアの00番小麦粉という非常に粒子の細かい小麦粉があればすばらしい食感のパスタができますが、準強力粉でも上手に作れます。この配合が黄金比です。

生パスタを手作りするのは難しいことでなく、乾燥パスタとは違ったデリケートでありながらコシのある独特の食感で風味ゆたかな麺ができあがります。パスタの生地作りは楽しいものです。調理場でいちばん好きな作業がパスタ作りだというシェフも実際に多いのです。いやでも心静かな時間を過ごすことになり、考えごとができ、生地の感触も気持ちよいからで

▲パスタを細く切る場合は生地によく打ち粉をしないと、刃を通過した後の麺同士がくっつきやすくなる。

す。

パン生地と同じく、パスタ作りでもいちばん大事なのがこねる工程、好みの食感と弾力を与えてくれるグルテンネットワークの形成です（こね方には二通りの考え方があり、どちらを選んでもうまくいきます。ひとつはここで紹介する「手ごね」で最後まで行う方法。もうひとつは手ごねを最小限にして「パスタマシン」にこねを代行させればよいという考え方で、p42のリッチな卵黄パスタで紹介します）。パスタ生地は必ず手でこねる必要がありますが、少々時間がかかります。卵と小麦粉はフードプロセッサーで混ぜてもかまいませんが、刃は切るためのものですから、フードプロセッサーを使う場合は手ごねでグルテンを生成させる必要があります。つまり機械にできるのは材料を混ぜることだけ。少量ならば手作業でも簡単ですし、フードプロセッサーのボウルと刃を洗う手間もはぶけます。分量が多ければ、ドウフックをつけたスタンドミキサーがよいでしょう。ただしパスタ作りで大事なのはやはり、こねる工程です。幸い、手ごねは楽しい作業です。考えごとができますし、ストレス発散にもなります。生地の感触を味わいましょう。他ではまったく味わえないものです。作業するうちに生地の感触が変化し、グルテンが形成されるにつれ次第に滑らかになり、やがてベルベットのような手ざわりになっていくのがわかります。感触を楽しめることにかけては、パスタ生地作りは料理の手作業の中でもベストかもしれません。

打ち粉をした台の上で生地を延ばし、少し乾燥させてからたたみ、手で細切りにするのも、パッパルデッレ*のような幅広のパスタを作るなら、よい方法です。しかし効率とクオリティを考えるなら、ローラーのついたパスタマシンがベストです。生地を延ばすのもこねる工程の一部だと覚えておいてください。性急さは禁物です。生地には独特の質感があるので、いっぺんに力をかけすぎてはいけません。生地をローラーの幅いっぱいまで延ばすために、私は生地を1.5～2kg程度の塊に切り分け、最大幅の設定でローラーに通してから、3つに折りた

＊パッパルデッレ

たんで向きを変え、いちばん幅の広い端がローラーにのるようにして、再度最大幅でローラーに通します。その後さらに設定を調整しながら1～2回ローラーに通します。

パスタ生地をこねて延ばす家庭用調理器具に関しては、マルチェラ・ハザン〔1924～2013年。イタリア料理研究家〕が著書で述べている言葉が的を射ています。「卵と小麦粉を一方から飲み込んで、もう一方から好みの形状のパスタが出てくる、あのおぞましい機械の誘惑に負けてはいけません。出てくるのはねばねばでどうしようもない代物ですし、機械を洗うのも一仕事です」

基本のパスタ生地は、基本のパン生地と同じく、風味づけは自由自在です。伝統的なホウレンソウのパスタや、トマトのパスタのように鮮やかな色をつけることもできますし、オリーブオイルをはじめとするさまざまな油脂や、コショウとタイムのようなスパイスやハーブでおいしさを増すこともできます。しかし、それはそれでよいのですが、味つけの主役はソースやトッピングであるべきで、ホウレンソウのような素材は味よりも色をつけるために加えるものです。

基本のパスタ生地

伝統的なパスタの作り方は、まな板の上に小麦粉の山を作り、中央をくぼませてその中に卵を割り入れます。そして小麦粉が均等に混ざるように徐々に卵をかき混ぜていきます。ただしこの量の卵ではこの分量の小麦粉の山の中におさまるのは難しく、山の縁(ふち)からあふれがちです。そこで、ミキシングボウルの中に小麦粉の山を作って混ぜあわせ、生地を取り出すのがおすすめです。

この量なら、メイン料理として2人分、または前菜として4人分にちょうどよく、混ぜたりこねたりしやすい大きさです。もちろん2倍にしてもかまいません。生地を作り始めてから完成するまで20分もかからないはずです。こねた後、延ばす前にグルテンを落ち着かせるため、最低でも10分間はラップに包んで休ませる必要があります。生地は延ばす前に1時間から最大24時間まで冷蔵庫で保存できます。延ばして切った後のパスタは、袋に入れて最大1ヵ月まで冷凍保存が可能です。

できあがりの分量：3～6人分

小麦粉（準強力粉）　240g

*フェットチーネ

卵　160g（約3個）

①小麦粉をミキシングボウルに入れ、中央をくぼませる。くぼみの中に卵を割り入れる。指で卵をかき混ぜ、少しずつ小麦粉と混ぜていく。別のやり方としては、フードプロセッサーに小麦粉と卵を入れ、混じりあう程度に回す。

*タリオリーニ

②生地がまとまったら、ボウルまたはフードプロセッサーから出して打ち粉をしたまな板または台の上で、手でこねる。手のつけねを押しつけてはたたみ、押しつけてはたたみ、ベルベットのように滑らかになるまで繰り返す。5～10分間かかる。

③生地を円盤形にしてラップで包み、10分～1時間ねかせる（冷蔵庫で最大24時間まで保存できる）。4等分にして好みの薄さに延ばし、切る。マシンを使ってフェットチーネ*ではなくタリオリーニ*の細さに切るのであれば、延ばしたパスタを切る前に少し乾燥させるか、よく打ち粉をすると切りやすい。

*クランク形のメタルスパチュラ

もうひとつ実用的なアドバイスをします。こねに使った台には小麦粉と卵の膜がつきます。私は大きなクランク形のメタルスパチュラ*で、この膜をこそげ取るようにしています。このほうが水とスポンジで落とすより、はるかに早いです（グルテンは不水溶性であるため、水とスポンジで落とそうとしてもべたべたになるだけです）。もしくはフラット形のメタルスパチュラか、もちろんベンチスクレイパー（スケッパー*）を使ってもよいでしょう。ベンチスクレイパーはこの用途のために作られた道具で、パン屋さんが使っています。

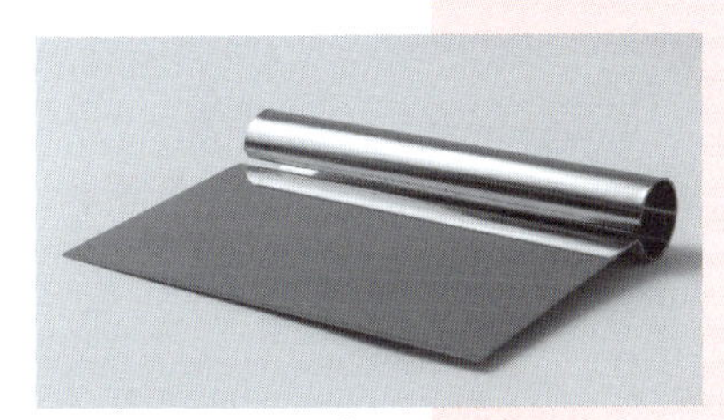

*ベンチスクレイパー（スケッパー）

パスタ生地の黄金比を覚えたらできること

▶たくさん、繰り返し作りましょう！ パスタはそのままでも十分においしいものです。タリオリーニかフェットチーネの形に切って、シンプルに香りゆたかなオリーブオイルとパルミジャーノ・レッジャーノであえます。生クリームと角切りにしたベーコンをあわせてもよいでしょう。パスタそのものの味がよくわかるように、強い味つけをしないのが私の好みですが、生パスタにプッタネスカのようなトマトソースをたっぷり載せる食べ方も楽しめます。

▶比率を守れば分量はいくらでも自由にできます。生パスタは冷凍できますので、2～3回分作り、切って冷凍庫に入れておけば、いつでもさっと調理しておいしい食事が楽しめます。延ばす前の丸ごとの生地を冷凍してはいけません。パスタの形に切った状態で冷凍し、凍ったパスタをそのまま沸騰しているお湯に入れてください。

▶手打ちパスタのよさは極上の味と作る楽しさだけでなく、好きな形にできるところにもあります。p169に「フレンチ・ランドリー」〔著名シェフのトーマス・ケラーがオーナーシェフを務める、米国の人気フレンチレストラン〕で習った、アニョロッティ*を作るテクニックを紹介しています。このテクニックでは、やわらかい詰め物を入れて袋状に閉じたパスタが自動的に作れてしまいます。具はチキンかシーフードのムースリーヌ（p163～166）、マッシュルームのピューレ、バターナッツかぼちゃ*のピューレでもよいですし、クレーム パティシエール（ペイストリークリーム）〔→p235〕を詰めればスイーツにもなります。スイート アニョロッティのキャラメルソース添えという温かいデザートです。

▶薄い板状のパスタを何層にも重ねたラザニアも簡単に手作りできます。きわめつきのおいしさです。

▶もうひとつ、板状パスタの面白い使い方を紹介しましょう。ゆでてから詰め物、たとえば挽肉の詰め物とかホウレンソウのクリーム煮を上に延ばし、巻いたら

*アニョロッティ

*バターナッツかぼちゃ

一人分サイズのラザニアができあがります。斜めに切ってチーズをトッピングし、熱々になるまで焼きます。残った肉料理の活用法としておすすめです。甘い詰め物をしてもおいしく仕上がります。

▶パスタはパンと同じようにバリエーションがつけられます。ニンニクとローズマリーのパスタ、チポトレペッパー〔写真→p9〕のパスタ、レモンと黒コショウのパスタ、作ろうと思えば何でもできますが、ただしできあがりがどうなるか、最初によく想像してみてください。何も付け加えずに食べることが多い味つきパンと違い、パスタは通常、具やソースをからめますから、ゆでた後に味つけをするのではなく、パスタ生地に味をつける場合はそれなりの理由がなければなりません。はっきりいってしまえば、販売目的以外でパスタ生地に味をつけることにはあまり意味がありません。売り出すなら、誘惑に弱い消費者の気を引きそうな味つけは山ほどありますが。

▶実は、生パスタに手を加えたくなる最大の理由は色です。色づけは緑がいちばん一般的でしょう。緑のパスタ（パスタ ヴェルデ　下記）は、ゆでて冷水にとったホウレンソウ、もしくは炒めたホウレンソウを基本の生地に加える作り方がいちばんおすすめです。この場合、水分が加わるので小麦粉を足しましょう。特にホウレンソウの味がつくわけではありませんが、鮮やかな緑色をした栄養満点のパスタになります。ローストした赤いパプリカかトマトを加えれば赤いパスタに。イカスミで黒いパスタを作るシェフもいます。しかし鮮やかな緑や卵黄をさらに加えた黄色いパスタ以外の色つきパスタは、いかんせん人工的に見えるものです。

▶緑のパスタと並んで基本のパスタ生地のバリエーションとして外せないのは、卵黄を最大限に追加して、コクのある味わいと鮮やかな黄色い色味を出す方法です（p42）。

緑のパスタ（パスタ ヴェルデ）

　ホウレンソウのパスタは、ふつうのパスタ料理にドラマチックな色彩を添えるため、深くゆたかな緑色でなければなりません。この色があるので、ソースはシンプルに生クリーム、バター、おろしたてのパルミジャーノ・レッジャーノだけで十分。それでも手の込んだ料理のような満足感があります。もちろん、生のホウレンソウではなく生パスタの味がします。生のホウレンソウの風味がほしければ、パスタの中ではなくトッピングに使ってください。

30年前のアメリカでは、ホウレンソウのパスタなんて誰も聞いたことがありませんでした。「パームビーチ・ヨットクラブ」の若きシェフ、トーマス・ケラーはヴィンセント・プライス〔料理上手で知られた俳優〕が執筆した書籍『名作レシピ集（*A Treasury of Great Recipes*）』で読んだ新しい料理に挑戦しようとして、材料となるホウレンソウのパスタが見つからなかったため、なんとスパゲッティのゆで汁に緑の食用色素を入れました。異様な色に加えて熱したプロシュート〔豚ももの生ハム〕から出た塩分のせいで、その料理は食欲をそそるどころか実際食べられたものではありませんでした。幸い、ケラーのレシピはその後、大進歩をとげることになります。

種明かしをすると、本に載っていたこの料理の名前は「タリアテッレ ヴェルデ コン プロシュート」（プロシュート入り緑のパスタ）、ホウレンソウのパスタではなく「緑の」パスタでした。ホウレンソウのパスタだとわかっていたらケラーも回り道をせずにすんだでしょうに。

できあがりの分量：パスタ生地約570g　4〜6人分

ホウレンソウ　約85〜115g（生のホウレンソウ約200〜230gをゆでて水気をとると、葉の部分だけで85g程度になる。ゆでて冷水にとった後しぼって余分な水気を取り、粗みじんにする）
小麦粉（準強力粉）　340g
卵　170g（約3個）

①ホウレンソウをフードプロセッサーに入れ、数回に分けて回してピューレ状にする。小麦粉と卵を加え、生地がしっかりまとまるまでフードプロセッサーを回す（水分が多すぎる場合は小麦粉を足す）。
②ボウルから取り出して5〜10分間、滑らかになるまでこねる（台にくっつくようなら多めに打ち粉をする）。
③ラップにくるんで最低10分間休ませ、冷蔵庫に最大24時間入れる。その後、延ばして好きな形に切る。

リッチな卵黄パスタ

このとてもコクがあり味わい深い（そしてくっつきやすい）生地は、それだけでもおいしいので、少々のオリーブオイルとパルミジャーノ・レッジャーノをからめるだけで十分ですが、ラビオリにしても最高です。

できあがりの分量：パスタ生地約510g、4人分

小麦粉（準強力粉）　285g
卵黄　170g（卵黄8〜9個）
卵　55g（1個）
水　30㎖
オリーブオイル　15㎖

①小麦粉をミキシングボウルに入れ、中央に小さなくぼみを作る。そのくぼみに残りの材料を入れ、指でかき混ぜて少しずつ卵黄と小麦粉をあわせていく。
②生地の形になったらボウルから取り出し、生地がまとまるまで手でこねる。
③長方形にしてラップをかけ、最低10分間休ませ、最大24時間まで冷蔵庫に入れる。その後、延ばして好きな形に切る。

パイ生地

3:2:1

小麦粉　油脂　水

パイ生地の黄金比は、私がいちばん好きな比率のひとつです。パイ生地やタルト生地をレシピを見ずに作れ、素人ながらいっぱしの菓子職人気分になれるからです。すっかりスタンダードになって使い勝手のよいこの比率は、私の手元にあるCIAの教科書では「3：2：1パイ生地」と記されています。そう、比率がそのまま名前になっているのです。油脂、小麦粉、挽いたナッツ、砂糖、風味(フレイバー)づけの種類を変えれば、あらゆるタイプの生地が作れますが、この3：2：1パイ生地にまさるものはありません。

私は油脂として非発酵バターを好んで使います。これを使うとリッチで味わいゆたかな生地になります。豚脂(ラード)を使ってもよいでしょう。特に惣菜(セイボリー)系パイに向いています。植物性ショートニングは市販の油脂では最もくせのない味です（使う硬化植物油にトランス脂肪酸が入っていないことを確認してください。トランス脂肪酸は肉の飽和脂肪酸と同じ健康上の問題をもたらすといわれています）。ここで紹介する材料は、容積ではなく重量ではかります。ショートニング計量の際にその理由がわかると思います。

これから紹介する分量で作ったのは、単純にバター220gが手軽で使い

▲バター、ラード、ショートニングを使うことで、生地がくっつかず幾重にも層のできた、サクサクのパイ皮になる。パイ皮のもう一つ大事な要素は軽さ。生地を練りすぎるとパイ皮の密度が詰まって固くなる。小麦粉と油脂に水分を加えたら、生地をまとまる程度にそっと混ぜ、ラップをして最低15 分間、または延ばせるくらいになるまで冷蔵庫に入れる。

やすく、小麦粉330gがパイ1台の適量と考えたからです。バター220gの成分には、そもそも80%の乳脂肪つまり76g程度の油脂と、水15%(30g)が含まれているので、比率に厳密にのっとっているわけではないことと、必要な水の量は変動する可能性があることを覚えておいてください。油脂の風味が足りない20%を補っているわけですが、この生地はショートニングでもバターでも作れます。小麦粉330gで23cmのパイ皿に十分な量になり、さらに残った生地でパイ全体を覆うか格子状に覆うか、キッシュ1枚の皮にするか、半量を冷蔵庫（1日保存可）か冷凍庫に入れて次回にとっておくことができます。このレシピの半量で約23cmのタルト皿の分量になります。

バリエーションはいくつかの系統に分かれます。惣菜系（セイボリー）、スイーツ系、ナッツ系があります。先に紹介した生地は「ブリゼ生地」とも呼ばれ、何も入れないペイストリー生地を指します。ブリゼ（brisée）とはフランス語で「こわれた」という意味で、弾力のある生地や卵の入った生地に対してほろほろと崩れる生地を指します。これに対して、砂糖を入れて甘くした生地を「シュクレ生地〔注→p24〕」と呼びます。生地をはっきりと惣菜系（セイボリー）にするなら、おろしたパルミジャーノ・レッジャーノをカップ3/10ほど生地に加えるとよいでしょう。また、小麦粉の一部を、松の実やアーモンド粉（生でも素焼きしたものでもよい）に置き換えると、生地に風味が加わります。

パイ生地のミキシングは、手、フードプロセッサー、スタンドミキサーいずれを使ってもかまいません。手でするほうが簡単で早いので、私は手でやってしまいます。器具のボウルや刃を洗う時間をはぶけるからです。手で混ぜる際には、油脂をよく冷やしておくことと手早く作業すること、生地をなるべくいじりすぎないことが大切です。力をこめて押しつけたりこねたりせず、そっとあわせるように押しつけてください。フードプロセッサーを使う場合は、油脂を凍らせておくとうまくできます。どの方法を選ぶにせよ理屈は同じ。小麦粉と油脂をあわせ（すり混ぜ）てから、生地がまとまる程度の水を加えます。小麦粉と油脂をあわせる際に、油脂をビーズ状にして、小麦粉と混ざったとき豆ほどの大きさの塊がたくさんできるようにすると、サクサクしたパイ皮になります（油脂が小麦粉と水を層に分離してくれます）。油脂は冷やしておくほど仕上がりがよくなります。練りすぎ、こねすぎるとグルテンが生成されすぎ、水の入れすぎも同様ですが、生地が固くなります。氷水を使って油脂の冷たさを保ちましょう。生地がまとまったらラップにくるんで15分間、または延ばせる程度になるまで冷蔵庫に入れます。手順はこれだけ、秤（はかり）とボウルを使うだけなら10分でできます。

3：2：1パイ生地（ブリゼ生地）

できあがりの分量：パイの土台と上部1台、または23cmのタルト2台

小麦粉（準強力粉） 330g
バター 220g（またはラードかショートニングいずれかを組みあわせてもよい。冷やして（冷凍でもよい）細かく刻む）
氷水 55〜110㎖（量は油脂の種類に応じて。非発酵バターは水分を含むので55gでよい。ショートニングとラードは水分を含まない）
塩（あら塩またはコーシャーソルト） 2.5g

①ミキシングボウルの中で小麦粉とバターをあわせ、バターを指ですり混ぜながら、油脂が小さなビーズ状になり、豆ほどの大きさの塊がたくさんできるようにする。大量に作るのであればスタンドミキサーにビーター〔写真→p30〕をつけてもできるが、水を加えてからは混ぜすぎないように、生地がまとまる程度にする。
②氷水を少しずつ加え、塩を2〜2.5g入れて軽く、あわせる程度に混ぜる。生地を練りすぎると固くなってしまう。
③生地を2枚の同じ大きさの円盤形に成形し、15分間または延ばせるようになるまで冷蔵庫に入れる。

アップルパイのように、生の生地に具を載せて焼くこともできますが、キッシュやバッター〔注→p11〕を調理する場合は、皮を先に焼いておかなければならないことが多いものです。これを空焼きといいます。

パイ皮を空焼きするには、形が崩れないよう重石（おもし）を敷き詰める必要があります。専用の重石（タルトストーン）もありますが、アルミホイルを敷いて空焼き用の乾燥豆を440g程度載せてもうまくできます。オーブンを165℃に予熱してお

き、パイ生地の上にクッキングシートまたはアルミホイルを敷き、底に重石または豆を敷き詰めて20〜25分間焼きます。重石または豆を取りのぞき、パイ皮がきつね色になり火が通るまで、さらに15分ほど焼きます。

3：2：1パイ生地（ブリゼ生地）を覚えたらできること

＊ルバーブ

この黄金比のよいところは、料理本を開いて事前に準備する、という手間をかけずにパイやタルトを思いのままに作れてしまうことです。惣菜系のタルトやスイーツ系のタルトは、玉ねぎとチーズなど手元にある材料を使って簡単に作れます。新鮮な桃やルバーブ＊が手に入ったら、その日のうちにパイができ上がります。パイ皮とタルト台は他の材料のいわば入れ物。この生地を入れ物と考えれば、ゆたかな世界が目の前に広がります。

生地のバリエーション

▶甘いパイやタルトには、シュクレ生地を作ります。3：2：1パイ生地（ブリゼ生地）の基本のレシピに大さじ2の砂糖を加えます。

▶3：2：1パイ生地はどんなパイの皮、タルトの台としても使えます。惣菜系の材料、たとえばおろしたてのパルミジャーノ・レッジャーノ3/10カップを3：2：1パイ生地の上に加えてもよいでしょう。

▶パフペイストリー生地＊のように扱えば、この生地をさらにサクサクに作れます。パフペイストリーは生地をたたんでは延ばす作業を繰り返すことで、層を増やしたものです。混ぜる際にバターを大きめの塊のまま残します。生地を厚さ1cmほどの長方形に成形し、ラップして1時間以上冷蔵庫に入れてから、冷蔵庫から出して室温に戻します。こうすることでバターが少しやわらかくなり、扱いやすくなります。長方形の生地を3つにたたみ厚さ1cmの長方形に延ばし、ラップして冷蔵庫に入れます。この工程をもう1回繰り返します（お好みであと3回まで）。これは素朴な、型を使わないフルーツタルトを作る優れたテクニックです。p54で紹介するすばらしくサクサクした食感のビスケットにも同じ方法を使います。

＊パフペイストリー生地　折り込みパイ生地。フランス菓子でいうフイユタージュ生地のこと。

▶フルーツタルトや柑橘類のタルトに適したナッツ入りの台を作るには、アーモンド、ピーカン、松の実、クルミ、カシューナッツ、ピスタチオなど、好みのナッツ1 1/5カップを粉末状にして、3：2：1パイ生地の半量の小麦粉、卵1個、バニラ小さじ1とあわせます。

▶惣菜系のミートパイには、2の油脂部分にラードを使います。これは細かく裂いた豚の肩肉などブレゼ（蒸し煮*）した肉を詰めて揚げた一人分サイズのパイ、エンパナーダの生地にもなります。

*ブレゼ（蒸し煮）
素材の表面に焼き色をつけ、その素材を鍋に入れ液体に浸し、蓋をしてオーブンで蒸し煮する調理法。

▶1人分サイズのタルト

ラメキン（ココット皿*）のようなオーブンでも使える小型容器が、1人分サイズのタルト作りに使えます。

*ラメキン（ココット皿）

▶型を使わないタルト

手で成形して型を使わないタルトにも、この生地が使えます。いちばん簡単な型なしタルトは、生地を好きな大きさに延ばして天板にのせ、周囲を2.5cmだけ残して具を広げ、残した部分を内側に折り込んだりつまんで立てたりしてフチを作ります。ピール*とピザストーン（またはベーキングストーン）があれば、コーンミールやセモリナ粉を振ったピールの上でじかにタルトを成形し、予熱したオーブン内のピザストーン（またはベーキングストーン）に、移すことができます。

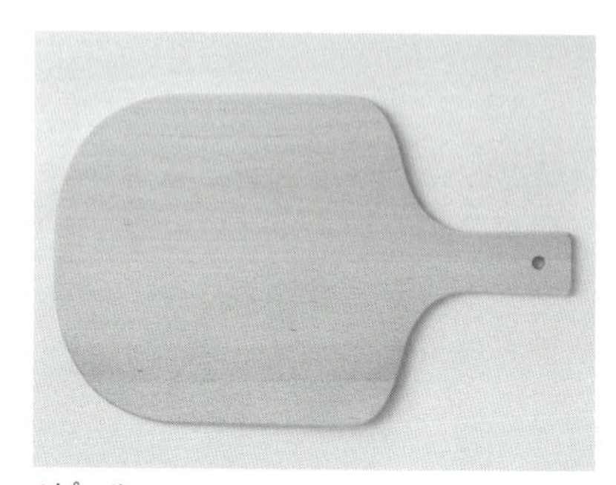
*ピール

タルトのバリエーション

タルトは、味も具も好みで載せられます。次に紹介するレシピは、ほとんどがタルト台やパイ皮を土台にして作れます。タルトはどちらかといえば上品な料理ですし、パイ皮は深さを変えると風合いが変わります。素朴な味わいを出したければ、型を使わずに成形しましょう。小麦粉約255g、バター170g、水60～90mℓで23cmのタルト型のサイズになります。中にカスタードを詰める場合はカスタード1 1/5～2 2/5カップ（240～480mℓ）が必要で、その量は上に載せるトッピングによって変わります。

▶キャラメリゼ オニオン（飴色玉ねぎ）とコンテチーズのタルト

スパニッシュオニオン〔→p33〕4個をじっくり飴色になるまで炒め、冷まします。空焼きした23cmのタルト台の上におろしたコンテチーズ*もしくはエメンタールチーズ*を振り、その上に玉ねぎを均等に広げます。175℃のオーブンでチーズと玉ねぎが熱々になるまで焼きます。

*コンテチーズ
ハードタイプでクセが少ないフランスの代表的なチーズ。フランシュ・コンテ地方で作られる。

▶ポロねぎのソテーとクルミのタルト

ポロねぎ（リーキ*）3本の白い部分と淡い緑色の部分だけを洗って薄切りします〔ポロねぎがない場合は白ねぎで代用可〕。中火でやわらかくなるまでバターで炒め、塩、コショウします。好みでディジョンマスタード小さじ2かシェリーヴィネガー小さじ1を加えてください。ハーフ&ハーフ*1 1/5カップ（240mℓ）、卵2個、塩2.5g、挽いたコショウ少々をあわせて、スタンダードなカスタード（比率はp219）を作ります。空焼きしたタルト台の上に炒めたポロねぎを広げ、その上に素焼きしてみじん切りしたクルミを散らし、カスタードを注ぎ入れ、おろしたグリュイエールチーズ*を散らして、165℃でカスタードが固まるまで約30分間焼きます。ポロねぎのかわりに炒めたホウレンソウや、炒めたマッシュルームにしてもいいでしょう。

*エメンタールチーズ

▶じゃがいもとポロねぎのタルト

ポロねぎ4本を前述のように処理します。3：2：1パイ生地をパイ皿かケーキの型に敷いて空焼きします（ケーキの型にはクッキングシートを敷いてください）。皮をむいて薄切りしたじゃがいもをパイ皮の底に広げます。その上にポロねぎの薄切りを広げます。これを繰り返してポロねぎが2層になったら、塩、コショウ、パルミジャーノ・レッジャーノをふんだんに散らし、挽いたナツメグ少々を振ります。じゃがいもが隠れるくらいまで生クリームを加えます。上にコンテチーズまたはエメンタールチーズ3/10カップを載せます。205℃でジャガイモがやわらかくなり、生クリームの量が減ってとろみがつくまで、約45分～1時間焼きます。

*ポロねぎ（リーキ）

*ハーフ&ハーフ
牛乳と生クリームを半量ずつ配合したクリーム。

*グリュイエールチーズ

▶トマト タルト

トマトが旬になり、赤や緑色のものなどたくさんの種類が出回りだしたら、型を使わないタルト台にスライスしたトマトを敷き、塩、コショウ、タイムを散らして、オリーブオイルを振りかけるか、スプレーします。中火のオーブンでトマトが熱々になり、汁気がなくなるまで焼き上げます。

▶桃とプロシュートのタルト

タルト台にプロシュート〔豚ももの生ハム〕を敷きつめます。プロシュートの上にスライスした桃を敷きつめ、タルト台にこんがりと焼き色がつき、桃が透きとおって火が通るまで焼きます。ちぎるか細切りにしたルッコラを飾ります。

▶チョコレート バニラ タルト

クレーム パティシエール（ペイストリークリーム）（p235）を空焼きしたタルト台の底に塗り広げます。チョコレートソース（p238）を225g作り、粗熱がとれて、まだ垂らせるくらいの状態のうちにクレーム パティシエールの上に載せます。十分に冷やします。ホイップクリームか粉砂糖で飾ります。

▶キャラメル チョコレート タルト

キャラメルソース（p242）を空焼きしたタルト台の底を薄く覆うように注ぎ入れ、前述したタルトと同じようにチョコレートソース（p238）で覆います。

▶レモンタルト

レモン果汁3/5カップ（120mℓ）、砂糖3/5カップ、卵黄4個分を電子レンジ対応のミキシングボウルに入れ、よく混ぜて簡単なレモンカード〔レモンバタークリーム〕を作ります。電子レンジを強で30秒ずつ加熱し、加熱のたびにかき混ぜながら、とろみがついてカスタード状になるまでおよそ4分間、加熱を繰り返します。そこへバター55gを混ぜ入れます。空焼きした23cmのタルト台にレモンカードを注ぎ入れ、冷まします。コンロやオーブンのグリル機能で軽く焼き目をつけ、粉砂糖を振ります。

▶ベリー タルト

空焼きしたパイ皮にクレーム パティシエール（ペイストリークリーム）（p235）を入れ、ブルーベリー、ラズベリー、イチゴ、ブラックベリーを同心円状に飾ります。

▶ブルーベリー カスタード タルト
空焼きしたタルト台に1～2つかみのブルーベリーを広げます。タルト台にひびわれがあったら、生の生地で埋めてください。クレームブリュレの材料（ハーフ＆ハーフ1 4/5カップ（360mℓ）、卵3個、砂糖2/5カップ、p234）をあわせ、ベリーの上に注ぎ入れます。150℃のオーブンでカスタードが固まるまで、20～30分間焼きます。

▶いろいろなフルーツタルト
リンゴ、桃、ルバーブ、ブラックベリー、プラム、アンズなどの果実を型を使わないタルト台に載せて焼けば、簡単で手早いスイーツ系タルトになります。加える砂糖の量は果実によって変えてください。リンゴと硬い核のある果実（桃やプラムなど）には大さじ2～3、ルバーブやブラックベリーにはもっとたくさん入れてください。焼くと水分が多く出るルバーブやブラックベリーのようなタルトフルーツには、果実1カップにつきコーンスターチ大さじ1を入れるとよいでしょう。しかし上を生地で覆わないのであれば、水分はほとんど蒸発してしまいます。

パイ

果実のパイは、我が家の夏の大きな楽しみです。大勢の人でにぎわう近所のファーマーズマーケットには、春にはルバーブ、秋にはリンゴとかぼちゃが並びます。世の中には果実のパイのレシピが無数にありますが、既存のレシピを応用してみてはいかがでしょうか。タルトフルーツ〔前項参照〕を使ったパイには、自然な甘みのある果実で作るパイよりも、多量の砂糖が必要と覚えておいてください。

しかし、パイをスイーツだけにしておくのはもったいない。いちばんおいしくて、手軽で安くできるレシピに、チキンのポットパイがあります。ビーフ、魚、野菜でも可能です。225gサイズのラメキン（ココット皿）または1人用のオーブン対応のパイ皿に3：2：1パイ生地を敷きます。濃いクリームスープ（p136）を作り、火を通したチキンやビーフといったメインの具材、玉ねぎ、にんじん、セロリを加えます。その上にパイ皮をかぶせ、蒸気の逃げ道になるよう穴をあけて、175℃のオーブンで45分ほど、皮に火が通るまで焼きます。ローストチキンと鶏ガラスープの残り物でも作れるおいしい料理です。

型を使わないパイ生地も成形して、パテの具(「ファルス」ともいう、細かく挽いて味つけした詰め物用の肉)——要するにミートローフ*をきめ細かくしたようなもの(p160)——を入れて使えます。これをテリーヌ型に詰めれば「パテ アン クルート」と呼ばれる料理になり、型を使わないパイに詰めれば、英語でいうミートパイになります。温めても冷やしても食べられます。冷やして食べる場合は、中央の蒸気を逃がすために開けた穴からアスピック(ゼリー寄せ)〔写真→p19〕用のゼリー液を注ぎ入れます。調理の間に肉が縮んでできたパイ皮との隙間を埋めるためです。

*ミートローフ

アディソンのビーボップ ア リボップ ルバーブ パイ

生のグリーンピースやレタスとともに、春の訪れを告げてくれる私の大好きなパイが、ルバーブ パイです。酸味、緑と赤の微妙な色具合、葉には毒があるという事実から醸し出される神秘的で危険なイメージ、こんな野菜はほかにはありません(もちろん実際に食べて危険なわけではありません)。我が家ではギャリソン・キーラーの頭韻を踏んだ歌にちなんで、このパイに名前をつけました〔[B] ebop-a- [R] ebop [R] hubarb [P]ie。キーラーは人気ラジオ番組「A Prairie Home Companion」の司会者。この番組を舞台にした映画「今宵、フィッツジェラルド劇場で」の中でこの歌が歌われている〕。娘のアディソンが小さいときからこの歌が大好きで、そのうえパイの味つけがシナモンとクローブとあって、このパイは昔から娘の大好物なのです。私はバターたっぷりのサクサクしたパイ皮が好みですが、ルバーブは加熱すると水分がたくさん出るので、煮詰めて蒸発させる必要があります。そのため、格子状の蓋をかぶせてオープンな形にしたパイが望ましいのです。

パイ皮として3:2:1パイ生地(p44)を作ります。小麦粉430g、バター285g、氷水約140㎖を使います。

できあがりの分量:23cmのパイ1枚

砂糖(グラニュー糖) 340g
シナモン(粉末) 小さじ1 1/2
クローブ(粉末) 小さじ1/4
コーンスターチ 2/5カップ

ルバーブ（みじん切り） 680g

①オーブンを220℃に予熱しておく。

②生地を厚さ約0.5cmの大きな長方形に延ばす。パイ皿を生地の上に逆さにかぶせてくりぬき、残った生地をパイ上部の格子に使う。底に敷く生地はパイ皿全体を覆う大きさにすること、格子に使う生地は幅2cmでパイ皿の直径に足りる長さにすること。生地の1/3をあらかじめ別にしておき、格子用に延ばしてもよい。

③生地をパイ皿に敷く。皿のフチから約2.5cmはみ出すようにする。残しておいた生地をパイ皮切りかナイフで切り、パイ皿の直径と同じ長さに延ばし、格子になる幅約2cmのひもを9本作る。全部この長さである必要はないが、少なくとも5本はこの長さにする。

④砂糖、スパイス、コーンスターチをあわせ、スパイスとコーンスターチがよく混ざるようかき混ぜる。大きなボウルにスパイス等とあわせた砂糖とルバーブを入れ、ルバーブに砂糖が均等にまぶされるように混ぜる。これをパイの皿にあける。

⑤パイの上に生地のひもを5本、均等に間隔をあけて平行に並べる。1本目と3本目と5本目のひもを皿のフチまで折り返して、ひもに交差させる形でひもを縦に1本置く。1本目と3本目と5本目の横のひもをパイの上に戻し、今度は2本目と4本目のひもを1本目の縦のひもまで折り返す。2本目の縦のひもを1本目の縦のひもと同じ間隔をあけて置く。2本目と4本目のひもを戻す。この作業を最後の格子のひもまで繰り返す。フチからはみださせておいた生地を格子の端を隠すように折り返し、パイ皿のフチに沿って生地にひだを作る。

⑥パイを天板に移して1時間～1時間15分、ルバーブからふつふつと泡が立つほど煮立ってパイ皮がきつね色になるまで焼く。完全に冷ましてから切り分ける。

ビスケット

3:1:2

小麦粉　油脂　液体

バターたっぷりでサクサクのビスケットは、パイ生地と同じくらい気軽にできます。使う材料も同じですが、ひとつ大きな違いがあり、それは油脂と液体の分量が逆になることです。ビスケットでは油脂の2倍の液体を使うのです。これによってグルテンの量が多くなり、軽くてほろほろと崩れるパイに比べて、もっとやわらかく粘度の高い食感が生まれます。パイ生地の黄金比が3：2：1（小麦粉3、油脂2、液体1）であるのに対して、ビスケットの黄金比は3：1：2（小麦粉3、油脂1、液体2）になります。この比率は「シカゴの市外局番312と同じ」と覚えると簡単なので、私はシカゴ ビスケットと呼んでいます。

私は味つけに塩も入れます。ビスケット生地はパン生地とパイ生地の中間のようなもので、材料が素朴なだけに塩味が必要になるのです。生地を折っては延ばすだけでも発酵しますが、私は小麦粉110gにつき、小さじ1ほどのベーキングパウダーを入れています。

それ以外はパイ生地と手順は同じで、冷やしてサイコロ状に切ったバターを小麦粉の中ですり混ぜます。液体（この場合は牛乳）を生地がまとまるまで混ぜあわせます。その後、生地を長方形に成形してバターが固まっ

▲パイ生地と同様、ビスケットもバターで分離した生地の層をたくさん作るほどサクサクした食感になる。

てグルテンが落ち着くように冷やします（ドロップビスケットなら牛乳の量を増やし、生地をスプーンですくって天板の上にじかに落とします）。

ペイストリーやドウ生地のサクサクした食感を作っているのは、パフペイストリー生地〔注→p47〕やサクサクのパイ生地と同じく、生地の中の何重にもなったバターの層です。バターの中の水分が熱で蒸発し、その際に空気がふくらんで、生地の層を分離させるのです。パフペイストリーを作るために、バターの層は高度にコントロールされています。生地の中にバターの塊を閉じ込め、2層の生地の間に比較的厚いバターの層が1つできるように延ばします。それから生地を手紙のように3つ折りにして再び延ばし、4層の生地の間にバターの層を3つ作ります。生地を冷やし、また3つにたたんで10層の生地の間にバターの層を9つ作ります。冷やして、たたんで、また延ばす工程を「ターン（turn）」と呼びます。28層の生地の間にバターの層が27できます。さらに繰り返すと82層の生地の間にバターが81層、244層の生地の間にバターが243層と増えていきます。そして最後の「ターン」まで全部で6回のターンを繰り返します。730層の生地の間にバターの層が729できることになります。

この生地を約0.6cmの厚さに延ばして焼けば、何百もの層がふくらんで分離し、繊細で軽い絶妙な食感のペイストリー、すなわちパフペイストリーができあがるのです。ハロルド・マギーが『マギー キッチンサイエンス』に書いているように、生地の層ひとつひとつがきわめて薄く、紙よりも薄い、デンプン粒子一粒の薄さなので、焼くとこれら極薄の層が「口の中でこわれて小さく繊細な破片となる」わけです。

サクサクのビスケット、あるいはサクサクのパイ皮を作る場合も原則は同じですが、バターの層は均等ではなくふぞろいで、傾いていたり、長さも厚さもまちまちなので、生地の層の間にふぞろいな油脂の層を作ります。生地を延ばすことによってグルテンが形成され、生地が（パイ生地のように）ほろほろと崩れるのではなく、弾力性と粘性が出て、外側はさくっと、中はやわらかくバターたっぷりというビスケット独特の食感になります。不思議ですね。

シカゴ ビスケット（3：1：2ビスケット）

ビスケットはイチゴとホイップクリームのような甘いソースを添えても、スパイスの効いたソーセージ グレイビー〔ソーセージ入りの、肉汁を使ったソース〕のような惣菜系(セイボリー)ソースを添えても、いずれも劣らぬ魅力で朝食にもよし、夕食にもよしの優秀な一品です。ビスケットはバターが決め手なので、良質のバターを使ってください。伝統的なビスケットは丸形ですが、家庭では切り落とした部分を無駄にしないように四角くカットしてもかまいません。断面の層を見せるためによく切れるナイフを使ってください。

できあがりの分量：4〜6個

小麦粉（準強力粉） 240g
ベーキングパウダー 小さじ2
塩（あら塩またはコーシャーソルト） 4.5〜5g
冷やしてサイコロ状に切ったバター 80g
牛乳 160g

①計量する秤(はかり)の上にミキシングボウルをセットして小麦粉を注ぎ入れる。ベーキングパウダーと塩を加える（ダマがあれば漉し器（ストレーナー）でふるう）。バターをはかる。それを小麦粉にすり混ぜ、小さなバターの塊（豆以下のサイズ）が全体に分散するようにする。牛乳を注ぎ入れ、生地がまとまる程度にあわせる。生地の中にバターの塊が見えるくらいでいい。約10〜15cmの長方形に成形し、ラップにくるんで、最低1時間冷蔵庫で冷やす。
②生地からラップをはずして、小麦粉をまぶす。手粉を振った調理台、まな板、ラップなどの上で、長方形を崩さずに約3倍の大きさに延ばしていく。3つにたたみ、また延ばす（生地に弾力が出て、押し返す力を感じるはず）。また3つにたたんでしっかりと下に押しつけ、ラップでくるんで最低1時間、または完全に冷えるまで冷蔵庫に入れる。もう一度先ほどの工程を繰り返す。これで生地が完成。
③約1.3cmの厚さに延ばしてカットする。さらに3つにたたんで冷蔵庫に入れ、もう一度延ばして、合計6回たたんでも（6ターン）よい。生地を四角くカットする。あるいはお好みで丸い抜型か薄いコップを使って、丸く切り取る。205℃で火が通るまで、20〜30分間焼く。

クッキー生地

1:2:3

砂糖　油脂　小麦粉

これは恩師であるシェフのボブ・デル・グロッソが料理の黄金比の例として、いたく気に入っていたものです。彼がこの比率をこよなく愛していた理由からも、比率とは何かがよくわかります。友人であり良き師であるボブいわく——このレシピは芸術品というわけではないし至高の名作というわけでもない。しかし、おいしく滋味ゆたかなショートクッキーができあがる。そして見る目のある作り手には、ショート*な甘い生地の配合とクッキーというものの性質について教えてくれる——のです。砂糖1、油脂2、小麦粉3で、絶妙なきめと歯ごたえがあり、油脂と砂糖のバランスのよいクッキーになります。もちろんごく素朴な、砂糖とバターと小麦粉だけのショートブレッド*タイプのクッキーです。私がいちばんすごいと思うのが甘さの加減です。満足感がありながら甘すぎない、ほどよい甘さ。風味を加える唯一の材料であるバターの質がものをいいます。封を切ってから時間の経ったバターを使わず、上質で香り高いバターを使いましょう。私は有塩、食塩不使用どちらも使いますが、このクッキーは少々塩分があったほうがおいしいと思うので、食塩不使用のバターを使う場合には（たしかに食塩不使用のバターなら焼き加減を多少コントロールしやす

*ショート
ショート（short）は「小麦粉に対する油脂の比率が高い」の意。また「（油脂の比率が高いために食感が）サクサクする、ポロポロする。もろい」の意。ショートクッキー、ショートブレッドの「ショート」はこの意味。ショートニングも同様で、直訳すれば「サクサク、ポロポロにするもの」。

*ショートブレッド
スコットランド発祥の伝統的なバタークッキー。

いです)、塩を少々加えるようにしてください。とにかく良質のバターと鮮度のよい小麦粉を使うこと。素朴さが身上のクッキーですから。もちろん生地は、具(ナッツ、キャンディ、シード)、香りづけ(エクストラクト、ゼスト〔柑橘類の皮〕)、飾り(スプリンクル*、カラーシュガー、フレイバー入りのグレイズ*)を追加するなど、応用がききます。

そのままで楽しめる他の生地の比率とは違い、クッキー生地のレシピはそれだけで使うことはまずなく、普通は何らかの材料を追加するはずです。

しかし一度は何も加えずに作り、クッキー本来の味を知ってほしいレシピです。プレーンなクッキーをぜひ味わってください。クッキーのきめ、甘さのレベル、バターの香り、小麦粉の香りに気づいてください。そして確かな比率ですから、少量をあっという間に作れます。砂糖30gとバター60gをクリーム状になるまですり混ぜ、小麦粉90gをさっくりと切るように混ぜあわせます。これでまさにクッキーらしいクッキーができ上がります。しかし材料のどれかひとつを抜いてしまうとクッキーではなくなり、まったくの別物になります。砂糖を抜いてしまうとルーかブールマニエ*になりますし、小麦粉を抜いたらアイシング*になります。不朽の輝きをもつ比率なのです。

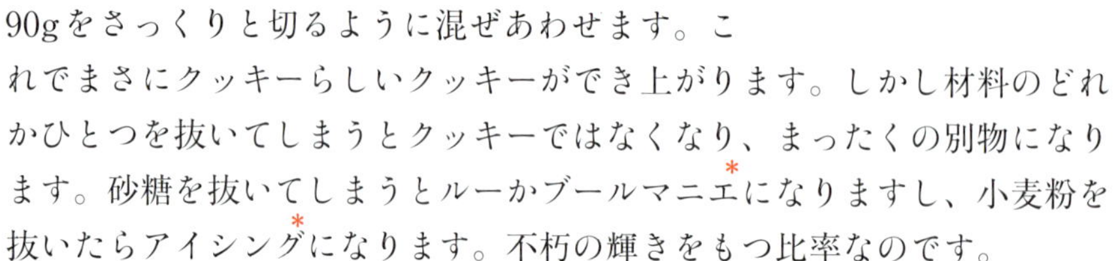

刻んだアーモンドかピスタチオのトッピングを加えるだけで、極上のクッキーに変身します。このレシピの試作を手伝ってくれた何人かの友人は「大人のクッキー」と評しました。うちの子供にもつまみ食いされてしまうので、必ずしも大人向けとは限りませんが、友人がいわんとすることはわかります。脂肪分たっぷりの食べごたえのあるクッキーではなく、ディナーの後にコーヒーと一緒に出したり、アフタヌーンティーのお供にしたり、午前中の口寂しいときにつまむ軽い菓子がほしい、という場合にうってつけのお楽しみなのです。

▲写真のレモンとケシの実のクッキーは小麦粉3、油脂2、砂糖1のスタンダードなクッキーの比率を使う。

*スプリンクル
菓子に振りかける様々な色と形の砂糖。トッピングシュガー。

*グレイズ
菓子やパンの表面に塗るツヤ出しのコーティング。シロップ、ジャムなどを用いる。

*ブールマニエ
とろみづけのために小麦粉とバターを練りあわせたもの。→p141。

*アイシング
糖衣。砂糖に水や卵白を混ぜて作り、菓子の上に塗る。アイシング(icing)の名称は塗ると薄い氷(ice)のように見えることから。

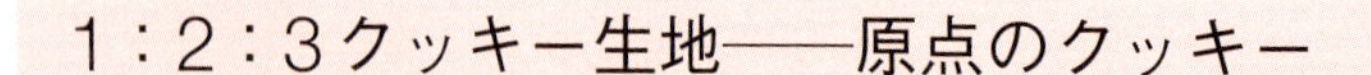

1:2:3クッキー生地——原点のクッキー

できあがりの分量:5〜10枚

砂糖（グラニュー糖） 60g
バター（食塩不使用） 120g（溶けてはいないがやわらかい状態）
小麦粉（準強力粉） 180g

①砂糖とバターをあわせ、砂糖が均等に混ざってバターが白っぽくなるまで、ミキサー、泡立て器、ハンドミキサーのいずれかで混ぜる。ここで塩少々とバニラ小さじ1/2を加えてもよい。
②その後、小麦粉を少しずつ切るように混ぜ入れ、均等に混ざった生地がまとまるまで混ぜていく。私はごく薄いクッキーにしたいので、ラップを使って棒状に延ばし、冷やしてから約1cmの厚さに輪切りにする。または生地を4cmのボール状に丸めて天板に並べ、上から押しつけて0.5cmか好みの厚さにする。
③175℃のオーブンで火が通るまで、15〜20分間焼く。油脂の量が比較的少ないので、焼いている途中で広がることはない。

1：2：3クッキー生地を覚えたらできること

この比率の最大の魅力は、思いついたそのときに、必要な分だけ、ほしい分だけ（多くても少なくても）クッキーが作れるところです。5分もあればオーブンで焼く準備が完了します。そんなに簡単なのに、このレシピからは小麦粉、砂糖、バターという基本材料がどんな働きをするのかを学べます。バリエーションは無限とはいえ、3つのパターンがあります。風味づけ（フレイバー）に変化をつける、材料のひとつを置き換える、小麦粉に対する油脂・砂糖の比率を変える、です。

▶風味づけ（フレイバー）に変化を加えると、プレーンなクッキーに個性が生まれます。シンプルに変化を与えてくれるのが、「風味」「歯ざわり」「見た目の面白さ」の加わるナッツ類。生地をボール状に成形し、刻んだアーモンドに押しつけてから天板に並べ、上から押して好みの厚さにします。
▶このクッキーに適したナッツ類は、刻んだ、またはまるごとのピスタチオで、見た目の効果をねらうなら湯がいて皮をむいたピスタチオを使うのがおすすめです。そのほかにクルミ、ヘーゼルナッツ、マカダミアナッツ、カシューナッツも適していますが、色よし味よしのピスタチオが私の好みです。
▶ナッツのバリエーションとして最後に紹介するのは、小麦粉の1/3を粉末状にしたナッツパウダーに置き換える方法。ヘーゼルナッツ入りのリンツァークッキー*の生地にはこういう作り方をするバージョンがあります。
▶基本のクッキーレシピに、ケシの実を小さじ1と、レモン1個分の皮のすりおろし、バニラ・エクストラクト小さじ1/4を加えると、レモンとケシの実のクッキー（p62）になります。
▶シナモン、クローブ、ナツメグを各小さじ1/4加えます。
▶アーモンド・エクストラクトを小さじ1/2加えます。
▶チョコレートを加えます。上質のセミスイートまたはビタースイートチョコレート90gを溶かし、そこへ小麦粉をふるい入れ、バターと砂糖に折り込むように混ぜます。このレシピは他のバリエーションに入れてもよいかもしれませんが、甘みを加えるという意味では砂糖のバリエーション、油脂を加えるという意味では油脂のバリエーションになるでしょう。
▶チョコレートのかわりにピーナツバターを加えます。

*リンツァークッキー
オーストリアのリンツ地方発祥。ジャムを挟むのが特徴。

砂糖の種類を変えることもできます。
▶グラニュー糖のかわりにブラウンシュガー〔注→p11〕を使うと、色が濃く、より複雑な甘みのあるクッキーになります。食感に少し粘りがあり、早くきつね色になります。
▶アガベネクター（アガベシロップ*）を使うと、GI（グリセミック・インデックス）の低いクッキーができます。GIとは、体内で炭水化物が分解してブドウ糖を放出する速度のことで、低GIの食物は体によい効果があると証明されています。アガベネクターを砂糖と同じ比率で使うと、グラニュー糖より甘みの強いクッキーになります。
▶砂糖と糖蜜（モラセス）をあわせて使います。p63にスパイス クッキーとしてこのバリエーションを紹介しています。
▶砂糖とハチミツをあわせて使います。

*アガベネクター（アガベシロップ）
テキーラの材料として知られる植物アガベの樹液で作る甘味料。

最後に置き換える材料はバターです。バター以外の飽和脂肪（室温で固まる脂肪）を使ってみましょう。

▶フレイバークッキーを作る場合は、植物性ショートニングを使うと、クッキーがサクサクした食感になります。ラードもバターの代用品になりますが、これも生地に風味づけの材料をたくさん加える場合に限って使ってください。惣菜系の、ともすれば豚肉っぽい香りがクッキーについてしまうからです。動物の脂身からとった油脂を使う際は、水分を含まないため、水か牛乳を約小さじ1加えるのもよいでしょう（バターには約15%の水分が含まれているからです）。

▶バター以外のやわらかい動物性脂肪を使うと、塩味の料理にあうクッキーになります。

その他にも。

▶卵やベーキングパウダーといった材料を加えると、クッキーの質感に変化がつきます。どちらも空気を含んだ少しやわらかいクッキーになります。泡立てた卵の白身を加えれば、繊細なチュイール*という種類のクッキーになります。一般的なチュイールの比率は卵白、砂糖、小麦粉を同量ずつ。さらに同量の溶かしバターとアーモンドエクストラクト少々を混ぜ入れれば、フレンチ アーモンド チュイールが作れます。

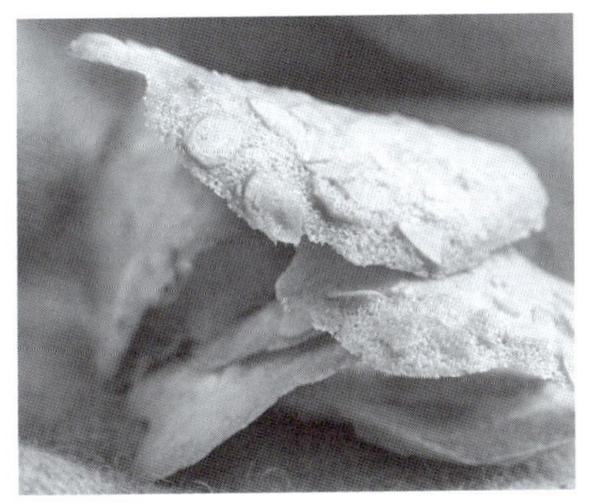

*チュイール

▶比率を変えると、また違ったおいしさのクッキーに仕上がります。砂糖、バター、小麦粉を同量にした生地で作ると、非常にリッチで食感に粘りのあるクッキー――天板にスプーンで生地を落とすためドロップクッキーと呼ばれることが多い――になります。ただし卵など他の材料やチョコレートチップなど何らかのトッピングを加えないと、少し油っぽくなりがちです。バターの量を半分にしているレシピもあります。砂糖の比率を増やすとよりサクサクした食感のクッキーになります。

別名で知られる
クラシックなバリエーション

レモンとケシの実のクッキー

レモンとケシの実は、ケーキでもクッキーでも私の大好きな組みあわせのひとつです。すりおろした柑橘類の皮がもたらすさわやかな風味がたまりません。重量の50%が脂肪にあたるケシの実がどんな役割を果たしているのかはわからないのですが、これを入れないとクッキーが物足りないまったくの別モノになってしまうのだけは確かです。

できあがりの分量：約30枚

砂糖（グラニュー糖） 170g
バター 340g やわらかく戻す（溶かさない）
卵 1個（55g。なくてもよい）
ケシの実 大さじ1
レモン皮のすりおろし 3個分
バニラ エクストラクト 小さじ1
小麦粉（準強力粉） 510g

①オーブンを175℃に予熱する。
②ビーター〔写真→p30〕をつけたスタンドミキサーで、砂糖とバターをあわせ、必要に応じてボウルの側面についたバターをボウルの中に戻しながら、砂糖が均等に混ざってバターが白っぽくなるまで中速で撹拌する。卵を使う場合はここで加え、混ざるまで撹拌し、それからケシの実、すりおろしたレモンの皮、バニラを入れる。小麦粉を少しずつ加え、生地がまとまるまでさらに撹拌する。
③約2.5cmのボール状に丸め、天板に並べ、上から押しつけて約0.6〜約1.3cmの厚さ、または好みの厚さにして、中に火が通るまで焼く。この生地はラップかクッキングシートにくるんで棒状に成形して冷蔵庫で冷やし、輪切りにすることもできる。

リップのスパイス クッキー

これは私の父が好きだったクッキーです。ジンジャークッキー〔生姜入りクッキー〕の一種ですが、ここでは1：2：3クッキーの比較対象として紹介します。油脂と小麦粉をほぼ1：1、加えて卵を使うので、さっぱりしたショートブレッドタイプの3：2：1クッキーよりもふかふかしてリッチな食感になります。

ショートニングの計量に秤（はかり）を使えば、容積ではかるより洗い物の手間がかかりません。このレシピではショートニング285gを使います。ミキシングボウルを秤（はかり）に載せ、目盛りをゼロにして、ショートニングを285g入れます。

ここで比率の変化に注目してください。このレシピでは小麦粉、油脂、砂糖をほぼ同じ比率で使っています。そのため、クッキーが広がりますので、天板に並べるときに　間隔を多めにとってください。卵とベーキングパウダーでクッキーに少し空気が入り、食感が多少軽くなります。

できあがりの分量：約24枚

植物性ショートニング　285g
砂糖（グラニュー糖）　225g
卵　1個55g
糖蜜（モラセス）　3/10カップ（60㎖）
小麦粉（準強力粉）　340g
ベーキングパウダー　小さじ1
シナモン（粉末）　小さじ2
生姜（しょうが）（粉末）　小さじ1
塩（あら塩またはコーシャーソルト）　1.25g

①オーブンを175℃に予熱する。
②ショートニング、砂糖、卵をあわせ、スタンドミキサーか手でよくかき混ぜる。糖蜜を加えてさらに混ぜ、残りの材料をあわせて生地にまとめる。
③生地を小さなボール状に丸めるか、スプーンですくって天板に落とす。広がるので間隔を空けるようにする。15分間またはフチが色づくまで焼く。

クラシック チョコチップ クッキー

このレシピではバター、砂糖、小麦粉を同量ずつ使うので、油脂の配合率が非常に高く、そのためかなり広がり、ごく薄くてサクサクしたチョコチップクッキーができます。サクサク感をもっと出したければバターの量を110gに減らしてください。

できあがりの分量：約23枚

バター（食塩不使用） 220g
グラニュー糖　110g
ブラウンシュガー　110g
卵　1個（55g）
バニラエクストラクト　小さじ1
塩（あら塩またはコーシャーソルト） 2.5g
小麦粉（準強力粉） 220g
ベーキングパウダー　小さじ1
チョコレートチップ（または刻んだチョコレート） 1 1/5カップ

①オーブンを175℃に予熱する。
②バター、砂糖、卵、バニラをあわせて、ビーターをつけたスタンドミキサーか手でよくかき混ぜる。チョコレート以外の残りの材料をあわせ、生地にまとめる。生地にチョコレートを入れる。
③大さじ山盛り1杯の生地を天板に落とす。広がるので間隔を空ける。10分間またはフチが色づくまで焼く。

クラシック シュガー クッキー

チョコチップクッキーと似たバリエーションですが、このレシピでは同量のバターと砂糖を卵とあわせ、小麦粉は50%増し、つまり1.5の割合になります。また、砂糖はグラニュー糖のみを使います。トッピングとしてカラーシュガー、ザラメ、粗く刻んだアーモンドを散らしてもよいでしょう。

できあがりの分量：約23枚

バター（食塩不使用）　220g
砂糖（グラニュー糖）　220g
卵　1個（55g）
バニラエクストラクト　小さじ1
塩（あら塩またはコーシャーソルト）　2.5g
小麦粉（準強力粉）　330g
ベーキングパウダー　小さじ1
トッピング　カラーシュガー、ザラメ、粗く刻んだアーモンド（なくてもよい）

①オーブンを175℃に予熱する。
②バター、砂糖、卵、バニラをあわせ、スタンドミキサーか手でよくかき混ぜる。トッピング以外の残りの材料をあわせて、生地にまとめる。生地をラップでくるみ、冷蔵庫に入れて完全に冷やす。
③この生地は平たく延ばして型抜きしてもよいし、ひとつひとつボール状に丸めてコップの底で平たくつぶしてもよい。円筒形にして冷やしたあと、スライスすることもできる。好みでトッピングを散らす。
④15分間、または火が通り、フチが少し茶色くなるまで焼く。

シュー生地

2：1：1：2

水　バター　小麦粉　卵

小麦粉と水で作る料理の中でも、シュー生地は優れたレシピです。簡単ながらそれだけでもおいしく、スイーツ系、惣菜系（セイボリー）のどちらでも具を載せられ、オーブンで焼いても油で揚げてもよく、それぞれの加熱法によってまた仕上がりが変化します。食卓の献立で変幻自在にどんな役もこなします。そんな万能選手でありながら、家庭料理のレパートリーではお目にかかることが少ないのは、なぜでしょうか。私には理由がよくわかりませんが、これから家庭料理の仲間入りすることを期待しています。

▲シュー生地を焼くと、水が蒸気となって生地をふくらませ、気泡を作る（写真はグジェール）。こうしてできたシューは、惣菜系の詰め物をしてもよいし、甘い詰め物をしてプロフィトロールのようなお菓子にもできる。

　シューペーストの別名もあるシュー生地は、クリームを加えればシュークリーム、クリームパフと呼ばれます。その分類はなかなか難しいところです。というのもシュー生地は厳密には、粘りがある生地ドウとも、液状の生地バッターともいえないからで、作る過程で両方の状態を経ます。水とバターと小麦粉をあわ

＊エクレア

＊プロフィトロール

＊パリブレスト

＊ベニエ

せた最初のうちは、小麦粉より水分量が多く、バッターに似ていますが、このバッターがたちまち変化して、小麦粉が水を吸収し、デンプンが糊状になって、生地がやがてドウのように固くなります。そのあと卵を加えて生地に練りこむと、生地がゆるくなって、またバッターに近い状態になります。この段階でドウとバッターの中間のようだった生地は、焼くとふくらんで空気を含んだデリケートなパンになり、中にクリームを詰めてシュークリームに、溶かしたチョコレートをかけてコーティングするとエクレア*になります。シュークリームとエクレアのあわせ技がプロフィトロール*で、アイスクリームをはさんで上からチョコレートソースをかけたものです。ビストロで出されるデザートの定番であるパリブレスト*は、シュー生地をタイヤ形に成形してクリームをはさみ、スライスアーモンドを散らして飾ります。

シュー生地をチーズ味にして、グジェールというおつまみにすることもよくあります。この生地を絞り袋に入れて熱湯の中に絞り出せばパリ風ニョッキ（ニョッキ パリジャン）になり、パスタと同じように使えます。袋から熱した油の中に絞り出し、フランスのおいしい小型ドーナツのベニエ*のように砂糖をまぶすこともできます。この菓子は仏語では絶妙の名前がつけられ「尼僧のおなら（ペ ド ノンヌ）」とも呼ばれています。メキシコではシナモンシュガーで味つけしたチュロス*の生地になり、アメリカにも親戚筋のファンネルケーキ*があります。食感と具をまとめるためにパテのつなぎとして使われることもあります（ミートローフにおためしください！）。マッシュポテトのつなぎに使い、絞り出してよく揚げると、ポム ドーフィーヌという料理になります（シューペーストがコロッケをふくらませます）。残り物のマッシュポテトを生地とあわせて（ポテト2/3、シュー生地1/3）円盤形にし、小麦粉をまぶしてフライパンで焼けば、とても軽いポテトパンケーキに仕上がります。水のかわりに牛乳か、ストック（出汁（だし））などの味のついた液体を使ってもよいでしょう。ひとひねりしてセモリナ粉を使い、イタリアのポレンタ風にするのもよいでしょう。天板に広げて冷やし、切って成形してグリルするか炒めて、ローマ風ニョッキ*（ニョッキ アッラ ロマーナ）という料理にします（p74）。シュー生地でできることは、まさに無限です。

*チュロス

*ファンネルケーキ

*ローマ風ニョッキ

基本のシュー生地

水2、バター1、小麦粉1、卵2（＋味つけ用の塩）この比率がシュー生地を使った料理すべての基本です。

シュー生地は、スタンドミキサーが手元にない場合は、片手鍋と丈夫な木べらで最初から最後まで作ることができます。卵もミキサーを使わず泡立て器で撹拌できます。ただし私の経験からは、卵はミキサーで撹拌したほうが生地がよくふくらみます。この下ごしらえにはハンドミキサーを使ってもよいでしょう。どのやり方にしても、お湯が沸く程度の時間で作れてしまうのですから、家庭でシュー生地を作らない手はありません。

▲シュー生地の仕込み(ミーザンプラス)は簡単で安上がり。チーズパフ、プロフィトロール、ニョッキ、ドーナツなどシュー生地をベースとした様々な逸品になる万能さなのに、家庭のキッチンではあまり活用されていない。

できあがりの分量：約550g（23個）のグジェールまたはプロフィトロール

水　220mℓ（=220g）
バター　110g
塩（あら塩またはコーシャーソルト）　2.5g
小麦粉（準強力粉）　110g
卵　220g（55g×4個）

①水、バター、塩を強火で沸騰させる。中火にして小麦粉を加え、手早くかき混ぜる。小麦粉がたちまち水を吸ってドウ状にまとまり、鍋肌から離れる。続けてかき混ぜながら、さらに1～2分火にかけて水分を飛ばす。

②片手鍋を火から下ろして数分間、粗熱をとる。または鍋底に流水をあてて冷ます。卵にあまり早く火が通らないように、しかしシュー生地は温かい～熱い状態にしておかなければならない。卵を1個ずつ加え、そのつど生地に混ざるように手早くかき混ぜる。数秒ほどかかる。最初は生地が卵をはじくように見える。卵が完全に混ざると、つやつやと滑らかだった生地が薄くのびて、表面が毛羽立った感じになる。別のやり方として、バターと小麦粉の生地をビーターをつけたスタンドミキサーのボウルに移し、卵を1個ずつ混ぜ入れる方法もある。

③そのまますぐ調理してもよいし、最大1日冷蔵庫に保存することもできる。

グジェール

①基本のシュー生地の材料に加えてさらに塩4.5～5gを水に入れ、卵が混ざった後ですりおろしたパルミジャーノ・レッジャーノまたはグリュイエールチーズをカップ3/5混ぜ入れる（グジェールにはコンテチーズや、エメンタールチーズもよく使われますが、私はレッジャーノが好き

です)。

②クッキングシートか、シリコン製ベーキングマットのシルパット*を敷いた天板に、ゴルフボール大の生地を絞り出すか、スプーンですくった生地を載せる。先端が上に突き出した部分は焦げるので、水か牛乳で濡らした指先でならす。

③220℃に予熱したオーブンに入れる。10分後に175℃に下げ、さらに10～20分焼いて完成。ひとつ味見するか切ってみて焼け具合を確認する。

④グジェール カナッペのバリエーション:挽きたての黒コショウ、すりつぶしたフェンネルシード、または刻んだセージやローズマリーなど茎の固いハーブをシュー生地に加える。ゴルフボール大の生地を絞り出すか、スプーンですくった生地を載せて、前述の方法で焼く。食卓に出す前に、チーズまたは惣菜系(セイボリー)のムースを詰める。

*シルパット

プロフィトロール、シュークリーム、エクレア

①基本のシュー生地の材料から、塩の総量を0.6g(あら塩またはコーシャーソルトで小さじ1/8)に減らし、砂糖大さじ1を水に加える。

②クッキングシートかシルパットを敷いた天板に、ゴルフボール大、エクレアなら10～13cmの丸太状に生地を絞り出すか、スプーンですくった生地を載せていく。

③220℃に予熱したオーブンに入れて10分焼き、175℃に下げてさらに10～20分間焼いて完成。

パリ風ニョッキ(ニョッキ パリジャン)

シュー生地のスタンダードな比率はニョッキにも使えますが、私は基本のシュー生地の材料のうち、水を165mℓ(165g)(または全体の25%)に減らし、よりもっちりしたパスタにするのが好みです。塩は4.5～5gに増量し、卵を混ぜ込んだ後で、おろしたパルミジャーノ・レッジャーノ3/10カップを加えます。

風味(フレイバー)づけや味つけ(シーズニング)に変化をつけて、生地自体をおいしくする方法がたくさんあります。私がこのニョッキ作りを初めて習ったのは、仏料理ビストロ「ブション」〔著名シェフのトーマス・ケラーがプロデュースした店〕のエグゼクティブ・シェフだったジェフ・セルシエロからです。「ブション」の厨房では、基本の生地に生のハーブ、マスタード、コンテチーズを加えています。

①シュー生地を、約1.3cmの口金をつけた絞り袋または角を切った丈夫なビニール袋にスプーンで詰める。
②沸騰したお湯に、2.5cmずつシュー生地をカットしながら直接、絞り落としていく。ニョッキが表面に浮きあがってからさらに1〜2分ゆで、火の通り具合をかじって確かめ、ふきんを敷いたバットにあけて水をきる。冷ましてから調理に使うか、もしくは冷凍庫で保存する。

冷凍保存しやすいので、シルパットかクッキングシートを敷いた天板の上に絞り出すと扱いが便利です。天板の長さに絞り出して列を作っていきます。絞り袋に星形の口金をつけるか、フォークの先端で筋をつけると、見た目が面白くソースもよく絡みます。シートごと冷凍庫に入れ、シュー生地を完全に凍らせます。冷凍庫から出し、棒状のシュー生地をまな板に並べて、1.3cmの長さに切ればニョッキのできあがり。溶けるとべたつくので手早く行いましょう。丈夫なビニール袋に入れて、使うまで冷凍庫で保存します。

ゆでた後のニョッキの調理法

ゆでて水切りした後のニョッキは、少量のバターで炒めると、いちばんおいしく食べられます。表面がカリカリとしたきつね色になり、色味と食感と風味が増すのです。ゆでた後は最大1日まで冷蔵庫で保存できます。

このニョッキは、家にある材料とあわせて風味づけしたり、好みのパスタ料理に使ったりと応用がききます。もしも何もアイデアが浮かばなければ、これから紹介するレシピを参考にしてみてください。単純にペアリングと呼ばれているもので、冬かぼちゃとセージ、バジルとトマトなど相性のよい材料の組み合わせです。

〈春と夏なら〉

▶行者ニンニクとローストしたパプリカ

生の行者(ぎょうじゃ)ニンニク1 3/4カップを刻み、葉の部分を5cmの長さに切ります。オリーブオイルとバターで30秒炒めます。ゆでたニョッキを加え、きつね色になるまで炒めます。そこに赤いパプリカ2個をローストして皮をむき、種を取りのぞいて縦長に切ったものを加えます。おろしたてのパルミジャーノ・レッジャーノと、ちぎったパセリの葉を散らします。

▶バジル、トマト、ニンニク

この組みあわせでは、失敗例に出くわしたことがありません。ナイフの平らな面でニンニク4片をつぶし、たたいてペースト状にします。ニンニクとゆでたニョッキをバターとオリーブオイルで少し炒めます。角切りにしたトマトまたは半分に切ったミニトマトやペアートマト*1 1/5カップと、刻んだバジル3/10カップを加えます。よく火を通してください。塩とコショウで味つけし、4皿に分けて、細切りにしたバジルを飾ります。バジルは1皿につき全量の1/4カップを使います。

*ペアートマト
洋梨（pear）形のミニトマト。

▶トウモロコシ、ベーコン、ソラマメ

角切りにしたベーコン330gを炒めます。みじん切りした玉ねぎ3/5カップをベーコンから出た脂で透明になるまで炒めます。ゆでたニョッキを加え、きつね色になるまで炒めます。生のトウモロコシと、ゆでて冷水にさらしたソラマメを各々9/10カップずつ加えますが、ソラマメは生のライマメか大豆にしてもよいでしょう。仕上げに生クリーム3/10カップ（60㎖）と挽きたてのコショウをふんだんにかけてできあがり。

〈秋と冬なら〉

▶チキンとダンプリング！

この生地はチキンシチュー用の軽くて風味ゆたかな、満足感あるダンプリング〔→注p24〕としてまさにうってつけ。シュー生地にタラゴンとチャイブを入れ、栄養たっぷりのチキンスープやチキンシチューに、直接絞り出す、切り入れる、スプーンで落とすなどして投入し、ダンプリングが浮いてくるまで鍋で煮ます。クリームスープ（p136）用の濃いチキンスープを作るのにも同じ方法が使えます。ピューレ状にせず、生クリームは入れないで、食卓に出す直前にダンプリングを加えます。ローストチキンの後に作る料理にぴったりです。鶏ガラからストック（だし）をとり、多めの香味野菜と残ったチキンを加えましょう。

▸バターナッツかぼちゃ、セージ、ブラウンバター（焦がしバター）

ニョッキとは特に相性のよい、定番の組みあわせです。ひょうたん形のバターナッツかぼちゃ〔写真→p40〕を角切りにしたもの2 1/3カップ分を、バター少々でやわらかくなるまで炒めます。ちぎったセージの葉3/10～6/10カップ、バター大さじ4、ゆでたニョッキを加え、強めの中火にして、ニョッキとバターがきつね色になりセージに火が通るまで炒めます。

▸マッシュルーム、エシャロット、ホウレンソウ

熱々に熱したフライパンにキャノーラ油をひき、マッシュルームに塩を振って茶色く色づくまで炒めます。皿に移し、冷めないようにしてください。ゆでたニョッキをバター少々できつね色になるまで炒めます。別のフライパンには薄切りにしたエシャロット〔写真→p11〕2/5カップをバター少々で透明になるまでじっくり炒めます。強火にしてホウレンソウを加え、まんべんなく火が通るように、へらで返しながら炒めます。塩、コショウで味つけし、ホウレンソウがしんなりとしたら、生クリーム3/10カップ（60㎖）を加え、かき混ぜながら加熱します。ニョッキとホウレンソウを一緒にして、マッシュルームを加えてよく混ぜ、皿に取り分けて、レモンの皮のすりおろしを飾ります。

▸アサリ、白ワイン、ニンニク、タイム

ゆでたニョッキをバター少々できつね色になるまで炒めます。深鍋に辛口の白ワイン3/5カップ（120㎖）、タイム5～10枝、ナイフの平面でつぶしたニンニク4片を入れて煮立たせます。殻つきのアサリ660～880gを加え、鍋に蓋をします。アサリの口が開くまで、2分ほど蒸し煮にします。ニョッキを深皿に取り分けて上にアサリを載せます。アサリの汁は目の細かいストレーナーで漉し、片手鍋に入れてソースを作ります。煮立たせてバター30gを加え、よくかき混ぜてからニョッキとアサリの上に注ぎます。粗く刻んだイタリアンパセリを飾ります。

ローマ風ニョッキ（ニョッキ アッラ ロマーナ）

オハイオ州クリーブランドにあるレストラン「サン・スーシ」に、グリル専任シェフとして勤務していたとき、シュー生地で作るニョッキのバリエーションを教わりました。準強力粉を使ってあっという間にまとめるかわりに、タンパク質を多く含むデュラム小麦から作られた硬質なセモリナ粉を使ってポレンタ風に作るというものです。セモリナ粉を液体（水ではなく牛乳）に注ぎ入れ、火が通るまでひたすらかき混ぜてから、卵とナツメグとチーズを加えます。こうしてできた生地を天板にあけ、一晩おいて冷まし、8cmの輪切りにします。当時は丸い形に切っていたので、いつも切れ端がたくさん出ました。それを持ち場で冷たいまま食べるのがやめられなかったものです。これぞ本物の家庭の味です。調理法はいたって簡単で、グリル皿に移して上にチーズを載せ、オーブンへ。ふつふつと音を立てチーズに焦げ目がつくまで焼きます。しかし、仏料理の巨匠ロジェ・ヴェルジェの弟子だったシェフのクロード・ロディエが、なぜこれをニョッキと呼ぶのか、私には謎でした。腑に落ちたのは、料理書『ブション（*Bouchon*）』の仕事をしてからです。それまでは変わり者のフランス人だからフランス人お得意の凝ったネーミングを使っているんだろう、ぐらいに思っていました。シュー生地で作るニョッキのこのバリエーションは、正式にはローマ風ニョッキ（ニョッキ アッラ ロマーナ）といい、リッチでまろやかな食感とやさしい味わいで、ポテトやポレンタの代わりとして優れています。クロードに電話して調理法を確認したところ、本来は単純にベシャメルソースか、ベシャメルソースにチーズを加えたモルネーソースとニョッキを合わせ、グラタンのように表面に焼き色をつけていたが、さまざまな料理のつけあわせにもできるのだそうです。一般的なのは、子牛のチョップ〔骨付きロース肉〕かサルティンボッカ〔子牛肉・豚肉などに、生ハムとセージを組み合わせる料理〕のつけあわせ。子牛肉のシチューやビーフシチューでもいけるし、魚にもあいます。「そう、魚もいいよ」とクロードは言い、少し考え込んで「アンコウのベーコン包み…シャントレル〔アンズタケ〕添えで…赤ワインソースと一緒に」。そのつけあわせが、定番シュー生地のこの絶品バリエーションです。

牛乳　2 2/5カップ（480㎖）
バター　55g
塩（あら塩またはコーシャーソルト）　10g
セモリナ粉　115g

コショウとナツメグ　適宜
パルミジャーノ・レッジャーノ　3/10カップ（おろしたて）
卵黄　1個分（20g）

①中くらいの片手鍋に牛乳、バター、塩をあわせ、強火で沸騰させる。バターが溶けたら火を中火に弱め、木べらでかきまわしながらセモリナ粉を注ぎ入れ、完全に混ざるようにする。粉がすっかり水を吸って火が通るまで、約10分間さらにかき混ぜる（生地がリッチで滑らかになるように）。
②片手鍋を火から下ろし、ニョッキにコショウとナツメグで味つけをする（必要に応じて塩を足す）。パルメザンチーズと卵黄を混ぜ入れる。23cmの耐熱皿へ、もしくは手持ちの容器にクッキングシートを敷いて、厚さ2cmになるよう流し入れる。粗熱をとってから、覆いをせずに冷蔵庫に入れて冷やす。ニョッキはこの後しっかりラップをすれば、冷蔵庫で数日間もつ。
③使うときに容器からまな板に移して、好きな形に切り（切れ端はつまみ食いしながら）、グリュイエールやパルミジャーノ・レッジャーノなどのチーズを載せて、220℃で中に熱が通るまで焼く。

ローマ風ニョッキのサーブ法

冷やしたシート状のニョッキは固まって、好きな形にカットできます。私はレストラン勤務時代、10cmの丸抜き型を使って円盤形にカットしていました。エレガントな見た目になりますが、切れ端がたくさん出ます。家庭で作る場合は無駄が出ないように長方形にカットしてもいいでしょうし、あるいは菱形や三角形など切れ端の少ない形を考えてみてください。

生地はマッシュポテトと同じように味つけできます。ローストしたニンニクを添える、みじん切りにした生のチャイブとパセリを混ぜ込むなど、どんなふうにサーブするか、何と一緒に調理するかによっていろいろな工夫ができます。

このニョッキはお腹にたまるので、ベジタリアン料理の主食になります。エシャロットと一緒に炒めたたっぷりの天然キノコをかぶせて仕上げにバターを載せるかストック(だし)とワイン少々をかけます。ニョッキ パリジャンの項で紹介したペアリング(p71)のバリエーションを使い、食材を細かく切って煮込んだラグーソース〔肉や魚介類を細かく刻み、煮込んで作るソース。ラグー(ragù)は煮込み料理の意〕を作り、その上にローマ風ニョッキを寝かせてもよいでしょう。

淡泊なので、ラムシャンク〔子羊の骨付きすね肉〕、子牛肉のシチュー、牛のショートリブ〔肉バラ肉〕、グリルしたラムチョップ、子牛のチョップ、豚のテンダーロインなどの肉の煮込みのつけあわせ、あるいはハタ、オヒョウ、アンコウといった大きな魚のソテーの下に敷く土台に適しています。

バッター
容器を傾けると流れるくらいの、流動性のある生地

*クリーミング法
砂糖をバターにすり混ぜてクリーム状にしてから、残りの材料を加える製法。creaming method。

*泡立て法
全卵を泡立つまでかき混ぜてから、残りの材料を加える製法。foaming method。

*ストレート法
すべての材料を一度に混ぜあわせていく製法。straight mixing method。p33の注も参照。

流れる生地、固形分より液体分のほうが多い生地のことをバッターと呼びます。液体がグルテンを広げるため、グルテンネットワークの流動性が高くなります。グルテンの広がり具合が大きすぎて、ドウのように空気を含みません。小麦粉と水を混ぜて作るほとんどの生地は、ドウであれバッターであれ、何らかの形でふくらませる必要があります（パスタや一部のクッキーを例外として）。そうしないと、仕上がりがカチカチになります。バッターをふくらませるのに、普通は卵、ベーキングパウダー、重曹の力を借りることになります。

パンや菓子を焼く場合、特にバッター生地を焼く場合は、材料よりも材料をあわせる「順番と混ぜ方」が決め手になります。たとえばケーキ生地の主な材料は、砂糖、バター、卵、小麦粉ですが、混ぜ方によってできあがりは違ってきます。バターと砂糖を混ぜてから卵と小麦粉を加えると、きめの詰まったずっしりしたパウンドケーキになり、まったく同量でも最初に卵と砂糖を混ぜ、その後で小麦粉とバターを加えると、ふわふわでやわらかい軽いスポンジケーキになります。バッターを、「クリーミング法*」（パウンドケーキ）、「泡立て法*」（スポンジケーキ）、「ストレート法*」（クレープ、パンケーキ、マフィン）、そしてこれらの混合・バリエーション（その他のケーキ）のように、材料の混ぜ方の種類で分類するのは、このためです〔製法の分類が、日本で一般的な分類（「共立て」「別立て」など）とは異なる〕。

▲ケーキの型にクッキングシートを敷いておくと、ケーキが取り出しやすく、きれいにはがれる。

混ぜ方が決定的な役割を果たすので、バッターでは比率以上に混ぜ方への理解が重要になります。つまり比率は変更がきくのです。仮にバターの分量を半分にしても、クリーミング法を使えば

パウンドケーキは作れます（少々しっとりさが減って軽くなりますが）。そして材料を混ぜるスキルが、普通においしいケーキになるか、極上のケーキになるかの分かれ道になることもめずらしくありません。

とはいえ、バッターの黄金比のいちばんの長所は、作り方が多種多様でも、基本材料の配合がどう影響するかに共通点があることを教えてくれるところだと思います。バッターは種類が違っても親戚といえるつながりがあり、その違いはきわめてデリケートなバランスで成り立っています。バッターでいちばんゆるいのはクレープ*〔→p104〕生地で、ここから小麦粉の比率を上げていくと、ポップオーバー*〔→p99〕、パンケーキ*〔→p95〕とフリッター*〔→p96〕、マフィン*〔→p93〕、ケーキ〔パウンドケーキ*、スポンジケーキ*、エンジェルフードケーキ*、クイックブレッド*など。→p80～〕へと、目盛りがある点を超えてドウの領域に入るまでほぼ無限のバリエーションが作れます。目盛りをさらに上げれば、シュー生地、パスタ、パイ、クッキー、パンの順に変化していきます（この順序でバッターからドウへ推移していきます）。

では、クレープとポップオーバーはどう違うのでしょうか。クレープで使う卵の量を半分にするとポップオーバーになります。ではクレープとパンケーキの違いは？　クレープの小麦粉の量を増やし、卵の量を減らすとパンケーキになります（パンケーキにはさらに膨張剤と、場合によってふわふわ感を増すバターが入ります）。フリッター（洋風天ぷら）の衣はパンケーキとどこが違うのでしょうか。フリッターの衣には小麦粉をもう少し増やします。とはいえ、基本は硬めのパンケーキ生地からバターを抜いてしまえば、たいていはフリッターに転用できます。しかしこの生地はマフィン生地と呼ぶこともできるのです。クレープはマフィンと何が違うのでしょうか。実はマフィンはパンケーキとまったく同じです。マフィン生地をスキレット（小型のフライパン）で焼けばパンケーキ*になるわけです。クレープとスポンジケーキの違いは何でしょうか。材料の配合は似ていますが、砂糖1に対して牛

*クレープ

*ポップオーバー

*パンケーキ
pancake。直訳すれば「平鍋（pan）で焼くケーキ」。

*フリッター（エビ）

乳のかわりにバターを使うのが、スポンジケーキです。

クリーミング法と泡立て法の使い分けができるようになれば、ケーキ、マフィン、パンケーキ、ポップオーバー、クレープの違いが直感的にわかるようになります。すべて同じ幹から枝分かれしたものです。パティシエの才能に恵まれた人は、クレープの作り方はこれ、ケーキはこれ、と単品で考えるのではなく、クレープからケーキへの変化の推移が普通の人よりもはっきりと、しかも広く見えているのではないかと思います。だからパッと作れるし、油脂、小麦粉、卵、砂糖の配合の微妙な調整で、味や食感の軽さ・繊細さやしっとり具合のニュアンスをぴたりと決められるのです。すべて同じものから展開しているからです。

料理の醍醐味はまさにそこにあるのです。すべては同じひとつのもの。不確実でわからないことだらけの人生で、これは最後の心のよりどころです。だから私は死ぬのがこわくありません。死んだら絶対に地面に埋葬してもらい、墓石にこう刻んでほしいと思っています。「すべては同じひとつのもの」。私がバッターを愛するのはこういうわけなのです。

*マフィン

*クイックブレッド

*エンジェルフードケーキ

*スポンジケーキ

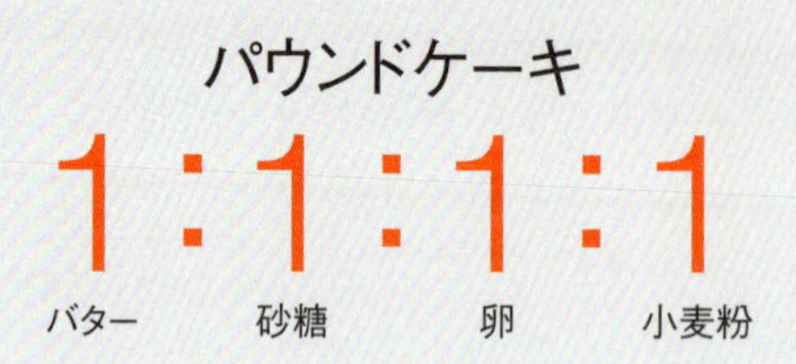

脂肪分が豊富だったり、甘いアイシング〔注→p58〕がかかったりしていることも多い、放射線状に切り分けるホールケーキを、私は「脂肪分あり」と「脂肪分なし」の2つのカテゴリーに分けています。脂肪分ありのケーキはスポンジケーキ（とパウンドケーキ）で、しっとりしたリッチなケーキです。脂肪分なしのケーキ（バターも卵黄も入れない）はエンジェルフードケーキで、とてもやわらかくて繊細なケーキです。シフォンケーキ、ジェノワーズ、エンジェルケーキ、デビルケーキ、パウンドケーキ、スポンジケーキなどケーキのバリエーション、材料の混ぜ方、ふくらませ方には無数のバリエーションがありますが、ケーキにはこの2つの基本となるカテゴリーがあることを知っていれば、ケーキ作りのハードルはぐっと下がります。どちらのタイプもごく簡単に作れますので、化学調味料入りの市販のケーキミックスに頼るより、ぜひこちらをレパートリーに加えてください。

▲このきめの詰まったリッチなパウンドケーキは同量の卵、小麦粉、砂糖、バターで作り、バニラと、レモンとライムの皮と果汁で風味づけしたもの。

スポンジケーキ

1：1：1：1

卵　砂糖　小麦粉　バター

パウンドケーキとスポンジケーキには、まったく同じ材料がまったく同量入っています。焼き菓子作りについていちばん大事なことを、このケーキの比率が教えてくれます。〔日本でスポンジケーキといえば、一般的には、卵２：砂糖１：粉１：バター0.5程度の比率で作るものをさす。よって「パウンドケーキとスポンジケーキには同材料が同分量入っている」という記述は、日本の事情には当てはまらない〕焼き菓子作りでは、混ぜ方、材料を混ぜる順番が、材料と同じくらい大事な決め手になるのです。

それが特にはっきり表れているのが、この比率です。というのも、この2つのケーキには、お菓子作りの4つの基本材料が同量入っているからです。もちろん、レシピによってさまざまな変化をつけることができます。バターは半分にしても、まったく使用しなくてもかまいません。全卵を泡立つまでかき混ぜてから残りの材料を加える「泡立て法」(p84)を使えば、おいしいケーキに仕上がります。ふくらみのよさと、ふわふわ感を出したければ卵の量を倍にしてもよいでしょう。さらにふくらませる場合は、卵白を別途泡立ててから生地に混ぜ込みます。ふくらみをよくするために生地にベーキングパウダーを入れる場合もよくありますが、一般的には適切な混ぜ方を守れば、材料の重量を同じにしておくとまちがいありません。

パウンドケーキは、比率がそのまま名称になったレシピの代表格です。バター、砂糖、卵、小麦粉を各1ポンド（約455g）使うのが名称の由来です。このとおりの順番で最初にバターと砂糖をすり混ぜ、クリーミング法で混ぜあわせます。しかしまったく同じ材料を泡立て法で作ると、つまり最初に卵と砂糖をすり混ぜるところから始めれば、理想のスポンジケーキに仕上がります。どちらもベーキングパウダーなどの膨張剤はいりません。

一部のケーキ、ブラウニー、クッキーを作るときによく使われるクリーミング法では、砂糖が均等に混ざってバターのかさが少し増え、白っぽくなるまで砂糖とバターをすり混ぜます。バターが変化するのは生地に気泡が入るからで、この気泡が広がって生地をふくらませてくれるわけです。バターと砂糖を混ぜた段階で十分に気泡を作れていないと、きめが詰まった重たいケーキになります。

バターと砂糖の生地に、卵を少しずつ混ぜながら加えていきます。クリーム状にする段階で、もしくは卵を加えた段階で、生地が分離して見えることがあります。好ましくはありませんが、ソースの場合とは違って完全な失敗というわけではありません。粉を入れたときに生地はまたまとまるはずです。

卵を混ぜ込んだら、このバター・砂糖・卵の生地に粉をさっくりと切るように混ぜ入れます。さらに液体材料を入れる場合はここで、粉の材料を追加する前に加えます。ふくらみを増すためにベーキングパウダーや重曹などの膨張剤を追加することもあります（膨張剤としてパン酵母を加えると、ケーキではなくブリオッシュになります）。

以上がクリーミング法です。砂糖と卵黄を「クリーム状」にするよう指示するレシピもありますが、これも砂糖をバターに混ぜ込む場合と同じ効果をねらっています。ただし厳密にいうならこれはクリーミング法ではなく「泡立て法」（p84のスポンジケーキ参照）の一種です。繰り返しますが、ポイントは砂糖とバターを混ぜる段階で空気を含ませることです。

オールドファッション パウンドケーキ（クリーミング法）

開拓者の時代から変わらない作り方です。ただし今では電気の力とスタンドミキサーのおかげで、だいぶ楽になりました。料理の物理的化学的な成り立ちが解明されているおかげでもあることはいうまでもありません。ハロルド・マギーの著書『マギー キッチンサイエンス』に、『明解 料理術

(*The Art of Cookery Made Plain and Easy*)』(1747年刊) を著した18世紀のイギリス人女性ハンナ・グラッセのパウンドケーキのレシピが掲載されています。そのレシピでは卵1ポンド (約455g) をバター1ポンド (約455g) とたたくように混ぜあわせ、そこに小麦粉を入れ、「手か木べらで1時間、しっかり混ぜます」

現代の作り方は格段に楽です。仕上がりもかなり軽いのではないでしょうか。材料の比率も、しっとりさせるために小麦粉を減らしたり、甘く繊細にするために砂糖を増やしたり、卵を増やしたり卵黄と卵白の配合を変えたり (グラッセのレシピでは卵6個と卵黄6個分を使います) と、自由に手を加えたレシピがたくさんあります。

私は定番比率のシンプルさと、味、ずっしり感が好みです。定番の黄金比で作るとバターと卵の味がしっかりするケーキになります。それだけで食べてもおいしいし、グレイズ〔注→p58〕がけにしても美味ですし、朝食用に温めてもよし。味つけもお好み次第で、柑橘果汁と皮のすりおろしでも、シナモンや生姜(しょうが)やナツメグなどの甘みのあるスパイスでもよいでしょう。バターの脂肪分と風味をどうしても減らしたい場合は、50%までならバターを減らしてもパウンドケーキのおいしさは損なわれません。

これから紹介するのは、レモンとライムのパウンドケーキ。23cmの食パン型1本分ですが、量を倍にして1ポンド (約455g) にしたほうが混ぜやすいはずです。

できあがりの分量：23cmのパウンドケーキ1本

バター　225g (室温18～21℃に戻し、分量外のバターを型の内側に塗る)
砂糖 (グラニュー糖)　225g
塩 (あら塩またはコーシャーソルト)　5g
卵　225g　(卵黄1個分＋残りの分量は全卵で。室温に戻し、軽く混ぜておく)
レモン　1個分の果汁と皮のすりおろし
ライム　1個分の果汁と皮のすりおろし
バニラエクストラクト　小さじ1
小麦粉 (準強力粉)　225g

柑橘類のグレイズ：
レモン果汁　大さじ1

ライム果汁　大さじ1
砂糖（グラニュー糖）　3/10カップ

①オーブンを165℃に予熱し、23cmの食パン型の内側にバターを塗っておく。

②バターをスタンドミキサーのボウルに入れ、ビーターをつけて中速で1分間撹拌する。砂糖と塩を加え、バターが白っぽくなり、かさが約1.3倍になるまで中速で2〜3分間撹拌する。卵が生地に徐々に混ざるようゆっくりと、1分間ほどかけて加えていく。レモン果汁とライム果汁を大さじ1ずつ、レモンとライムの皮のすりおろし、バニラを加える。ミキサーの速度を中低速に下げて小麦粉を加える。小麦粉が混ざる程度に少しだけミキサーを回す。

③生地を型に流し込んで1時間焼き、果物ナイフか竹ぐしを中に差し込んでみる。何もついてこなければ焼き上がり。オーブンから出して5分ほど置いておき、その後、ケーキを型からはずしてケーキクーラー*（金網）の上で冷ます。

④その間に柑橘類のグレイズを作る。果汁と砂糖をフライパンに入れ、強めの中火にかけて、砂糖が溶けるまでかき混ぜる。味見して甘さと酸っぱさのバランスを確かめ、必要に応じて調整する。できたグレイズをパウンドケーキのすべての面に刷毛で塗る。

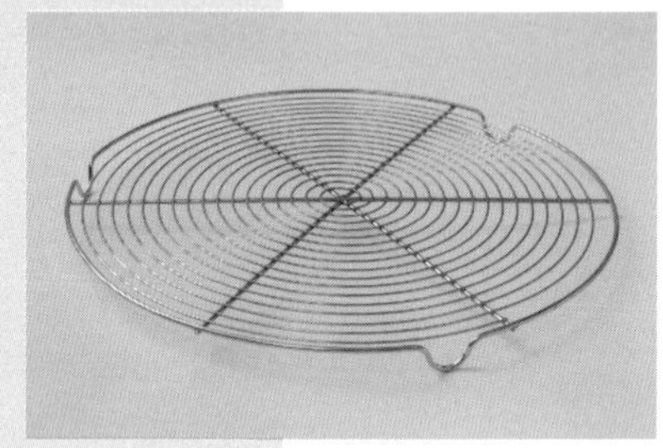
*ケーキクーラー

スポンジケーキ（泡立て法）

スポンジケーキとパウンドケーキの違いは材料の混ぜ方です。砂糖をバターにすり混ぜてクリーム状にすることで小さな気泡をたくさん作るかわりに、全卵を3倍のかさになるまで泡立てることで、大きな気泡をたくさん作ります。その結果、さらに軽くてふわふわのケーキになるのです。こちらは冷たいままの卵でもできますし、砂糖と卵を湯煎にかけてそっと温め、砂糖が溶けやすく卵が3倍量にふくらみやすくする手もあります。私は湯煎派です。

卵と砂糖を泡立てて風味づけの材料であるバニラ、柑橘類を加えたら、この泡状の生地の中に泡をつぶさないようにそっと、小麦粉をさっくりと

▲スポンジケーキはパウンドケーキと同じ材料、同じ配合比率で作れるが、生地が泡立ってかさが増すまで卵と砂糖をホイップすることによって、スポンジケーキ特有のふわふわの食感が出る。もっとふくらみをもたせたければベーキングパウダーを小さじ1～2加えてもかまわないが、本来、膨張剤は必要ない。

切るように混ぜ入れ、溶かしバターを加えます。小麦粉はあらかじめふるっておくのがポイントです。料理番組の司会者で、料理本の著書でもあるアルトン・ブラウンが、粉類をすべてフードプロセッサーに入れて数回撹拌してふるう方法を紹介していますが、なかなかの名案です。

スポンジケーキの比率でいちばん応用のきく部分は、バターの量です。バターはまったく入れなくても支障はなく、ほんの少しだけ使ってもかまいません。しかしここで紹介するレシピでは、混ぜ方がおいしいケーキ作りの鍵であることを伝えるために、全量を使います。私がバター好きということもありますが。バターの風味がスポンジケーキをリッチでおいしくしてくれます。

ケーキ作りの基本はこれですべて。ほかに大事なことは型の準備をし、オーブンを予熱しておくことだけです。生地に気泡ができたら、なるべく早く型に入れましょう。

焼いた後で型からはずしやすいので、私は底が抜けるケーキ型を使うのが好きですが、もちろん普通のケーキ型で作るのが従来のやり方です。エンジェルケーキとスポンジケーキは、ふくらみを保つために、型には油を塗らないでください。これから紹介するレシピは、量を倍にすれば23cmのケーキ型2台分になり、レイヤーケーキ*にもできます。

*レイヤーケーキ
layer cake。複数のlayer（層）からなるケーキのこと。スポンジケーキにクリームを挟むだけの単純なものから、ミルフイユのようなものまで、層を重ねるケーキ全般をさす。

できあがりの分量：スポンジケーキ（約23×5cm）のレイヤー1台

卵　225g（卵黄1個分＋残りの分量は全卵で）
砂糖（グラニュー糖）　225g
塩（あら塩またはコーシャーソルト）　5g
レモン果汁　大さじ2
バニラエクストラクト　小さじ1
ベーキングパウダー　小さじ2（なくてもよい）
小麦粉（準強力粉）　225g（ふるう）
バター　225g（溶かすが冷たい状態で）

①オーブンを175℃に予熱する。
②ミキシングボウルの底が入る程度の大きさのフライパンに5cmの深さ

まで水を入れ、静かに沸騰させる。

③その間に材料を計量し、ケーキ型の準備をする。底が抜けるケーキ型かクッキングシートを敷いたケーキ型を使う。卵、砂糖、塩、レモン果汁、バニラをスタンドミキサーのボウルに入れて、あわせる。ボウルを湯煎にかけ、卵が体温より少し高い程度に温まり、砂糖が溶け出すまで1分間ほど泡立てる。卵を温めるのは泡立ちやすくするためで、加熱調理するわけではないので注意。冷蔵庫から出して室温に戻した卵を使ってもよい。ミキシングボウルをスタンドに移してウィスク・アタッチメント〔泡立て用のアタッチメント〕を装着し、高速で数分間、卵と砂糖をかさが3倍になるまで撹拌する。

④ミキサーからボウルをはずす。ベーキングパウダーを使うのであれば、あらかじめ小麦粉とあわせてふるっておく。粉を入れてから粉っぽさがなくまるまで、さっくりと切るように混ぜ、バターも切るように混ぜ入れ、ケーキ型に生地を流し込む。30～45分間、果物ナイフか竹ぐしを中央に差し込んで何もついてこなくなるまで焼く。

エンジェルフードケーキ

3:3:1

卵白　砂糖　小麦粉

*メレンゲ。卵白に砂糖を加えて泡立てたもの。

エンジェルフードケーキとは、メレンゲ*を少々補強するために少量の小麦粉を加えたものです。秤（はかり）と電動ミキサーがあればエンジェルフードケーキは実に簡単です。卵白と砂糖の半量をやわらかい角が立つまで泡立て、香り（バニラ、レモン、甘みのあるスパイス）をつけてから、小麦粉と残りの砂糖をそっと切るように混ぜ入れ、焼きます。ただし簡単なのは、正しい混ぜ方を身につけていればの話です。つぶれてきめの詰まった歯にくっつくケーキではなく、ふわふわに立ち上がったケーキにするための秘けつは、配合率ではなく卵白の泡立て方にあります。たとえば小麦粉の量を倍にしてもケーキの仕上がりはあまり変わりません。かさがふえるように泡立てますが、やりすぎないことです。見た目はよくてもきめが詰まったケーキになるか、名前どおりのケーキになるかの分かれ目は、泡立て方にあるのです。卵白と砂糖を高速で泡立ててはいけません。泡立てすぎないように中速～中高速で泡立てましょう。泡立てすぎて固くなるとふくらみが悪くなります。泡立てていると、白くふわふわになりつつ、それでも流れる程度の固さのポイントがあります。それを少し越えると固くなって流れにくくなったり、角がピンと立ったまま崩れない状態になります。ここで撹拌をストップしましょう。十分な量の気泡ができ、熱で卵白に含まれる水分が蒸発して気泡が拡大しようとしたときに卵白が抵抗しないのはこのポイントです。

▲エンジェルフードケーキの生地は卵白と砂糖からできており、焼くと大きくふくらむのは、ていねいな泡立てによって無数の気泡ができ拡大するから。このケーキ型にコップを押し込めば即席のリング型になる。手吹きガラスや気泡の入ったガラスのコップは割れる可能性があるので使わないこと。

下ごしらえ（ミーザンプラス）をしっかりすることは、ケーキ作りに欠かせません。気泡をなるべく減らさないようにして、オーブンをきちんと予熱したか、ケーキ型の準備は整っているか、小麦粉と砂糖はふるってあるか、確かめてください。粉をふるう場合は、ブレード・アタッチメントを装着したフードプロセッサーを回せば簡単に早くできます。細挽きの薄力粉を使うと、仕上がりがやわらかくなります。小麦粉と砂糖をあわせたものを、メレンゲに慎重に切るように混ぜ入れます。「切るように混ぜ入れる」とは、ぐるぐるとかきまわすのではなく、ゴムべらで生地をひっくり返すようにするという意味です。これも気泡をつぶさないためです。ケーキ型に生地を流し込む、もしくはすくい入れて約40分焼きます（焼き時間はケーキ型によって変わります）。エンジェルフードケーキはリング型で焼くことが多いのですが、脂肪分が入っておらず砂糖の量が多いため、ケーキ型にくっつく（脂肪分が入っているとケーキが型から離れやすくなります）ので、私は底が抜けるケーキ型を使うのが好きです。リング型にしたい場合はケーキ型の中央にコップを立てます。生地をはずしやすくする他の方法としては、ケーキ型にクッキングシートを敷きましょう。

ケーキが焼けたら、最低1時間は逆さにひっくり返した状態で冷ましてください。こうして砂糖とタンパク質の繊細なネットワークが完全に落ち着いてから、ケーキ型からはずします。1時間半おけばなおよいでしょう。

エンジェルフードケーキ

エンジェルフードケーキは香りづけをしっかりすれば、それだけでおいしくいただけます。定番はバニラです。卵白の泡を安定させ、白くするのに使うクリームオブターター（酒石酸水素カリウム）という粉末状の酸も入りますが、私は味つけをかねてレモン果汁を加えるのも好きです。塩も味つけと泡を安定させるのに役に立ちます。プレーンなケーキにいろいろなトッピングしてもよいでしょう。香りをつけたホイップクリームで、軽くコーティングするのもおいしくエレガントですが、砂糖をまぶしておき水分が出た状態になったベリー類のソースや、残った卵黄で作ったサバイヨン〔注→p19〕もいけます。

できあがりの分量：23cmのケーキ1台

卵白　330g（卵9〜10個分）
砂糖（グラニュー糖）　330g
小麦粉（薄力粉）　110g
塩（あら塩またはコーシャーソルト）　2〜2.5g
クリームオブターター（酒石酸水素カリウム）　小さじ1/2
レモン果汁　大さじ1（搾りたて）
バニラエクストラクト　小さじ1

①オーブンを175℃に予熱する。
②ミキシングボウルにはかった卵白を入れ、ウィスク・アタッチメント〔泡立て用のアタッチメント〕を装着したミキサーに設置する。砂糖の半量と小麦粉をフードプロセッサーの中に入れる。中速で約1分間、卵白を泡立ててから、塩、クリームオブターター（酒石酸水素カリウム）、レモン果汁、バニラを加え、中高速にして攪拌する。泡ができて半透明になったら、残りの砂糖を加える。砂糖が混ざって泡が流れる段階をちょうど超えるところまでさらに攪拌する。やわらかい角が立つ状態。
③砂糖と小麦粉を入れたフードプロセッサーを2〜3回まわして空気を入れたら、メレンゲをゴムべらで切るようにしながら、粉を散らすように入れる。粉が混ざるまでそっと切るように混ぜる。ケーキ型に生地を流し込み、23cmのケーキ型かリング型に入れて、30〜50分焼く。竹ぐしか楊枝を中央に入れて何もついてこなくなれば焼き上がり）。

④ケーキクーラー、瓶（びん）、または逆さにしたコップ（ケーキ型の種類による）の上にケーキ型を逆さにして1時間半おいて冷ましてから、型からケーキをはずす。

クイックブレッド

2:2:1:1

小麦粉　液体　卵　バター

マフィン

2:2:1:1

小麦粉　液体　卵　バター

＊クイックケーキ（quick cakes）
パン酵母を使わずに、ベーキングパウダーなどを使って生地を膨らませ手早く作るパンや菓子の総称。日本でいう「クイックブレッド」と似た意味合いの言葉として使われる。

続いて、クイックケーキ（quick cakes＊）とその黄金比を5つ紹介します。バッターブレッド（batter breads）、クイックブレッド（quick breads）とも呼ばれるクイックケーキはすべて同じ、ストレート法という混ぜ方で作ります。違いはおもに、小麦粉と液体の比率です。最初にとりあげるクイックブレッドは、ケーキ生地と同じ材料でできており、それを一緒に混ぜてベーキングパウダーでふくらませます。2番目にとりあげるマフィンは、カップに入れて焼くクイックブレッドです。マフィン生地とポップオーバー生地との違いはマフィン生地は小麦粉の量が2倍で、ベーキングパウダーを入れることだけです。ポップオーバーはベーキングパウダーは入れず、焼き方でふくらみを出します。カスタード〔注→p219〕に少量の小麦粉を入れて高温で焼いたものですが、ゆるいシュー生地を熱々に焼き上げたのがポップオーバーだと考えてもよいでしょう。両方ともふくらませ方と内部構造は同じです。そしてマフィン生地にたくさん具を入れて揚げたらフリッター（洋風天ぷら）になります。パンケーキは実は単に薄く焼いたマフィンです。

このように、小麦粉と液体と卵を混ぜて作る菓子同士は、面白く入り組

パンケーキ

2：1：1/2：2

液体　卵　バター　小麦粉

フリッター（洋風天ぷら）

2：2：1

小麦粉　液体　卵

ポップオーバー

2：1：1

液体　卵　小麦粉

んだ関係にあり、すべて混ぜ方は同じで材料を単純に合わせてかきまわすだけなので、この節では一緒に扱います。

ポップオーバー以外はどれもふくらませるためにベーキングパウダーが必要です。ポップオーバーは高温で発生する蒸気の力でふくらみます。使用するベーキングパウダーの量はレシピによって大きく違いますが、私がたどりついた適量は、小麦粉110gにつき5gです。ふわふわに仕上げるためもう少しふくらみがほしければ、この配合を倍にしてもよいでしょう。反応するのに十分な量の酸が入っていれば重曹でも同じようにふくらみますが、私はもともと酸が入っていて、熱すると同じようにガスが出るベーキングパウダーの方を好んで使います。こちらのほうが膨張剤として安定しています。

▲マフィンは実質的にパンケーキ生地に風味をつけてマフィン型で焼いたものといえる。これを食パン型に入れて焼けばバッターブレッドになる。味つけはスイーツ系でも惣菜系でもよいし、具もベリー類、サイコロ状に切った果実や野菜、ナッツ、スパイスなど思いつくまま何を入れてもよい。

もうひとつの可変要素は甘さです。ほとんどのクイックケーキは甘いものです。しかしどんなタイプのマフィンを作るかによって甘さのレベルが決まります。バナナや甘いリンゴのような甘い具をたくさん入れたり、甘みの強いソースや添え物と一緒に出したりするのであれば、生地の甘みは抑えたいでしょう。ポップオーバーには少量の砂糖を入れてもよいのですが、まったく入れなくてもおいしくいただけます。しかしマフィン、ケーキ、パンケーキにはバターと同量の砂糖を加えたほうが、まちがいないでしょう。

クイックブレッドとポップオーバーのよさは簡単に作れるところです。材料を一緒にかき混ぜて焼くだけです。ただし、固くなるのであまり勢いよくやらないこと、また混ぜすぎないように注意してください。クイックブレッドは作ろうと思い立ってから1時間もしないうちに食べることができます。そしてパンケーキは、ボウルと秤（はかり）さえあれば材料を用意して混ぜるまではあっという間、思い立ってから15分で食卓に出せます。バッター生地の菓子は、覚えておくと実に使い勝手のよいスキルなのです。

黄金比を使えば、料理は大幅にスピードアップします。バッターの黄金比を使うとき、私はだいたいいつも卵の量を基準に材料をあわせます。卵1個が55gだからです。ですから卵2個（110g）を使ったポップオーバーの生地（牛乳220g、小麦粉110g）を作ると、標準的な大きさのポップオーバー6枚分のバッター生地ができます。息子のためだけにパンケーキを作る場合は卵1個（55g）を使ったパンケーキの生地——牛乳110g、小麦粉110g、溶かしバター30g、ベーキングパウダー小さじ1にします。マフィンを少しだけ、たとえば10個作るなら、卵2個（110g）分のバッター——小麦粉220g、牛乳220g、バター110g、砂糖110gを使います。

黄金比をものにしてしまえば、バリエーションは無限です。

基本のクイックブレッド（マフィン生地）

これらのレシピはすべて、水気のある材料と水気のない材料を別々にあわせてから一緒にし、かき混ぜて作ります。

できあがりの分量：マフィン10個

小麦粉（準強力粉）　220g
砂糖（グラニュー糖）　110g

塩（あら塩またはコーシャーソルト） 4.5〜5g
ベーキングパウダー 小さじ2
牛乳 220g
卵 110g（2個）
バター 110g（溶かしておく）

①オーブンを175℃に予熱しておく。
②小麦粉、砂糖、塩、ベーキングパウダーをあわせる。ベーキングパウダーがダマになっていたらストレーナーに通す。
③約1リットル入るボウルに牛乳、卵、バターをあわせる。泡立て器かハンドブレンダーで、卵が均等に混ざるまでかき混ぜる。そこへ粉類を加える。あわさる程度にかき混ぜる。すりおろした柑橘類の皮や果実などの具を入れる場合はここで加える。
④マフィン型か食パン型に生地を流し入れる。フッ素加工されていない場合は、バターを塗るか植物油をスプレーする。約30分間、食パン型の場合は50分間、中央に果物ナイフを入れて何もついてこなくなるまで焼く。

クイックブレッドとマフィンいろいろ

▶ブルーベリー

甘酸っぱくジューシーなブルーベリーで作るマフィンは格別です。ラズベリーも同様。ブラックベリーでもよいですが、ブラックベリーには砂糖が多めに必要かもしれません。味をみて酸っぱさを確かめてください。

▶クランベリーとオレンジ

ドライクランベリーを加え、牛乳の1/4量をオレンジの果汁に置き換えます。オレンジ1〜2個分の皮のすりおろしを加えます。クランベリーとオレンジを組みあわせたバリエーションとして、クランベリーをオレンジ果汁かオレンジリキュールのグランマルニエに浸してもよいでしょう。あるいはクランベリーを使わずに、ラム酒のマイヤーズラムで生地に風味づけし、マイヤーズラム グレイズを作ります。ラムと砂糖を同量あわせ、砂糖が溶けるまで加熱してください。

▶リンゴとシナモン

白砂糖のかわりにブラウンシュガー〔注→p11〕を使い、シナモン小さじ1と、黄緑色のリンゴ グラニースミス〔酸味の強いリンゴ〕を角切りにして1 1/5カップ加えます。

▶レモンとケシの実

マフィンのおいしい定番です。

▶バナナブレッド

液体〔基本のレシピでは牛乳〕を55g減らし、つぶしたバナナ1 1/5カップを加え、バターを焦がしバターにします。

*カイエンペッパー
赤唐辛子の一品種。粉末にして香辛料として使われることが多い。

▶惣菜系のブレッドとマフィン

これも忘れてはいけません。カレーパウダー大さじ1、カイエンペッパー*小さじ1/4、角切りにした赤ピーマンと青ピーマンを各々3/5カップ加え、砂糖は抜き、バターを焦がしバターに代えます。

▶トウモロコシのマフィン

小麦粉の3/4をコーンミールに置き換えます。具に、トウモロコシ1 1/5カップと角切りにしたハラペーニョペッパー〔写真→p33〕3個を加えます。

基本のパンケーキ生地

パンケーキ生地の黄金比のよいところは、食べる人数にあわせて量を調節できることです。ひとり分だけでも大丈夫です。また、好みにあわせて液体〔基本のレシピでは牛乳〕の量を変えれば、薄くも厚くも焼くことができます。液体の半量をバターミルクや自家製ヨーグルトにして複雑な味わいを出すこともできます。小麦粉の25％をコーンミール、全粒粉、別の穀物粉などにすれば味や食感を変えられます。ここで紹介するのは、砂糖少々とバニラで味つけしたスタンダードなパンケーキです。私はこれをベーコンの脂で焼くのが好きです。表面がカリカリに仕上がるからです。

できあがりの分量：直径約10cmのパンケーキ約8枚

水気のある材料：
牛乳　220g
卵　110g（2個）
バター　55g（溶かしておく）
バニラエクストラクト　小さじ1

水気のない材料：
小麦粉　220g
砂糖　大さじ2
ベーキングパウダー　小さじ2
塩　4.5～5g

▲ケーキ風のパンケーキに仕上がるどろっとした生地が、私の好み。このパンケーキ生地を、スパイシーなシーズニングをまぶした生トウモロコシにかけ、スプーンですくって油で揚げればおいしいフリッターになる。

①液体材料をボウルにあわせ、完全に混ざるまで泡立て器で混ぜる。
②粉類をあわせる。ダマになっていたらストレーナーでふるう。
③液体材料と粉類をあわせ、生地が滑らかになるまでかき混ぜる。ここで紹介した比率はかなりどろっとした生地で、ケーキ風のパンケーキになる。薄いパンケーキにしたい場合は、牛乳を30～55g追加する。
④薄く油をひいた鉄板かフライパンを中火にかけ、中に火が通るまで焼く。

基本のフリッター（洋風天ぷら）生地

フリッターを作るたびに、なぜもっと頻繁に作らないんだろうと思います。外はカリッ、中はふわふわ、甘くてスパイシー。フリッター生地はマフィン生地からバターを抜いたものですが、役割はクレープやダンプリング〔注→p24〕と同じ。トウモロコシやアサリ、リンゴ、ズッキーニといった主役となるおいしい具材と調味料を包む衣です。フリッター生地の応用としてはスパイスや生のハーブを加えるほか、惣菜（セイボリー）系のフリッターなら牛乳のかわりにストック（だし）やビールを使うと風味がよくなります。液体材料の一部に柑橘類の果汁を加えます。リンゴのフリッターならオレンジ果汁、トウモロコシのフリッターならライム果汁が合います。生地にいっさい味をつけたくなければ、水を使ってもかまいません。具の選び方で唯一気をつけたいのは具に含まれる水分です。ナスやキノコのように水分を多く含む食材は、フリッターを油から引き上げてから蒸気が出てしまい、カリッとせず湿っぽくなるかもしれません。

フリッターはカナッペにうってつけです。カナッペの土台をフリッターにする場合はディップ用のソースを添えて出したいものです。また、デンプンと野菜の組みあわせなので、サイドディッシュにもなります。たとえばグリルチキンにスパイシーなトウモロコシのフリッターをあわせたり、オーブン焼きかソテーした魚にズッキーニのフリッターを添えるなど。あら塩をふれば、まずまちがいありません。熱々を食卓に出しましょう。

できあがりの分量：大きめのフリッター8個

小麦粉（準強力粉） 110g
塩（あら塩またはコーシャーソルト） 4.5～5g
ベーキングパウダー 小さじ1
牛乳 110g（または水、果汁、ストック（だし））
卵 55g（1個）

①小麦粉、塩、ベーキングパウダーをあわせる。ダマがあればストレーナーでふるう。牛乳または他の液体と卵をあわせ、卵が均等に混ざるまで泡立て器でかき混ぜる。粉類を液体に加え、均等に混ざるまでかき混ぜる。
②中に入れる具を用意する。角切りにしたリンゴ、トウモロコシなど。具にフリッター生地を、表面が覆われてまとまる程度に注ぎ入れる。
③熱した植物油またはキャノーラ油の中にスプーンで落とし、きつね色になり中に火が通るまで、片面につき2～3分間揚げる。

▲マフィン／パンケーキ生地からバターを抜き、具にあったシーズニング（チリパウダー、カレー、シナモン、生のハーブ）を入れて作ったフリッターは、簡単に作れておいしく食べられる。カリカリした食感も味のうちなので、揚げたてを出そう。時間をおくと湿っぽくなってしまう。

フリッターいろいろ

▶カレー味の豆と玉ねぎ

スタンダードなフリッター生地にカレーパウダー小さじ2、ターメリック*小さじ1、クミン小さじ1、カイエンペッパー小さじ1/2を加えます。生地に豆1 1/5カップと小さくみじん切りにした玉ねぎ9/10カップをあわせます。豆は冷凍でよく、生の鞘つきを買ったり、自家栽培した場合はバター少々と塩を加えてゆでておくか、スープのようにピューレ状にしてください。ヨーグルト、エシャロット〔写真→p11〕のみじん切り、ニンニクとレモン果汁のディップソースを添えてもよいでしょう。

*ターメリック
カレーの色付けに使われる、黄色い粉末状のスパイス。ウコンの根茎を乾燥させ粉末にしたもの。

*チポトレパウダー
ハラペーニョを乾燥させて燻製にし、粉末にした香辛料。

*スモークパプリカ
赤パプリカを乾燥させて燻製にし、粉末状にしたもの。

▶スパイシー コーン フリッター

スタンダードなフリッター生地にコリアンダー小さじ1、クミン小さじ1、黒コショウ小さじ1、チポトレパウダー*またはスモークパプリカ*かカイエンペッパー〔注→p95〕を小さじ1/2、コリアンダーのみじん切り3/10カップを加えます。生地に生のトウモロコシ2 2/5カップと、小口切りにしたスカリオン*2本分をあわせます〔スカリオンがない場合はワケギで代用可〕。ライムの搾り汁とコリアンダーの葉、またはライムとエシャロットをマヨネーズであえたディップソースを添えて出します(p191のレモンとエシャロットのマヨネーズ参照)。

*スカリオン
ネギの一品種。ワケギはスカリオンの一種。

▶ズッキーニのフリッター

スタンダードなフリッター生地にレモンの皮2個分のすりおろし、レモン果汁大さじ1、カイエンペッパー小さじ1/2を加えます。角切りにしたズッキーニ2 2/5カップをあわせます。ズッキーニの種部分は捨ててください。塩とフェタチーズ*とちぎったパセリと一緒に出します。

▶ビール生地のフリッター

液体部分に上質のペールエール ビールを使い、黒コショウ小さじ1/2を加えてスタンダードなフリッター生地を作ります。角切りにしたズッキーニと玉ねぎ1カップずつを生地とあわせます。またはオニオンリン

*フェタチーズ
羊または山羊の乳から作られるギリシャのチーズ。食塩水に漬けて熟成させるため、強い塩味が特徴。

グか拍子木切りにしたズッキーニを生地に浸してから揚げます。レモンの搾り汁とパセリを添えて出します。

▶リンゴのフリッター

スタンダードなフリッター生地に卵黄2個分、シナモン小さじ2、挽きたてのナツメグ小さじ1/4を加えます。卵白2個分をやわらかい角が立つまで泡立て、生地にさっくりと切るように混ぜ入れます。シャキシャキしたふじリンゴかグラニースミス〔酸味の強いリンゴ〕のスライスを生地に浸して揚げます。シナモンシュガーか粉砂糖をふりかけ、アイスクリームを添えるか、クレーム パティシエール（ペイストリークリーム）（p235）をディップソースとして添えて出します。別の作り方としては、角切りにしたリンゴをバターで炒めてフリッター生地に加えてもよいでしょう。

▶桃のフリッター

液体の量を1/4減らし、挽きたての黒コショウ小さじ1を加えてスタンダードなフリッター生地を作ります。皮をむいて角切りにした桃2 2/5カップを生地と混ぜます。粉砂糖をふりかけ、レモンの皮のすりおろしとちぎったミントを飾ります。

▶塩漬けタラのフリッター

液体部分を魚のストック（だし）（お好みで牛乳でも）にしてスタンダードなフリッター生地を作ります。塩漬けのタラを、水を換えながら24時間以上かけて戻し、サイコロ状に切るか、ほぐしたもの2 2/5カップをあわせます。レモンの搾り汁とバターでカリカリになるまで炒めたセージの葉を添えて、出します。

基本のポップオーバー

これは面白いですよ。小麦粉と卵と牛乳のゆるい生地を小さなカップに注いで高温のオーブンに入れれば、30分後には、あら不思議！ ポップコーンさながらに大変身。ふくらむのはグジェール〔→p69〕と同じく、蒸気のおかげです。おいしくて超簡単、なのに市販のケーキミックス、ホームベーカリー、ポップターツ〔ケロッグのスナック菓子〕が幅を利かせる最近の家庭のキッチンではあまり見かけない存在になってしまいました。

ポップオーバーは甘い味つけで出すのが一般的で、朝食によく登場します。外はカリカリ、中は温かくてクリーミーなので甘い調理法が向いています。とはいえ牛肉と一緒に出してもかまいません。イギリスのヨークシャー プディングは、熱々の牛肉の脂で焼いたポップオーバー生地にほかなりません。それだけでなく、何の肉ともよくあいます。ボストンのパーカーハウスホテルで考案されたロールパン、パーカーハウス・ロールのようにやわらかく、同じような使い方ができます。パンを切らしてしまったけれど夕食にパンを出したい、というときにポップオーバーを作りましょう。ここで紹介する量は2〜4個分なので、必要に応じて生地を2〜3倍にしてください。上にコンテチーズ〔写真→p49〕かパルミジャーノ・レッジャーノをトッピングして、グジェール風にカナッペとして出すこともできます。もちろんマーマレードかプリザーブ（果実の砂糖煮）を添えて朝食にしても、おいしくいただけます。粉砂糖を振ってクレームフレーシュ*を少々添えてもよいでしょう。熱々にシナモンシュガーを振って温かいチョコレートソース（p240）とアイスクリームを添えデザートにしても最高です。グジェールの親戚プロフィトロールに似ていなくもないですね。

扱いに気を使わなくてもよい生地なので、冷たいままのオーブンから焼き始めることをすすめる人もいます。私の経験では、香りのついた脂をひいて熱した容器に生地を注ぐと、ちょうどよいボリュームに仕上がり、いちばんドラマチックな変化を楽しむことができます。おすすめはポップオーバー用の型。底が小さいのでびっくりするくらいふくらみます。特に私がするように型のフチまで生地を入れればそれだけ大きくなります。小さく仕上げたければ生地は途中まで入れてください。専用の型がなくても作れます。ラメキン（ココット皿）〔写真→p48〕やマフィン型でも上手に焼けますし、オーブン対応のマグカップを提案しているレシピもあります。お好みでスキレット（小型のフライパン）で焼いてもかまいません。牛肉を焼いたフライパンで、肉を片側に寄せてそのままヨークシャー プディングを焼く人もたくさんいます。こうするとフライパンの中で煮詰めた脂と肉汁をすべて吸ってくれるわけです。

ポップオーバー生地に具を入れることもできま

*クレームフレーシュ
乳酸菌で発酵させた生クリーム。日本では出来合いのものを入手しにくいが、バターミルク、ヘビークリーム（乳脂肪分36％以上の生クリーム）、ヨーグルトを使って自作できる。またより簡易な方法として、市販のサワークリームと生クリームを合わせることで近いものができるとされる。

▲ポップオーバーはびっくりするほどふくらむが、仕組みはシュー生地と同じ。水が蒸発して生地を押し上げる。

す。細かく角切りしたリンゴ、すりおろしたコンテチーズ、おかずに添えるならハーブなどです。ただし具を入れるとポップオーバーの醍醐味である大きなふくらみは期待できません。ですので私は具を入れるかわりに加熱してから、風味づけするのをおすすめします。焼き上がりの直前にチーズを散らしたりバターで熱々に炒めた角切りリンゴとブラウンシュガーを添えたり、シンプルにバター（食塩不使用）とハチミツをかけてもよいでしょう。

できあがりの分量：2～4個

牛乳　220g
卵　110g（2個）
小麦粉（準強力粉）　110g
塩（あら塩またはコーシャーソルト）　4.5～5g
バター　55g（溶かしておく。またはキャノーラ油55g）

①ポップオーバー型をオーブンに入れ、オーブンを230℃に予熱する。
②牛乳と卵をあわせ、均質に混ざるまでかき混ぜる。小麦粉と塩を加えて混ざるまでかきまわす。生地を30分間以上寝かせる。これは小麦粉に水を吸わせるため。
③型をオーブンから出し、型1つにつきバター小さじ2を入れる。生地を注ぎ入れて10分間焼き、温度を190℃に下げてさらに20～30分かけて焼き上げる。
④オーブンから出したてにプリザーブやジャムを、またはシンプルに上質のハチミツとバターを添えていただく。

column　日本料理の天ぷらの衣

野菜と貝は、軽いバッター生地につけて揚げると格別な味わいになります。ただし油っぽくなると、もたれてしまうこともあります。

天ぷらは17世紀にポルトガルから伝わったとされる日本料理。調理には繊細な気配りと技が必要です。衣（生地）は揚げる直前に混ぜ、衣の厚さは具によって変えます。伝統的な和食の作り方では小麦粉を使い、卵が入ります。レシピによっては卵黄になっていたり、準強力粉や、天ぷら粉を使うものもあります。

天ぷらのおいしさの鍵は、軽さとサクサク感だと思います。そのためには、ここがフリッターをはじめとする生地全般と天ぷらの違いでもあるのですが、グルテン——ドウ生地やバッター生地に粘りを出すタンパク質——を少なくすることです。グルテンの量を少なくするには、粉類の一部にコーンスターチのような純粋なデンプンを使い、残りの粉類をグルテンを形成するタンパク質〔グルテニンとグリアジン〕の少ない薄力粉にします。配合は好みで実験していただければよいのですが、私は3対1にしています（容積でも重量でも）。薄力粉3：コーンスターチ1にして、小麦粉＋コーンスターチ140gにつきベーキングパウダーと塩を小さじ約1/2ずつ加えるのが好みです。

水を使ってもよいですが、衣をさらに軽く仕上げるために炭酸水を使う人もたくさんいます。炭酸水のかわりに上質のビールを使う手もあります。ビールはオニオンリングや拍子木切りしたズッキーニと特によくあいます。

もうひとつ、サクサクにするための大事な点は、揚げる直前に衣を混ぜること。デンプンが水を吸わず早く蒸発するので衣がカリッと軽くなります。衣はヘビークリーム〔乳脂肪分36%以上の生クリーム〕ほどの濃さであること。多少の小さなダマはあってもかまいません。衣は粘度を最大限に出すために冷やしておき、具（例えばエビやズッキーニ）には小麦粉をまぶして、表面に衣が均等につきやすくしておきます。

薄力粉9/10カップ、コーンスターチ3/10カップ、ベーキングパウダー小さじ1/2、塩小さじ1/2（2.5g）をあわせて基本の天ぷら衣を作ります。油を熱している間に、冷やした炭酸水をヘビークリームほどの濃さのゆるい生地になるまで、天ぷら衣に加えます。具に衣をつけて、175℃の油で一気に揚げ、揚げたてをいただきます。

天ぷらにするとおいしいのはエビ、ズッキーニ、玉ねぎ、ピーマン、マッシュルームですが、他の野菜もいけますし、面白い形や食感になります。インゲン、拍子木切りしたフェンネルの茎、薄切りにしたキャベツ、カリフラワーのスライス、一片丸ごとまたは半分に切ったニンニクなど。

天ぷらは普通、塩気と甘みと酸味のバランスがとれた醤油ベースのつゆを添えて出します。日本の一般的な天つゆには醤油、みりん、だしが入っていますが、醤油大さじ2、米酢小さじ1、砂糖小さじ1/2、おろした生姜（しょうが）小さじ1をあわせれば簡単でおいしい天つゆができ上がります。

クレープ

1:1:1/2

液体　卵　小麦粉

さまざまな食材や味を包む皮として、クレープは世界中の料理に使われています。食事の中で提供されるタイミングもさまざまであり、惣菜の具を包む時もあれば、デザートとしても登場します。料理人が皮になるものを探すとき、クレープはとても使い勝手がいいのです。クレープ本体を構成する材料に加えて、生地に香りづけの材料を足すこともできます。ハーブ、みじん切りにした野菜、砂糖、バニラ、どれもクレープ生地によくなじみます。クレープはごく薄くデリケートにもできれば、どっしりと分厚くすることもできます。もちろん厚くなりすぎるとクレープではなくパンケーキになってしまいますが。一般的には薄くてデリケートなのがクレープの特徴です。

クレープには必ずデンプンと、水ベースの液体が含まれます。デンプンは通常は穀類の粉ですが、アジアのクレープには豆の粉を使うものもあります。卵は入らない場合もあります。西洋料理では牛乳と卵と粉を単純に混ぜてから寝かせ、粉に水分を吸わせます。それから生地をフライパンの底を覆うくらいに注ぎ入れます。牛乳、卵、粉のかさを同じにするのが一般的な比率です。しかしいちばんよいのは重量を基準とした比率で、この場合は粉の量を減らして牛乳1：卵1：粉1/2となります。どんなクレープを作るにしてもこれが出発点になります。たとえばもっと薄くしたければ、ここから液体を増やすか卵を減らせばよいのです。

水ベースの液体ならば何でもクレープ生地に使えます。水でも十分、エッグヌードル〔小麦粉と卵を練り上げて作る麺〕風のクレープになります。牛乳なら風味が増します。生クリームを入れるとリッチになります。甘いクレープにするなら、オレンジジュースのようなジュースを入れてもよいでしょう。おかずを包むのであればストック（だし）を使うと、できあがった料理に水や牛乳よりも複雑な味わいが出ます。

▲クレープは生地に加える液体の分量によって、紙のように薄くもどっしり分厚くもできる。包む具にあわせながら、歯ごたえと食べごたえのある少々厚めの仕上がりにするのが私の好み。

料理にもデザートに使える　基本のクレープ

クレープ専用フライパンがあると使いやすく、焼くのに油が少なくてすむので軽く仕上がります。使い込んだ鉄のフライパンでもうまくいきます。きれいなステンレスのフライパンでも十分。クレープ専用フライパン、使い込んだ鉄のフライパン、ノンスティック加工のフライパンのほうがスチール製フライパンより望ましい理由は、スチール製だとクレープがくっつかないようにするためにバターや油をたっぷり塗る必要があり、クレープが油っぽくなってしまうからです。クレープは軽くてさらっとしたのがいちばんおいしいのです。また、底のサイズが作りたいクレープの大きさと同じフライパンを選んでください。13cmのフライパンに生地を55g入れるのと、23cmのフライパンに55g入れるのではクレープの厚みに倍の差が出ます。クレープはお好みで厚くも薄くもできるのです。

できあがりの分量：55gのクレープ6枚

牛乳　220g

卵　220g（55g×4個）

小麦粉（準強力粉）　110g

塩　適宜。なくてもよい

砂糖　適宜。なくてもよい

バニラエクストラクト　適宜。なくてもよい

①材料をあわせて、泡立て器かハンドブレンダーで均一になるまでかき混ぜる。用途にかかわらず塩少々を入れたほうがよいが、おかずにする場合は小さじ1/2加えてもよい。また、お好みで牛乳をチキンストックに置き換えてもよい。甘いクレープを作る場合は砂糖大さじ1、お好みでバニラ小さじ1/2を加える。生地は30分間休ませるか、覆いをして冷蔵庫で最大1日置く。

②フライパンを中火にかける。使い込んだクレープ専用フライパンか鉄のフライパンなら植物油をペーパータオルに吸わせて底になすりつけるだけでよい。ステンレス製フライパンを使う場合は、バター小さじ1をぐるぐると回して底をコーティングする。底を覆う程度の生地を注ぎ入れ、フライパンを傾けながら広げていく。1分間ほど触らずに焼き、生地が落ち着いたらそっと引っくり返して反対側を少し焼く。一枚焼いてみてもっと薄くしたいと思ったら、牛乳3/10カップ（60mℓ）かそれより多めの量を、好みの固さになるまで生地に加える。

③クレープをケーキクーラーに引き上げてさらに焼いていく。すぐ使ってもよいし、冷ましてからでもよい。冷めたら重ねて覆いをし、使うまで冷蔵庫に入れておく。

クレープの活用法

▶クレープは、残り物をエレガントに使いまわすのに最適です。たとえばプルドポーク〔豚肩ロース肉の塊を低温で長時間加熱し、引っ張って（pulled）ほぐれるほどまでやわらかく調理したもの〕やブレイズドポットロースト〔ブレゼ（蒸し煮。注→p48）の手法で塊肉をじっくり煮込む料理〕やビーフシチューが残ったら、クレープさえあればあっという間に新しいディナーに生まれ変わります。こうした残った料理を温めなおしてクレープで巻き、煮汁とチーズ少々を上からかけて、チーズが溶けるまで焼くだけです。ポットローストのように大きな肉なら、クレープに入るサイズにほぐすか切ってください。

▸液体に変化をつけます。スタンダードなクレープ生地の牛乳を、ジュースやストック（だし）に置き換えます。

▸レストラン「フレンチ・ランドリー」のシェフ、トーマス・ケラーは、アメリカ最高級四つ星レストランに数えられるこの店の目玉となった、ロブスターテールのバター煮で有名になりました。この料理を作るとロブスターのハサミの肉が大量に残ります。おいしいけれど不格好で見た目の悪いこのロブスターの肉をどう供するか。ケラーの答えはチャイブを焼き込んだクレープにこの肉を小さな円形に包んで、シンプルなニンジンのソースの上に置き、豆苗をドレッシングであえた小さなサラダを上に飾る、でした。このアイデアは肉の切れ端——たとえばラム肉の脚をバタフライ〔2枚に開くこと〕にしたときに出た切れ端や、牛のテンダーロインの形を整えるためにそいだ際の切れ端にも応用できます。見た目が悪く形もバラバラの肉くずは、そのままでは料理として出せませんが、クレープに包めば問題ありません。

▸チキン ポットパイ〔煮込んだ肉や野菜などを深皿に入れ、パイ生地で蓋をしてオーブンで焼いたもの〕や、チキン エンパナーダ〔野菜やブレゼ（蒸し煮）した肉などをパイ生地で包んで揚げた1人分のパイ〕にするつもりだった残り物のチキン肉も、クレープに巻いてソースをかけて焼けば簡単です。

▸鴨の脚をたっぷりの香味野菜とストックまたは水でブレゼ（蒸し煮）〔注→p48〕します。ほぐした肉をクレープに包みます。スープを漉して煮詰め、ワイン少々、バター少々、ブールマニエ*を加えてエレガントなソースに仕立て、ヴィネグレット ドレッシング〔→p198〕を軽くあえたクレソンの小さなサラダを、クレープの上に飾ります。

*ブールマニエ
とろみづけのために小麦粉とバターを練りあわせたもの。→p141。

▸鴨のコンフィや豚のコンフィ〔コンフィは、鴨や豚などの肉を、それ自身の脂の中でじっくり煮込んだもの〕をクレープに包むと美味です。

▸ルースソーセージ〔腸詰めされていない、ソーセージの中身〕も、クレープにすると気が利いています。

▸サンドイッチで定番の組みあわせ、たとえばハムとチーズをパンではなくクレープの具にしてみましょう。ハムを細切りにして炒めた玉ねぎとあわせ、クレープで巻いてマヨネーズとマスタードを混ぜたものをかけ、スイスチーズをトッピングして、中が熱々になりチーズが溶けるまで焼きます。フィリーチーズステーキ〔ロールパンで作るサンドイッチの一種〕風に、牛肉の薄切りとチェダーチーズをクレープに巻く。あるいはルーベンサンドイッチ〔ライ麦パンで作るホットサンドイッチの一種〕のようにコンビーフとキャベツを巻いて、スイスチーズをトッピングして焼いてみましょう。

▸ホウレンソウ440gをエシャロットのみじん切り大さじ1と塩コショウ少々、挽いたナツメグと一緒に、完全にしんなりするまで炒めます。生クリーム3/10カップ（60mℓ）を加え、とろみがつくまで加熱します。この具を4～6枚のクレープに巻けば、ホウレンソウをただ生クリームで煮るよりも満腹感のあるおいしいベジタリアン料理になります。

クレープはスイーツとしても優れています。

▶レモンカード（p50）を包んで、ハチミツとクレームフレーシュ〔注→p100〕をかけます。

▶クレープにラズベリージャムを塗ってたたむか巻いて、粉砂糖を振ります。

▶12枚のクレープにジャムまたはレモンカード（p50）を塗って層になるように重ね、ホールケーキ状にして放射状に切ればレイヤーケーキ〔注→p85〕になります。

▶リンゴとブラウンシュガーを、バターでふつふつとあぶくが立つほど熱々になるまで炒め、クレープに包んで粉砂糖を振ります。

▶バナナをバターとブラウンシュガーで炒めます。ふつふつとあぶくが立つほど熱々になったらラム酒を加え、クレープで巻いてチョコレートソース（p240）をトッピングします。

▶熱々のクレープに、ヌテッラ〔イタリアのチョコ風味のスプレッド〕を塗って三角形にたたみ、粉砂糖を振ります。

▶オレンジ果汁、砂糖、皮のすりおろし、レモン果汁でシロップを作り、最後にグランマルニエかコニャックを加えます。シロップにつけたクレープを再加熱し、三角形にたたんでサーブします。お好みでクレープシュゼット〔オレンジソースで煮たクレープを、オレンジリキュールでフランベして作るフランスの菓子〕風にリキュールを足して炎を出してサーブしてもよいでしょう。

2

ストック（出汁）
スープ、ルーなどもあわせて

Stocks and the Amazing Things They Allow You to Do

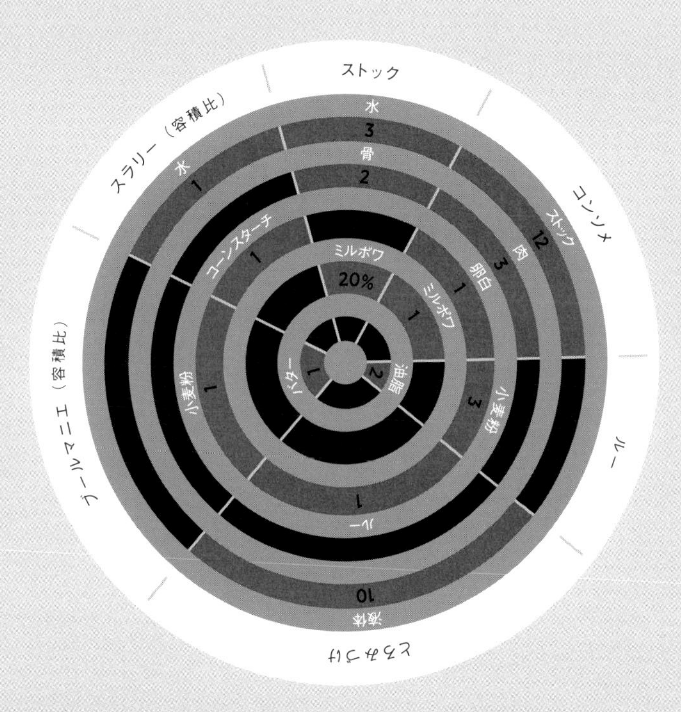

ストック

3：2

水　骨

実は本書は、ストック（出汁）の章から書き始めました。ストックはなんといっても「ル・フォン・ド・ラ・キュイジーヌ」——料理の土台——です。名作料理や渾身の一皿、その多くがストックをとる、つまり風味を抽出し、蒸留し、凝縮するところから始まります。

とはいうものの、ストックに黄金比は必要なのでしょうか。あるいはストック作りに使う食材に黄金比は必要なのでしょうか。ストック作りは目分量で行われることが多いですし、パンやケーキ作りと違い、ストック、スープ、ソースは、材料を少し変えても料理の仕上がりを左右するわけではありません。

しかし、ストックを取り上げないわけにはいきません。本書を書くきっかけとなったウーヴェ・ヘストナー先生の比率一覧にはストックの欄がありました。それに、家庭料理では、ストック作りはいちばん敬遠されがちな作業かもしれません。しかし家庭料理の質を飛躍的にアップしてくれる作業を、なにかひとつ挙げるとしたら、それがストック作りなのです。料理の基本に迫ろうとしている本書で、ストック作りを避けてどうする？ましてや、黄金比の強みは作り手の思いのままにバリエーションを展開で

▲ストック作りでいちばん大事な手順が、漉す作業。できるだけ雑味のない澄んだ味にするためには、布で漉さなくてはならない。

きるようになるところ、核心的な情報をひとつ手に入れるだけで実践的な応用の世界が開けるところです。それはストックについてもあてはまります。工場で作られた「スープの素」の缶を開けるかわりに、ちょっとストックを作ってみようかという気になってもらえたら、この章を書いたかいがあるというものです。

実はストックは少量でもすぐに作ることができます。いつも作る料理のほとんどには、あえてそう呼ばれていなくともストックが含まれているのです。野菜と肉に液体を加えて加熱するのは、意識していなくてもストック作りにあたります。フィーヌゼルブ ソースのローストチキン（p143）では、水を加える作業が、実質的にほんの数分間で即席の自家製ストックを作っていることになります。水は魔法の道具のような力をもっているうえ、ほとんどタダでいつでも手に入ります。だから私はストックが少しだけ必要なレシピには、缶入り「スープの素」ではなく、あくまで水を使うようにしています。もし缶入りの代物を大量に使わなければならない場合は、最初に玉ねぎとニンジンと生のタイムを加えると味がよくなります。

ストックや、関係する料理の黄金比の話をする前に、上記のような迷いやジレンマをどうしても打ち明けておきたかったのです。ストックは大事ですよ。

はじめに

繰り返しになりますが、家庭料理の質を飛躍的にアップしてくれる作業が、ストック作りです。家庭料理とプロの料理の最大の違いがストックです。ストックとは要は素材の風味をつけた水ですが、家庭で料理する人にとってもこの上ない価値をもつものなのです。

ストックには無限にバリエーションがあり、必要に応じてどんな濃さにもコク（ボディ）にも調整できます。ですから厳密にいえば、ここでの黄金比とは、法則（ルール）というより指針（ガイド）になるでしょう。2：1の比率で申し分なくおいしいストックが作れますが、手元にある骨の量と鍋のサイズに応じて比率を適用する「必要にせまられる」かもしれません。1：1の比率なら味が濃くてゼラチン質の多いストックになります（ゼラチンがストックにコク（ボディ）、口に入れたときのずっしりした感触を与えます。口に入れたときに水のようにさらさらしていればコク（ボディ）はありません）。しかしこの比率では、骨が完全に水をかぶらない場合があります。水の量が大きな問題になるのはそのためです。そこで、通常のストックは、水とストックをとる食材の比率を重量比で3：2にするのがよいとされています。チキンストックを作るなら、鶏の骨900gに対して水1350g（2：3）、野菜のストックなら刻んだ野菜900gに対して水1350gとなります。

水は、容積と重量の値が完全に一致しますから、1350gということは1350mℓ、6 3/4カップになります。容積と重量の比が同じ水のような材料は容積ではかっても秤（はかり）ではかってもよい、というのは料理の大事な事実です。そうでない小麦粉のような材料については重量ではかるのがよいわけです。

水以外の材料も、はぶいたり好みで変更するというわけにはいきません。玉ねぎとニンジンは必須です。肉のストックでもこれらの香味野菜がなければ深みと複雑な味わいと甘みが出ず、骨の臭（くさ）みが出てしまったりします。ただし粒コショウ、ローリエ、タイム、甘みのある野菜は、応用がきく部分で、比率を動かせない要素ではありません。ともあれ、香味野菜は骨＋水の合計の約20％にするのが適切な配合になります。鶏の骨約900gと水1350gなら、玉ねぎとニンジンとセロリを約450g〔＝900g＋1350g×20％〕加えるのがよいでしょう。

前述したように、ストックはたいてい目分量で作りがちです。材料は液体をかぶった状態でなければなりません。煮ている間に水分が減っても水面から出てしまわない量の液体をかぶっていなければなりません。とはいえ、液体が多すぎてはストックの味が薄くなります。黄金比を知っていれば適量がわかり、目安になるので、それを応用して自分なりのストックを作ることができます。3：2の比率で、適度な味と重さのおいしいストックができますし、材料も効率的に使えて無駄が生じません。ただし、加熱温度が適切で、ふさわしいスパイスを使い、ストックのタイプに応じた扱いをすればの話です。たとえば、魚の骨は子牛の骨とは扱いが異なります。これから主なストックのレシピを紹介しますが、それぞれの扱いについて細かく具体的に記しました。

ストック作りの基本

いったん標準的な比率を覚えたら、自分なりのやり方とニーズにあわせて調整していってください。ストック作りの基本は以下のようなものです。

材料。味が出てくる結合組織と肉がたっぷりついた良質で新鮮な骨を選びます（腱と関節には、ストックにコク（ボディ）を与えてくれるゼラチンが豊富です）。良質で新鮮な野菜（ニンジン、玉ねぎ、ポロねぎ〔写真→p49〕）生のハーブ、粒コショウなどの生のスパイス（本書では香味野菜とかスパイスとも呼んでいます）。私の経験からいうと粒コショウは砕かないと十分な香りが出ません。最大限に香りを引き出すには、フライパンで短時間乾煎りして小型のフライパンの底で砕いてからストックに加えるとよいでしょう。

牛と子牛の骨は熱湯にくぐらせるかローストするとおいしくなります。沸騰したら引き上げて冷水にとる。またはオーブンで色と香りが出るまで焼く。どちらの加熱方法であっても表面のタンパク質が固まり、ストックには入れたくない血とタンパク質を取りのぞくことができます。鶏の骨は生から煮込み始めてかまいませんが、沸騰して不純物の大半が表面に浮いてきたらあくを取ってください。魚の骨（あら）はまずそのまま火にかけ、タンパク質が固まって身と骨が半透明になるまで加熱したら水を加えます。野菜も最初に水分が出るまで加熱してかまいませんが、焦げ目がつかないようにしてください。ローストしたり焦げ目がつくまで炒めたりした場合は、より複雑な味わいで色の濃いストックができます。

温度。かならず水から煮てください。ストックは通常沸騰させてはいけません。小さな気泡が上がってくる状態も避けてください。理想の温度は80℃で、90℃未満に熱したオーブンにストックの鍋を蓋をせずに入れるとうまくいきます。この温度なら脂肪や、他の不純物がストックに乳化〔注→p11〕することなく味が引き出されます。乳化が起きると、ストックが濁って味が落ちてしまいます。ただし乳化が起きるには少し時間がかかります。

野菜や魚のストックと違い、1時間以上煮つづける必要がある肉のストックの場合は、野菜とハーブとコショウを最後の段階で加えてください。これは分解して漉したときに大事なストックを吸ってしまわないようにするためです。火を止める1時間ほど前に加えましょう。通常は玉ねぎ2：ニンジン1：セロリ1といったスタンダードなミルポワ*で十分です。好みでセロリははぶいてもかまいません。

*ミルポワ
さいの目切りにした野菜や肉をバターで炒めたもの。

ペースト状で使うことが多いトマトは、酸味と甘みと香り、食欲をそそる茶色い色合いを加えてくれるユニークで便利な食材です。

ストックが完成したらストレーナーで漉してから、さらに小さな固形物をできるだけ取りのぞくために布で漉します。私はチーズクロス〔ガーゼ状の布〕のかわりに安いハンカチを買って、漉し布として専用に使っています。チーズクロスよりもハンカチのほうが上手に漉せるうえ、洗濯もできますから。

ストックを冷まします。蓋をせずに冷蔵庫に入れて完全に冷やしてください。表面に固まった脂肪の層を取りのぞいたら、しっかり蓋をして冷蔵庫か冷凍庫で保存しましょう。ゼラチン質の多いストックなら、すくってジッパー式ポリ袋に入れ、冷蔵または冷凍保存してもよいでしょう。

日常使いのチキンストック

鶏のローストを作って骨が余ったら、捨てずに、簡単な基本のストック作りに活用しましょう。このシンプルなレシピで作ったストックがあれば、一週間いつでも必要なときにすぐ使えます。世間には、ストック作りは大仕事で、たっぷりの時間の余裕があるときに腕まくりしてやるもの、巨大な鍋と山のような生の食材が必要、長時間鍋の面倒を見てあくをとり続け、漉さなければならない、という思い込みがあります。このせいでほとんどの人が損をしているのです。ストックを家庭で常備してもよいではありませんか。

できあがりの分量：約1リットル

ローストチキン1350～1800gからとった骨と残った肉（または鶏の一部を焼いたベークドチキン450～570g）
ニンジン　2本
スパニッシュオニオン〔→p33〕　1個
塩（あら塩またはコーシャーソルト）　適宜
＊必ずしもなくてもよいが、黒粒コショウ小さじ1、ローリエ1枚、パセリの枝、タイムの枝、ニンニク数片、ポロねぎ（または白ねぎ）の青い部分、トマトペースト大さじ1など、手元にあればどれを使っても（全部入れてもよい）完成したストックの味が良くなる

①2リットル鍋に入るように鶏ガラを切るか手でちぎり、骨がかぶるまで水を入れる。ごく弱火にかけて2〜6時間、温度が80〜90℃を超えないようにしながら煮る（沸騰させず、ふつふつ泡が立たないように）。
②残りの材料を入れ、弱火のままさらに1時間加熱する。別の鍋か1リットル入りの容器に漉して入れる。

＊注：朝食にローストチキンを作る人はあまりいないでしょうし、夕食後にストック作りを始めて完成するのが寝る直前という事態は避けたいでしょう。鶏の骨はビニール袋に入れて使うときまで冷蔵保存できます（冷凍してもよいのですが、それではこのストックの「日常使い」の意味が薄れてしまいます）。私はいつもローストチキンを作った夜に、片づけをしながらストック作りを始め、1〜2時間後に火を止めて、蓋をせずにレンジの上に置いておき、次の晩に仕上げをします。ストックを再加熱し、野菜を加えたら、1時間後に完成して漉せるまでになります。

伝統的なチキンストック

チキンストックは、味がよくお値打ちです。安く作れて、好みの濃さにもよりますが短時間でできるからです。豆類や穀類を炊くスープにもよいですし、いろいろなスープのベースとしても優れています。すべてのストックに通じますが、おいしさのコツのひとつは加熱温度を抑えめにすることです。

できあがりの分量：約1リットル

生の鶏の骨　900g
水　1350g
玉ねぎのみじん切り　220g
ニンジンのみじん切り　110g
セロリのみじん切り　110g
ローリエ　1枚
粒コショウ　小さじ1（まな板で砕いておく）
タイム　2〜3枚
パセリ　2〜3枝

ニンニク　2〜3片
トマトペースト　大さじ2

①6リットル入る寸胴鍋が適しているが、それがなければ適当な大きさで骨がかぶるくらいの鍋に水を入れる。強火にかけて水を軽く煮立たせ、表面に浮いてきたアクやタンパク質の固まりをすくい取る。弱火にして4時間煮る（もしくは95℃未満、理想は80〜90℃に予熱したオーブンに移す）。
②残りの材料を入れる。ここでストックの温度が下がるので、もう一度軽く煮立たせる直前の80℃くらいまで加熱し、さらに45分〜1時間煮る。ストレーナーに通してから、さらにふきんで漉す。

子牛のストック

子牛のストックはブラウンでもホワイトでもかまいません。ローストした肉と骨で作るストックがブラウン、ローストしていない肉と骨で作ったストックがホワイトです。ゼラチンが豊富でくせのない味であることから、厨房で最も用途が幅広く使い勝手のよいストックです。肉も骨もそれ自体に強い味がないので、何と組みあわせても味を引き立ててくれるのです。若い動物の骨なのでコラーゲンが豊富に含まれており、コラーゲンが分解して変化したものがゼラチンですが、このゼラチンが完成したストックの重みを作っています。ブラウンストックはブレゼ（蒸し煮）〔注→p48〕に使う液体として最高です。ビーフシチュー、オッソ ブーコ〔子牛の骨付きすね肉の煮込み〕、ラムシャンク〔子羊の骨付きすね肉〕、ショートリブ〔牛の肉バラ肉〕は子牛のストックで煮ると天下一品。子牛のストックはスープに深みと複雑さを加え、半量に煮詰めればストックに入れた食材の個性をまとって、即席ソースのベースになります。魔法のようなストックなのです。

できあがりの分量：約1リットル

肉がたくさんついた子牛の骨と関節　900g（8cmにカットしてさっと茹でるかローストしたもの、手順は下記参照）
水　約1350g
ポロねぎ（または白ねぎ）　220g

玉ねぎのみじん切り　220g
ニンジンのみじん切り　220g
セロリのみじん切り　220g
ニンニク　5片
トマトペースト　大さじ2
タイム　4～5枝
パセリ　4～5枝
ローリエ　1枚
黒粒コショウ　小さじ1（小型のフライパンの底で砕いておく）

①加熱処理した骨と水を鍋に入れて、小さな気泡が出る状態に煮立たせる。火を弱めて湯が煮立つ直前の約80℃にするか、蓋をせず90～95℃に予熱したオーブンに鍋ごと入れて、約10時間煮る。
②残りの材料を加えて再び煮立つ直前の状態まで温度を上げ、さらに1時間煮る。ストレーナーに通して骨と野菜を取りのぞき、ふきんかチーズクロスで漉す。p117の「ルムイヤージュ」も参照。

子牛のホワイトストックの下ごしらえ
肉がたくさんついた子牛の骨　900g（5～7.5cmにカットする）
水　1350g
①大きな鍋に骨と水を入れ、強火で沸騰させる。
②骨を引き上げて冷水にさらす。

子牛のブラウンストックの下ごしらえ
肉がたくさんついた子牛の骨　900g（5～7.5cmにカットする）
植物油　適宜
①オーブンを230℃に予熱する。骨が重ならずに入る大きさのロースト用鉄板か天板に軽く油をひく。
②オーブンで子牛の骨をローストする。時々引っくり返しながらおいしそうな茶色の焼き色がつき香りがしてくるまで、約45分間焼く。重量が1/3ほど減る。この骨で作ったストックは格別の味。

column　ルムイヤージュ

「ルムイヤージュ」を作れば同じ子牛の骨をさらに無駄なく活用できま

す。

ルムイヤージュとは、最初にだしを取った後の子牛の骨を再利用して作ったストックのこと。「ルムイエ」は「もう一度水に浸す」という意味の仏語です。使った骨を水でゆすいできれいな鍋に戻し、かぶる程度の水を注ぎます。ストックの味は最初のものより薄くなりますから、ひたひたにかぶる水の量にするのがベストですが、それでも味はしっかりつきますから二度目の手間をかける価値はあります。6〜8時間煮てください。最後の方で生の香味野菜を加えてもよいでしょう。通常の作り方と同じようにストレーナーに通して、最初にとった子牛のストックに足します。そのまま使ってもよいですし、煮詰めて味を濃くしてもよいでしょう。

ビーフストック

ビーフストック（牛のストック）も子牛のストックと同じ作り方です。

水3：骨2の配合で、骨のゆで方やローストの方法も同じ、火を止める1時間前に野菜を加えます。骨に十分な肉が残っていることがポイントです。骨だけ使うとストックがビーフ味ではなく骨の味になってしまいます。ですから総重量の少なくとも1/3は肉でなければなりませんし、肉を追加して補う必要があるかもしれません。価格の安い部位、シャンク（すね）やラウンド（もも）のように固めであるほど適しています。私は骨をローストせずにゆでるホワイトストックのほうが好きですが、お好みでローストしてもかまいません。

魚のストック

魚のストックには白身魚——カレイ、鯛、スズキ、舌平目、タルボット（イシビラメ）——の新鮮な骨を使います。雑味のない味にするためには、頭、尾、血管、ヒレ、皮を取りのぞき、残った血液を抜くために水につけ、一晩冷蔵庫に置くのがベストです。基本の魚のストックは3：2の比率でよいのですが、水を少なめにしてもいいでしょう。まず香味野菜をじっくり炒めてから骨を加えて炒め、それから水とハーブを加えて少しずつ温度を上げていきます。他のストックにもまして、沸騰させないことが大事です。魚のストックの調理時間は全体で1時間足らずです。

魚のフュメ

フュメとは、白ワインを使った繊細で香り高いストックです。フュメを作るには、骨を一晩水につけて、玉ねぎ、ポロねぎ、エシャロット、フェンネル、そしてお好みでマッシュルームのような甘みのある白い野菜を使い、水は材料がちょうどかぶる程度、かなり少なめにします。

できあがりの分量：約3 1/2カップ（700㎖）

玉ねぎ　220g（薄切り）
フェンネル　110g（薄切り）
ポロねぎ（または白ねぎ）　110g（薄切り）
キャノーラ油　大さじ1
白ワイン　1 1/5カップ（240㎖）
魚の骨　900g（頭、尾、ヒレ、皮を取りのぞいた量。水に一晩つける）
パセリ　小さめの1束
タイム　小さめの1束
ローリエ　1枚

①油をひき、玉ねぎ、フェンネル、ポロねぎがしんなりするまで、ただし焦がさないように中火で炒める。白ワインを加え、ワインのアルコール分が飛ぶまでさらに加熱する。目安は鍋のにおいをかいでみて、アルコールのつんとした刺激がなくなるまで。魚の骨を加え、透明感が出てくるまで弱火で加熱する（鍋に蓋をしてもよい）。
②材料がかぶる程度の水と残りの材料を入れ、火を強めて温度を上げ、ふつふつと煮立つ直前で火を弱める。30分間煮て火から下ろし、5分間おく。通常のストックと同じように漉す。

野菜のストック

野菜のストックは甘みがあり、やさしく香りゆたかです。どんな野菜でも使えますが、特別な味にしたいという意図がないなら、玉ねぎ、ポロねぎ、ニンジンなどの甘みのある野菜にしてください。ポロねぎは野菜のトックに重みをつけてくれるので特におすすめです。野菜のストックをとるのに、セロリはおすすめしません。くせが強すぎてストックの味が負けてしまいますし、甘みがなく、時として辛みがつきすぎてしまうからです。トマトは色、味、甘み、酸味を加えてくれます。薄い色にしたければトマトは入れずにおきましょう。マッシュルームを入れると、他の野菜にはない風味と旨味(うまみ)が出ます。

最初に野菜を炒めることによって野菜の味が引き出されます。ローストすると、ストックがさらに複雑で面白い味になります。野菜の切り方を細かくするほど火の通りが早くなり、味が出やすくなります。味を濃くしたければ水分量を25%減らすか、できあがったストックを好みの濃さになるまで煮詰めてください。どのようなストックを作るかは、どんな料理に使いたいかにもよります。豆やリゾットを炊くのであれば、さらに煮詰めることになるので、ストックは薄めがよいかもしれませんし、スープのベースにするのであれば濃いめがよいかもしれません。こうした要素を考慮しながら、野菜のストックの作り方を決めてください。

できあがりの分量：約1.4リットル

玉ねぎ　220g（みじん切り）
ポロねぎ（または白ねぎ）　220g（みじん切り）
ニンジン　220g（みじん切り）
フェンネル　110g（みじん切り）
マッシュルーム　110g（白または茶色。かさの内側のひだはこそげおとし、みじん切り）
トマトペースト　大さじ2（またはプラムトマト2個のみじん切り）
水　1320g
パセリ　小さめの1束
タイム　小さめの1束
ローリエ　1枚
塩（あら塩またはコーシャーソルト）　適宜（ストックの使い道によって、なくてもよい）

①塩以外の材料をすべて入れ、ふつふつと煮立つ直前の80℃まで加熱して1時間煮る。
②塩少々を加えてストックをかき混ぜ、味をみる。軽く味がつく程度、はっきり塩とわかる味にならないようにする。ストレーナーに通してか

ら、布で漉す。

野菜を大さじ2の植物油で中火にかけ、しんなりして水分が出るまで炒めてから水を加えるやり方もあります。こうするとストックの味が濃くなります。中温のオーブンで野菜をローストしたり、フライパンで焦げ目をつけたりすると、複雑な甘みが増して色も濃くなります。こうした方法で作る場合、トマトは最初の加熱時に加えても、水を入れてから加えてもかまいません。ハーブと塩は必ず水を入れた後に加えてください。塩で味つけをするのは火を止める間際です。

ストックの保存と利用法

ストックはラップで覆うかジッパー式ポリ袋に入れて、冷蔵庫なら約1週間、冷凍庫なら1ヵ月間以上保存できます。保存期間はどれだけしっかり密閉できているかによります（いずれは庫内のにおいがついてしまいます）。

手元に良質なストックさえあれば、あっという間においしいスープやソースができます。それも一品だけではなく無限に使えます。ストックがあるならもちろん、いちばんのおすすめはそれを主役にすることです。ストックをメイン材料にした料理とは、つまりスープです。基本の澄んだスープ作りのテクニックと、トッピングのヒントをp123に紹介しました。ストックで食生活をレベルアップする方法を、ここでもう少し紹介しましょう。

▶全粒穀物と豆類を薄めたストック（ストックと水を半量ずつ）または薄めずに、そのままのストックで煮ます。玄米、白米、小麦粒、挽き割り小麦、白豆、レンズ豆、ひよこ豆など。

▶ストック360gを半量になるまで煮詰めれば、すばらしいソースのベースになります。スープと同様に、エシャロットなど甘みのある香味野菜とハーブのみじん切りを加えるとおいしいソースになりますが、白ワインか、マスタードとバターを加えて、よりゆたかな味わいにすることもできます。スラリーかブールマニエ（p141）でとろみづけをします。

▶穀物や豆類を炊くスープとして、ストックにまさるものはありません。その場合も、甘みのある香味野菜を加えるとおいしさが増します。玉ねぎとニンジンに塩を加えて、オーブン対応の鍋で炒めます。別の鍋に油をひき、鶏か鴨の脚に焼き色をつけます。これを炒めた野菜に加え、鶏または鴨が2/3かぶるまでストックを注いで、ふつふつと煮立たせ、150℃のオーブンに移して1時間ほど、やわらかくなるまで加熱します。皮がパリパリになるようにグリルし、ソースとたっぷりのヌードルを添えて出します。さらに飾りとして煮汁にトマトかマッシュルームを加えます。

▶子牛のストックを使って、ショートリブ〔牛の内バラ肉〕やポットロースト〔塊肉をじっくり煮込む料理〕を同様の方法で煮ます。

▶魚のストックはビスクのベースとして最高です。とろみをつければクリームスープにもなります（p136）。また魚のストックは何かを煮るためのスープとしても優秀です。身のやわらかい魚をフライパンで数分間軽く煮てから引き上げ、強火にしてストックを煮詰め、ハーブとレモン汁とバターを加えてソースにします。とろみづけにはp141のブールマニエを加えます。

とにかく、既製品のスープの素より手作りのストックを使ったほうが何でも味が良くなりますし、手元に良質なストックがあれば何でもおいしくならないわけはないのです。

澄んだスープとコンソメ

澄んだスープは、手作り料理の中でもいちばん簡単で、いちばん満足感が高く、栄養価の高い料理のひとつ、この言葉に尽きます。ただし良質なストックがあればの話です。良質なストックが決め手です。香り高いストックがなければ、ありったけの良質な材料を足して、缶か箱入りのスープの素の臭（くさ）みを隠すために手を尽くすはめになります。しかしまずいスープの素に良質な材料を入れたいですか？それならむしろおいしくするための材料を水に入れたほうが賢明ではないでしょうか。液体はスープの具もトッピングも、溶け込んだ香り高い味わいも含め、味を伝える道具です。缶入りスープの素でスープを作るのは、本物のおいしい料理を趣味の悪い銀食器で出すようなもの。オニオンスープのようなシンプルなスープでも、缶入りスープの素より、ただの水を使ったほうがよいのです。ストックを作ることは難しくありません。手順、調理のプロセスがひと手間増えるだけです。スープを作りたいと思ったら、まずストックから作ってください（p114「日常使いのチキンストック」）。

ストックがあれば、スープは約5秒で作れます。具は手元にある何でもかまいません。乱切りしたトマト、トウモロコシ、豆、パスタか米、クルトン（クルトンは1日経ってしまったパンにうってつけの活用法で、オリーブオイルをまぶして焼きます）、ホウレンソウかエンダイブ*、ソーセージか鶏肉のぶつ切り、そして生のハーブはどんなスープにもよくあいます。私は熱くしたボウルに生卵を落として、そこへ熱々に煮えたスープを注ぐのが好きです。白身は数分で火が通りますし、黄身はつぶすとスープをリッチにしてくれます。味つけは塩と挽きたての黒コショウ、カイエンペッパーかエスプレットペッパー〔フランス、エスプレット村の特産唐辛子〕などの唐辛子、トッピングによっ

*エンダイブ

ては、クミンとコリアンダーや、シラチャーソース〔チリソースの一種〕、タイカレーペースト、ジャークシーズニング〔オールスパイスをベースにブレンドしたジャマイカの香辛料〕、パルミジャーノ・レッジャーノ・チーズでもよいでしょう。

スープとは単純にいえば、具を漉さずに、足したストックです。日常使いのチキンストック（p114）を1クオート（約950mℓ）〔正確には1クオート＝946mℓ〕使うとすると、まず玉ねぎやニンジンのような甘みのある野菜を1 1/5カップ炒めて、塩を多めのひとつまみ分加え、透明になるまで加熱します。ここへストックを加えます。さらに入れるのであれば追加の具としてヌードル、野菜、一口サイズに裂いた残り物のチキンを加えれば、美味なスープができあがります。しかし玉ねぎとニンジンだけのプレーンなスープもおいしいものです。生の具を加える際はスープが完成するまでに完全に火が通るようにタイミングをはかってください。たとえばジャガイモと一緒に、エンダイブやホウレンソウのような葉物を入れるのであれば、葉物を入れるだいぶ前にジャガイモを入れます。葉物はすぐ火が通るので最後でかまいません。スープは残り物の上手な活用法です。おいしいバゲットのようなカリカリした歯ごたえのあるものにバターを添えて一緒に出せば、一食分のできあがりです。

これを覚えれば、スタンダードな、あるいは一般的な味のペアリングに従って、いくらでも工夫できます。どんなバリエーションも、まずはストック950mℓ（約1クオート）につき角切りした玉ねぎ3/5カップと角切りしたニンジン3/10カップを炒めるところからスタートします。お好みで角切りしたセロリ3/10カップも加えましょう。

▶コーントルティーヤのスープ

ニンニク2片のみじん切りを、炒めた玉ねぎ等の野菜に加えます。そこへストックと、トウモロコシ2 2/5カップ、加熱用トマト2個の角切り、火を通してから裂くか細切りにしたチキンを加えます。ふつふつと煮立たせてから味をみてととのえます。角切りにしたアボカド、ライムの搾り汁、カイエンペッパーかチポトレパウダーを少々、細切りにして揚げたコーントルティーヤ、ちぎったコリアンダーの葉を上に飾ります。

▶白豆とソーセージとエンダイブのスープ

ルースソーセージ〔腸詰めされていない、ソーセージの中身〕またはスライスしたソーセージ455gを炒めてから、玉ねぎとニンジンを加え、透明になるまで炒めます。その間に鍋に塩をひとつまみ分入れます。ソーセージから脂がたくさん出たら取りのぞいてください。ストックとゆでた白豆1 1/5カップを加え、温めたら、再び塩とコショウと必要に応じてレモン果汁で味をととのえます。細切りにしたエンダイブ多めのひとつかみを入れてかき混ぜ、しんなりするまで火を通します。カリカリに焼いたバゲットか塩とオリーブオイルを添えたチャバタと一緒に出しましょう。このスープには、ガーリックソーセージ（p154）がよくあいます。ガーリックソーセージを使わない場合はニンニク数片のみじん切りと玉ねぎを加えてください。

▶カレー味のイエロースプリットピーススープ

玉ねぎ、ニンニクと、生姜（しょうが）のすりおろし小さじ2を、玉ねぎが透明になるまで炒めます。途中で塩小さじ1/2を加えてください。カレー粉大さじ1、クミンとコリアンダーとターメリック各小さじ1、カイエンペッパー小さじ1/2を加え、スパイスに熱が通るまで炒めます。ストックとイエロースプリットピース〔半割の黄色エンドウ豆〕1 1/5カップを加え、豆がやわらかくなるまで煮ます。コリアンダーの葉をのせ、レモンの搾り汁をかけます。パッパダム（揚げたひよこ豆のチップス）を添えて出します。レンズ豆を使ってもおいしくできます。

▶野菜スープ

玉ねぎとニンジンをじっくり炒めてから、ニンニク2片分のみじん切りを加えて火を通します。細切りにしたポロねぎ（または白ねぎ）の白い部分のみを1本分加えて、じっくり炒めます。野菜のストック950mℓを加え、角切りにしたカブ、角切りにしたセロリ、種を取りのぞいて乱切りしたトマト3/10カップと、トウモロコシ1本からはずした身を加えます。1皿につきタイムの葉か、ちぎったパセリの葉小さじ1/2を飾ります。カリカリのフラットブレッド（p34）と一緒に出しましょう。

▶牛肉入りグリーンカレースープ

グリーンカレーペースト大さじ1を炒めて軽く火を通し、玉ねぎとニンジンを加え、塩で味つけしてじっくり炒めます。牛肉のスライスまたは角切りを455g加えます。肉は外側の脂肪を取りのぞいたチャックロースト〔肩肉の塊〕など、安くて適度にサシの入った切り身を使ってください。肉の色が変わるまで炒めてから、ビーフストック3 3/5カップ（720mℓ）、ココナッツミルク1 1/5カップ（240mℓ）、皮をむいて角切りにしたジャガイモ1 1/5カップを加えます。ジャガイモがやわらかくなるまで加熱します。サーブする直前に小口切りしたスカリオン〔写真→p98〕とコリアンダーで飾ります。

コンソメ

12：3：1：1

ストック　肉　ミルポワ　卵白

ストックの完成形

手塩にかけたストックをさらにおいしくし、味をきわめたいというあなた。この手間と時間の結晶に職人技を施して、澄みきった深くリッチな味わいの、ストックの完成形に進化させるには？　そこで料理人は、これが作れたら料理人冥利に尽きるという一品、コンソメスープに腕をふるうのです。

コンソメは蒸留水に見えるほど完璧に澄んだスープです。スプーンにすくえばスプーンの底がきらめくはずです。そのあまりの透明感から、4リットル鍋の底に沈めた硬貨の日付が読めるといわれています。ストックの完成形です。

レストランでコンソメスープが出されるところをあまり見かけないのは、手間がかかるのとコンソメの誤ったイメージ——何年ぶりかで会う高齢でお金持ちの親戚とランチを共にするときに出てくるような料理だというイメージ――のせいです。これは残念なことです。目も舌も喜ばせてくれる、なによりも作って楽しい料理なのに。料理人にとってこれほど作りがいのある料理はありません。

いちばん最近コンソメを作っているところを見たレストランは、本格的なフランス料理を教えるとともにサーブしてもいるカリナリー・インスティテュート・オブ・アメリカ（CIA）のエスコフィエ・ルームでした。厨房責任者と講師のアシスタントを務めていたのはフランク・ジャービ。彼は1年間にわたって週2回のコンソメ作りを担当していました。ジャービはコンソメに愛情を注いでいました。味見させてもらいましたが、見事な出来ばえでした。「秘訣は？」と、私はたずねました。

「そりゃあ配合だよ」がジャービの答えでした。そしてすらすらと比率をそらんじてみせました。ストック5クオート（約4750mℓ）、肉3ポンド（約1350g）、ミルポワ1ポンド（約450g）、トマト10個、卵白10個分。

ストックに透明感を出す働きをするのは卵白です。卵白と肉が固まって一種のフィルターを作り、ストックを濁らせる小さな固形物をキャッチしてくれるのです。「クラフリフィケーション〔the clariication。「清澄化するもの」の意〕」、固まってからは「ラフト〔the raft。「いかだ」の意〕」と呼ばれるこのフィルターは味もキャッチしてしまいます。クラリフィケーションに肉と野菜とハーブも入れる必要があるのはそのためです。ラフトができたら、ストックを静かに煮立たせて風味を移し、クラリフィケーション（清澄化）のプロセスを進行させます。その後、レードル〔玉杓子〕ですくうか、コーヒーフィルターに通してそっと漉します。これがコンソメです。

私が初めてコンソメの作り方を習ったのがCIAでした。ですからここで紹介する比率はこの学校で今でも教えている配合におおむね基づいています。ただし肉の量を少々減らし、卵白の量を増やして、少量作るのに最も適した配合にしています。

何のストックを使ってもできるコンソメ

コンソメの比率（12：3：1：1）を別の形に言い換えれば、ストック4：肉1、液体1 4/5カップ（360mℓ）につき卵白1個分となります。いうまでもありませんが、味を濃くしたければ肉と野菜の量を増やしてください。スパイスすなわちローリエ、タイム、パセリ、粒コショウを足すのもおすすめです。味と色に深みを出すなら「オニョン ブリュレ」（玉ねぎを半分に切って平らな面をフライパンか鉄板でしっかり焼き色がつくまで焼いたもの）もよいでしょう。

できあがりの分量：約1リットル

ストック　1320g
赤身の挽肉　330g
卵白　110g（卵3〜4個分）
ミルポワ　110g（玉ねぎ55g、ニンジン27g、セロリ27gを各々刻む）

①材料をすべてあわせて加熱する。最初のうちは先が平らな木べらで鍋の底や隅々までさらうようにしてたえずかきまわす。卵白が鍋底にくっつくと焦げつくため。ふつふつと煮立ってラフトができたらすぐ火を弱め、静かな対流がラフトを通るようにする。1時間、穏やかに煮立った状態にする。
②鍋を火から下ろす。コンソメを入れる容器の上にストレーナーを載せ、コーヒーフィルターを置く。ラフトをなるべく壊さないようにしながら、スープをレードルですくってコーヒーフィルターに注ぐ（コンソメの量が多い場合はサイフォン式で鍋から移すとよい）。表面の脂肪はすべてすくい取る、もしくはペーパータオルで表面をなでて脂肪を取りのぞく。コンソメは冷やしておき、食べる前に再加熱して使う。

細かく角切りにしてゆでたニンジン、玉ねぎ、ポロねぎ（または白ねぎ）、セロリ、生のハーブ、薄切りにしたマッシュルーム、トルテリーニ〔詰め物をしてリング状にしたパスタ〕、サイコロ状に切ったカスタード〔固めに作ったカスタードはいろいろな形に切ってコンソメスープに入れることがある〕。その他スープの具になる材料を入れます。ただし穀物はスープを濁らせるので気をつけてください。

チキンコンソメ

家庭に常備しているストックといえばだいたいチキンストックなので、コンソメに使うストックでまず選択肢に挙がってくるのはチキンストックが多く、またおいしいコンソメができるストックでもあります。味のよいコンソメはリッチで味わいゆたかなストックから始まります。コンソメの楽しみのひとつは具がよく見えるところですから、具の下ごしらえにも気を配りたいものです。たとえば、野菜は時間をかけて極小のサイコロ状に切りましょう。ここではエシャロット、ニンジン、セロリ、シイタケを使いますが、他にも小さな角切りにした鶏肉や、生のハーブ、レモンの皮、オルゾー〔米粒大のパスタ〕、パルミジャーノ・レッジャーノまで何でも具になります。コンソメは2～3日ならしっかり密閉すれば味が変わらず澄んだ状態で保存できます。

できあがりの分量：1皿110gで8人前

コンソメ：
卵白　110g　(卵3～4個分。軽く泡立てる)
ミルポワ　110g (玉ねぎ55g、ニンジン27g、セロリ27gを各々刻む)
鶏肉　330g (できれば骨、皮、脂肪を取りのぞいたモモを、グラインダーかフードプロセッサーで挽いたもの)
チキンストック　1320g
お好みで：プラムトマトの乱切り、タイム、パセリ、黒粒コショウ (砕く)、ローリエ

具：
ニンジン (細かい角切り)　大さじ1 1/2
セロリ (細かい角切り)　大さじ1 1/2
シイタケ (焼いた後で薄切り)　4個
エシャロット (細かいみじん切り)　大さじ1

①コンソメの材料をすべて幅が小さくて深い鍋、できれば直径より丈の高い鍋に入れる (幅広の鍋はクラリフィケーションが広がってしまい、煮ている間に量が減りすぎてしまう)。材料をかきまわして卵白を分散させる。強火にかけて先が平らな木べらで、卵白がくっついて焦げつかないように底をさらうようにしてかき混ぜる。温まるとタンパク質が固まって表面に浮いてくる。底に何もこびりつかないように、やさしくかきまわしつづける。ふつふつと煮立ったら、固形材料がまとまって円盤状ないしいかだ状 (ラフト) になる。ラフトができ始めたらかき混ぜる手をとめ、まとまるのを待つ。

②ストックが沸騰する前に火を弱め、ラフトを通って対流が鍋の表面と底をめぐる状態を保つ。この段階でストックがどれほど澄んでいるかを目で確認できる。ふつふつと細かい気泡が出ているこの状態で45分～1

時間煮る。ラフトが壊れてしまうので、沸騰させないようにする。

③完成したら、コンソメをレードルですくってコーヒーフィルターをかぶせたストレーナーに通す。完璧に澄んだ状態になっているはず。味見をして、必要なら塩を足す。すぐに温めて具（下記参照）を配分しておいた深皿によそって出す。またはラップで密閉して冷蔵庫で冷やしておき、温めなおして出す。

具の下ごしらえ

①ニンジンとセロリを一緒に沸騰している湯に20秒入れさっとゆでてから、ざるに上げて流水で完全に冷やす。

②小さなフライパンに油小さじ1をひいてシイタケを強火で裏表1分ずつ焼く。ペーパータオルに上げて油を切り、薄切りにする。

③エシャロットとニンジンとセロリをあわせる。

ルー、スラリー、ブールマニエ
デンプンでとろみをつけたストック

ストックは、澄んだフレッシュなスープを作る場合以外は、それ自体が完成品ということはほぼありません。リゾットや乾燥豆を炊くスープとして別の料理のバックグラウンドになったり、クリームスープやピューレスープやソースのように質感と味を変えて料理の主役になったりします。ストックのとろみづけとして一般的かつ便利なのはデンプンを使う方法で、デンプンには小麦粉と、コーンスターチのような純粋なデンプンがあります。方法としては、ルー（小麦粉と油脂を炒めたもの）、ブールマニエ（小麦粉とバターを生のままあわせたもの）、スラリー（純粋なデンプンを水とあわせたもの）の3つがあります。それぞれに質感と使い方が異なります。

デンプンの小さな粒子は、加熱されて膨張し糊化（こか）することによって液体にとろみをつけます。水を吸収してデンプン粒子を液体の中に放出し、網目（メッシュ）を形成して、水が動き回れないようにするわけです。この作用がうまく起こるためには、デンプン粒子が油脂（ルー、ブールマニエ）か水（スラリー）で分離されていなければなりません。

デンプン粒子をルーやブールマニエやスラリーという形で分離させたら、その混合物を液体に加えて、デンプンがとろみづけとして働けるように温度を上げます。ルーはある程度火を通し、ストックとあわせてから表面をすくうと仕上がりがよくなります。ブールマニエとスラリーは普通は完成間際、食卓に出す直前に使う（ア・ラ・ミニュット）とろみづけ法です。スラリーは、コーンスターチで作ったものは特に、小麦粉ベースのとろみづけより早く分解してしまうので、長時間の加熱や繰り返しの加熱に耐えなければならないスープやソースのとろみづけには使いません。

ルー

3:2

小麦粉　油脂

とろみづけ

10:1

液体　ルー

ルーとは小麦粉を乳脂肪で炒めたもので、スープやソースのとろみづけとして優れています。小麦粉の粒子が、脂肪の層によって分離され、ある程度火の通ったところでさらに加熱されると、ふくらんでデンプン粒子を放出し、ソースにとろみをつけます。ルーはとろみづけとして過小評価されていますが、ストックを非常に滑らかにまとめてくれます。ルーといえば伝統的なフランス料理の重たいソースというイメージがありますが、正しいテクニックを使えば、ルーでとろみづけしたソースは軽くて洗練されたものになります。チャウダーを作るために炒めたベーコンと野菜に小麦粉を加えたことがありますか？ もしあるなら、あなたはそのときルーを作っていたのです。ルーは食感を変えるだけでなく、加熱時間によって味と色もつけてくれます。加熱時間が長く

なるにつれ、白（ブロンドとも呼ばれる）から濃いブラウンへと色と味の深みを増していきます。まだ白くても軽く焼いたパイ皮のようなにおいがし始めたら火が通っており、さらに炒めつづければ色が濃くなりナッツのような香りがしてきます。ルーの色で気をつけておきたいことが2つあります。ルーを炒めすぎたり加熱が急だったりすると焦げて苦くなってしまうことと、炒めるほどとろみづけの力が弱まることです。ナッツの香りがしてブラウンになるまで炒めたルーは白いルーに比べてとろみづけの力がおよそ半分になります。

＊ヴルーテソース
ヴルーテ（velouté）は仏語で「ビロードのような」の意。「ソース」を付けず単に「ヴルーテ」とも呼ぶ。

小麦粉を炒めるのに使う油脂の種類は大事です。正式には、ルーは小麦粉と澄ましバターで作ります。植物油でも作れますが、香りが出ません。ラードで作れば香りが出ます。家庭では、特に少量作る場合、小麦粉と非発酵バターを重量比で1：1にして使ってもかまいません。小麦粉を加える前にバターから出た水分を少し蒸発させるとよいでしょう（バターは約15%が水分です。水はデンプンを分解させ、ルーのとろみづけの力を弱める場合があります）。

3：2の比率で固すぎずゆるすぎないちょうどよい質感のルーになります。ルーもストックと同じように目分量で作るのがいちばんやりやすく、バターを溶かして水分を少々飛ばしてから、ペースト状になるまで小麦粉を少しずつ加えていきます。

＊ブラウンソース

ルーの使い方は簡単で、液体の中に泡立て器で混ぜ入れるだけです。先人から伝わる知恵として、冷たいルーを熱い液体に入れるか熱いルーを冷たい液体に入れると、ルーがダマになりません（ルーの使い方についてさらに詳しくはp136のクリームスープを参照）。

とろみづけの比率は白いルー（色は白、味は生の小麦粉が少々炒めた味に変わる程度に火を通したルー）を想定しています。ナッツのような濃いブラウンになるまで炒めたルーを使う場合は、倍量入れないと白いルーと同じ質感になりません。ルーのとろみづけ効果が出るのは早く、液体がふつふつと煮立つと同時に固まってきます。ですのでルーは出したい質感になるまで、少しずつ加えるのがよいでしょう。

＊ベシャメルソース
「ホワイトソース」の名でも知られる。

ルーでとろみをつけた具のないストックは、ヴルーテソース*（白いストックの場合）またはブラウンソース*（ローストした骨で作ったストックの場合）という古くからの名称でよく呼ばれます。この2つはベシャメルソース*（牛乳をルーでとろみづけしたソース）と並んで伝統的な高級フランス料理のマザーソースといわれるものです。一般的には家庭ではなくレストランでスープやソースのベースとして作られていますが、クラムチャウダーは実質的にヴルーテ作りと同じと覚えておくと役に立ちます。

失敗しないヴルーテソースのレシピ。ミルポワ〔注→p113〕220gをじっくり炒め、ストック1100gを加えてから火を強め、ふつふつと煮立ったらルー110gを混ぜ入れます〔ストック10：ルー1〕。もう一度煮立たせてから鍋を火の中心から脇に寄せ、あくをすくいながら粉っぽいにおいと感触がなくなるまで45分～1時間熱を通します。小麦粉が鍋底にこびりついて焦げないように、先の平らな木べらでよくかき混ぜてください。シノワか目の細かいストレーナーで漉します。完成したヴルーテソースをベースとして、炒めた具に加え仕上げにバターを添えればさまざまな派生ソースに展開できます。マッシュルームとクリームに加えればシュプレーム ソースに。エシャロット、ワイン、魚のだし汁、パセリでベルシー ソースに。そしてスープにもなります。

ブラウンソースは、ブラウンストックにきつね色になるまで炒めたミルポワで香りづけし、ヴルーテソースと同じようにルーでとろみをつけたものです。主にレストランで使われ、何十種類もの伝統的なソースのベースとなってきました。ボルドレーズ ソース*（赤ワイン、エシャロット、ハーブ、レモン、骨髄）、シャスール ソース*（マッシュルーム、エシャロット、ワイン、ブランデー、トマト、ハーブ）、あるいは単純にマッシュルームとエシャロットに加え、バター少々で仕上げるなど。今ではほとんどのシェフが煮詰めて水分を飛ばす方法をとるようになり、レストラン

*ボルドレーズ ソース。写真は牛肉のグリル ボルドレーズソースがけ

*シャスール ソース。写真はチキンシャスール

*デミグラスソース。写真はデミグラスソースを使ったビーフシチュー

*ナンテュア ソース。写真は手長エビのナンテュアソースがけ

▲写真のセロリのスープのようなクリームスープは、シノワ〔漉し器〕に通すと驚くほどリッチで口当たりのよい食感になる。

であまり使われなくなりました。ですが貴重なテクニックであることには変わりなく、家庭でこの手間をかければ最後にとろみづけする必要のない子牛のストックができます。炒めたエシャロットとワインとハーブにこれを加え、バター少々を入れればもうできあがり。伝統的なデミグラスソース*はブラウンソースと子牛のストックを容積1：1であわせて加熱し、ふつふつと煮立たせてから煮詰めます。これこそブラウンソースをさらにおいしくした高級版です。

ヴルーテソースとブラウンソースは家庭ではあまり出番がありませんが、その仲間の牛乳をベースとしたベシャメルソースは家庭で活躍します。ベシャメルソースはクリームスープ、パスタのクリームソース、食卓に出す直前に使う（ア・ラ・ミニュット）ソース――たとえば伝統的なクリームソース（クリームで仕上げる）やナンテュア ソース*（ザリガニのストック、ブランデー、カイエンペッパー、バターで仕上げる）――さらにはコールスローやポテトサラダのボイルド ドレッシング〔卵黄とバターを加えて加熱して作るドレッシング〕などのアメリカ料理の定番のベースとなります。脂っこくないのにリッチで、簡単に作れてお金もかかりません。ストックのかわりに牛乳を使うので、簡単このうえありません。私のお気に入りのソースです。牛乳にとろみをつけてベシャメルソースにするための比率はヴルーテソースと同じで、牛乳10：ルー1、つまり牛乳250g：ルー25g、液体750g：ルー75gとなります。玉ねぎやエシャロットなどの香味野菜で味つけし、ナツメグのような甘みのあるスパイスもよく入れます。

本書で紹介するレシピではクリームスープに使いますが、マッシュルームを使ったクリームパスタソースのベースにも、ラザニアやおなじみのマカロニ チーズ（すりおろしたチェダーチーズかグリュイエールチーズとパルミジャーノ・レッジャーノで仕上げてください）、あるいは「絶品ビスケットのソーセージ グレイビー〔ソーセージ入りの、肉汁を使ったソース〕添え」のベースソースにもぴったりです（ビスケットのレシピはp54、ブレックファースト ソーセージのレシピはp154を参照。ベシャメルソースにはたっぷりのカイエンペッパーを加えてください）。

クリームスープ
——小麦粉でとろみづけしたスープ

アメリカ料理で最もよく知られた、小麦粉でとろみづけしたスープといえばガンボ〔オクラ(gambo)を入れるスープ〕とチャウダー。フランスにはビスクがあります。ビスクとは甲殻類のストックをかつてはパンでとろみづけしたもの、今ではルーでとろみづけするのが一般的です。しかしどんなスープも小麦粉でとろみづけすると格別な食感が作りだせます。クリームスープはそのリッチさ、味わい、そして何といっても贅沢な食感で舌を喜ばせてくれます。夏なら冷たくして、冬には熱々で出すことができます。クリームスープの作り方はいろいろありますが、とろみづけにルーを使えば効率がよくしかもヘルシー。ルーでとろみづけしたスープは、たとえば野菜をクリームで煮るより脂肪分がはるかに少なくてすみますし、それでいてリッチさは損なわれないのです。

小麦粉大さじ1（バター大さじ1で炒める）で液体1 1/5カップ（240mℓ）のとろみづけができます。この比率は作りたい分量のストックや牛乳に応じて使えます。ルーは比較的安価なので多めに作っておいて、適度な食感になるまで足せるようにするとよいでしょう。

クリームスープの一般的な作り方は、ストックか牛乳をルーでとろみづけし、その中で野菜を煮てピューレ状にし、味をととのえてから、シノワで漉し、クリームを加えて、具の野菜をトッピングして出します。シノワとは目の細かいストレーナーのことで、洗練された贅沢な食感を出してくれる道具です。舌に残る食感にしたければ目の粗いストレーナーを使うか、あるいはストレーナーを使わなくてもかまいません。

原則として、刻んだ野菜1 1/5カップでストック1 1/5カップ（240mℓ）の味つけをします。スープ1 1/5カップ（240mℓ）の具には火を通し形を残した野菜約55gを使い、生クリーム30gを仕上げに使います。ですから覚えるのは簡単。小麦粉とバター各大さじ1、ストック1 1/5カップ（240mℓ）、野菜1カップ、生クリーム30gです（クリームスープの仕上げにはリエゾンという卵黄を加えた生クリームもよく使います。スープの食感がよくなります）。これから紹介するのはチキンストック（主に緑の野菜や鶏肉のスープ）や魚のストック（魚のスープとチャウダー）を使ったクリームスープと、牛乳を使ったクリームスープ（主に根菜のスープ）の一般的な作り方です。ブロッコリーとセロリを使ったそれぞれの例を、ひとつずつ紹介します。

液体のとろみづけにルーを使う際の大事な手順は、ソースから粉っぽい香りと食感を取りのぞくことです。そのために鍋を火の中心から脇に寄せ、対流を作り出します。対流によって小麦粉とストックに含まれていた異物が鍋の端にたまり、すくいとれるようになります。液体が煮えたら味見をし、パレットナイフになすりつけてみてください。粒々感がなくなり滑らかになっていなければなりません。ここまでに20～30分かかります。また、先の平らな木べらで時々ソースをかき混ぜ、小麦粉がフライパンの底にこびりついて焦げないようにすることも忘れないでください。

大量のソースのとろみづけにはルーが適しています。加熱によってルーの不純物がソースから抜け、他の方法では出せない色と味が加わり、皿の上で固まりにくいからです。しかし少量のソースのとろみづけには、ブールマニエかスラリー（p141）をおすすめします。家庭料理や、少量であれば、クリームスープ、ビスク、チャウダーにもルーが向いています。

緑色野菜のクリームスープ

緑色の野菜スープは、良質な軽いチキンストック（p114）があれば、簡単に作れ、おいしく栄養もたっぷりです。この方法で作る定番のスープは、ブロッコリースープとアスパラガススープですが、スナップエンドウやホウレンソウでもおいしいスープになります。レモン果汁か白ワインヴィネガーで味つけし、形を残してゆでた野菜を飾り、さらに色のメリハリとリッチさを加えるためにクレームフレーシュをトッピングします。

これから紹介するレシピはブロッコリー、アスパラガス、グリーンピース、スナップエンドウ（鞘ごと）、ホウレンソウ、セロリ、どれを使ってもおいしくできます。

できあがりの分量：4人分

バター　30g
小麦粉（準強力粉）　40g
玉ねぎ（刻む）　2/5カップ
塩（あら塩またはコーシャーソルト）　適宜
チキンストック　3 3/5カップ（720㎖）
野菜　450g（茎の上の部分も含めて刻む。飾り用にブロッコリーの房やア

スパラガスの穂先など110gはとっておく)
レモン果汁　適宜
生クリーム　85g
クレームフレーシュ　大さじ4(なくてもよい)

①バターを中火で溶かす。ふつふつと泡が立つ状態にして水分をある程度飛ばしてから(30秒ほど、焦がさないこと)小麦粉を加え、かき混ぜながら2分ほど、小麦粉から軽く香りが立つまで炒める。玉ねぎを加え、塩をひとつまみ分振って、1〜2分ほど玉ねぎを炒める。ストックを加えてふつふつと煮立たせる。小麦粉がくっついて焦げつかないよう、たえず鍋底をさらうようにかき混ぜる。
②ストックが煮立ったら、鍋を火の中心から脇に寄せ、静かに煮立った状態を保つ。鍋の温度が低い部分に集まった泡やアクをすくう。刻んだ野菜340gを加え、やわらかくなるまで煮る。この間も小麦粉が鍋底で焦げないようたえずかき混ぜる。スープをブレンダーに移して高速で2〜3分回し、ピューレ状にする(ブレンダーの蓋にタオルをかぶせてしっかり押さえ、隙間から熱い液体が飛び散らないようにする)。味見をして、必要に応じて塩を追加する。レモン果汁小さじ1〜2ほどを加え、再度ブレンダーにかけて味をみて、必要に応じて調整する。スープを漉してきれいな鍋か取り分け用の大きな器に入れ、生クリームを加え、とっておいた野菜(前記参照)で飾るか、すぐに冷やして、出す前に温めなおす。

飾りの準備
①大きな鍋に塩水(ブライン液の濃度、p173)を入れて沸騰させる。とっておいた野菜を好みの固さにゆでる。アルデンテくらいがよい。
②引き上げたら氷水にさらし、加熱が進むのを防ぐ。スープの用意ができるまでペーパータオルの上におき水分をとっておく。これを「ゆでて冷水にさらす」という。

緑色以外の野菜を使ったクリームスープ

ここで紹介するのはさまざまな種類の野菜——ビーツ、カリフラワー、セロリアック(根セロリ)、パースニップ、ジャガイモ、マッシュルーム、パプリカなどを使って、スープを作るテクニックです。冬ならば熱々を出せば満足感が高く、夏にも冷製にしてさっぱりといただける一品です。生クリームをたくさん使わないのに、とてもリッチな印象を与えます。冷やして出す場合は、塩とレモン果汁を心もち多めにして味つけするとよいかもしれません。もちろん、調味料のバリエーションを工夫すると、さらにおいしくできます。たとえばニンジンスープに生姜（しょうが）、マッシュルームスープにカレーパウダー、カリフラワースープにすりおろしたパルミジャーノ・レッジャーノをトッピングするなどです。作り方を一度覚えてしまえば、そこから本当の料理が始まります。温かいスープとして出す場合も、事前に作って冷やしておき、必要なときに温めなおせばよいでしょう。

できあがりの分量：4人分

小麦粉（準強力粉）　30g（大さじ3）
バター　40g（大さじ3）
玉ねぎ（刻む）　2/5カップ
牛乳　3 3/5カップ（720㎖）
塩（あら塩またはコーシャーソルト）　適宜
野菜（刻む）　450g（内110gはやわらかくなるまでゆでて冷まし、飾り用にとっておく。前記参照）
生クリーム　85g
レモン果汁または白ワインヴィネガー　適宜

①小麦粉とバターを中火で軽く炒め、玉ねぎを加えてさらに1～2分炒める。牛乳を加え、とろみがつくまでふつふつと煮立たせる。表面にできた膜はすくう。塩を適宜加える。このベシャメルソースに刻んだ野菜を加え、やわらかくなるまで煮る。
②ブレンダーを使ってスープをピューレ状にする（ブレンダーの蓋をタオルをかぶせてしっかり押さえ、隙間から熱い液体が飛び散らないように注意する）。味をみて、必要に応じて塩を追加したら、目の細かいストレーナーに通し、きれいな鍋または取り分け用の大きな器に移す。生クリームを加え、必要に応じてレモン果汁で味をととのえる。
③飾り用の野菜を電子レンジか熱湯で温めなおす。スープ皿に飾り用の野菜を取り分け、上からスープを注ぐ。

飾り用の野菜について——事前に火を通して冷やしておいてもよいです

し、スープを作っている間に準備してもかまいません。火の通し方はあなたがふだんおこなっている手順でかまいません。ほとんどの野菜はローストするかゆでることができます。マッシュルームとパプリカはローストするか炒めてください。

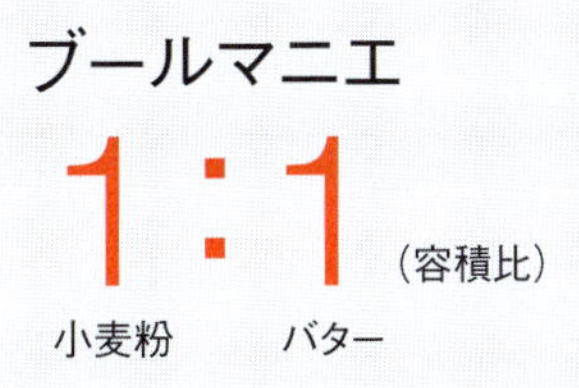

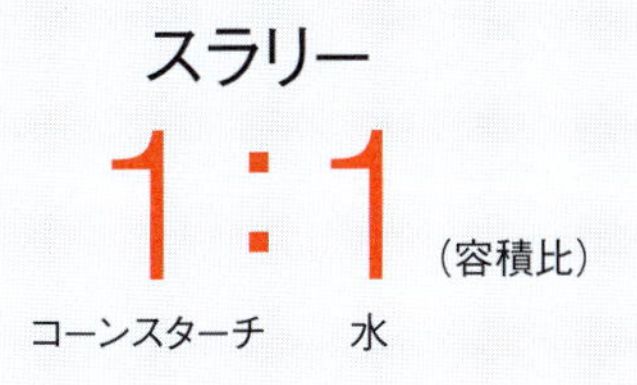

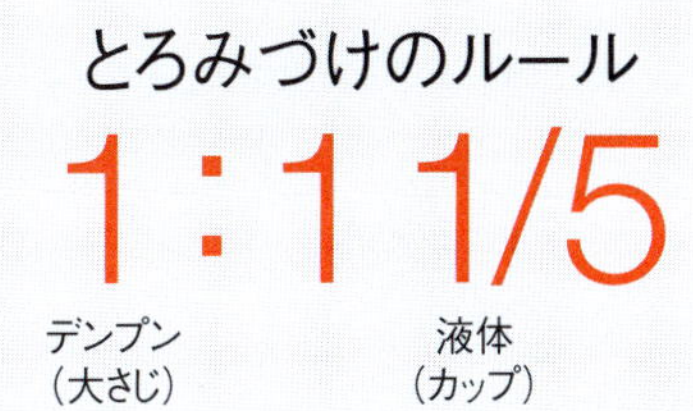

ブールマニエとは仏語で「練ったバター」という意味で、バターに同量の小麦粉をすりこんで練ったもの。少量のソースにとろみをつけながらリッチさも加える簡単で効果的な手段です。スラリーは純粋なデンプンと水をあわせたもので、こちらのほうが時間もかからず、広く使われているかもしれませんが、バターのリッチさや風味はありません。ブールマニエは、パン グレイビーという肉を調理した後フライパンに残った肉汁で作るソース、少量の食卓に出す直前に（ア・ラ・ミニュット）使うソース、肉のシチュー、魚のシチュー、魚の煮汁のとろみづけに特に向いています。

スラリーとは、コーンスターチやアロールート〔クズウコン由来のデンプン〕のような純粋なデンプンと水をあわせたものです。ソースのとろみづけに使いますが、スラリーでとろみをつけることを「リエ」といいます（ジュ・ド・ヴォー・リエとはスラリーでとろみづけした子牛のストックのことです）。スラリーは完成直前のとろみづけに適しており、特にソースのとろみづけに優れています。加熱を繰り返したり長時間加熱したりすると、とろみが分解してしまうので、ソースの「リエ」は出す直前にするのがおすすめです。スラリーはスープのような量の多い液体のとろみづけにも使えますが、スラリーでとろみをつけるとゼラチンっぽい不快な食感になることがあります。スープのとろみづけにはルーをおすすめします。

本書の黄金比のほとんどは重さで計量しますが、この項で取り上げている量の少ないものの場合はあまり現実的ではありません。むしろ容積で計量するほうが、スラリーとブールマニエ作りにはきわめて簡単です。また、とろみづけはたいてい目分量でおこないますから、とろみづけのルールは、小麦粉であれコーンスターチのような純粋なデンプンであれ、液体1 1/5カップ（240mℓ）に対してデンプン大さじ1で軽いソースの濃度のとろみがつくという目安程度に思ってください。

スラリーにあまりなじみのない方は黄金比を参考にしてください。しかし一般的には、スラリーは目分量で作り（ヘビークリーム〔乳脂肪分36%以上の生クリーム〕と同じ見た目と粘度にします）、原則として熱い液体に好みの濃度になるまで加えていくのがいちばんよいのです。とはいえ、コーンスターチ大さじ1をデンプン粒子が分離する程度の水と混ぜたものであれば、水1 1/5カップに中程度のとろみ濃度になります。

▲同量（容積）の小麦粉とバターを練ると、ブールマニエ（練ったバターの意）ができる。このペーストをソースに混ぜ入れると、とろみがつき、リッチさが加わる。

バター少々でおいしいソースのとろみを作るためには、私はブールマニエを使います。つまりほぼどんなソースにも使っているわけです。手元に魚のストックがあれば小さなフライパンを使い、ストックで魚の切り身を煮てから魚を取り出してブールマニエを混ぜ入れると、魚に添えるエレガントなソースになります（生のタイムかタラゴンを少々、またはレモンをひと搾りすると格段に味が上がります）。子牛のストックまたはビーフストックがあれば、マッシュルーム少々を炒めてストックに入れ、ふつふつと煮立たせてからブールマニエを少々——ストック3/5カップ（120mℓ）につき大さじ1を加えると、美味なソースになります。

ブールマニエの効果と万能ぶりを理解してもらうために、ここでは最もポピュラーな料理のひとつである、ローストチキンを選びました。そしてストックのベースに水を使う驚きを味わってほしくて、ストック作りのプロセスをソースの作り方に組み込んでしまいました。チキンを焼き終わって休ませている間の手順です。

料理において、質感は重要な要素です。ブールマニエは液体の質感を均等にし、料理に風味とジューシーさを加えることのできる方法のひとつ。小麦粉3/5カップにやわらかくしたバター115gをあわせ、小麦粉が完全に混ざるまでよく練って丸めてラップにくるみ、冷蔵庫に入れておけば必要なときに使えます。冷蔵保存なら1ヵ月、冷凍保存なら数ヵ月もちます。

フィーヌゼルブ ソースのローストチキン
スラリーまたはブールマニエの使い方レッスン

ここで紹介するのは、ごく基本的ですがエレガントなローストチキンの作り方です。シンプルでお金もかからないのでふだんの食事にもなりますが、華やかなので特別なゲストのおもてなしにもじゅうぶん使えます。

チキンをローストして休ませている間にソースの準備をする、この流れは私がいちばん好きな厨房での作業です。このサイズの丸鶏を焼くのに1時間かかるので、つけあわせを作る時間はたっぷりあります（マッシュポテトと、グリーンピースのバター炒めに塩とレモン果汁を振りかけたつけあわせが私の定番です）。

ここで紹介するソースの作り方で、私が特に気に入っている点は、チキンストックが不要で、水さえあればできることです。チキンを調理した鍋をそのまま使って即席のストックを手作りすることになります。もし先週使ったチキンの残りで作ったばかりのチキンストック（p114）があれば、もちろんさらにおいしくできます。

ソースの味の主役は、「フィーヌゼルブ（fines herbes）」というエレガントなミックスハーブ——パセリ、タラゴン、チャイブ、チャービルです。タラゴンとチャービルによるアニスの香りが強く出ます。チャービルは手に入らなければなくてもかまいませんが、タラゴンをはぶいてはいけません。もちろんタラゴンが嫌いでなければ、ですが。チャービルもタラゴンも入れない場合はパセリとチャイブだけ使ってください。ソースの仕上げとして細かく刻んだハーブ約大さじ1が必要ですが、ハーブの茎も数本とっておき、これはソースを煮ている間に加えます。

このサイズのチキンをローストするには、230℃以上の高温が最も適しています。オーブンが汚れていると、排気フードがない場合、キッチンに煙がこもってしまうかもしれませんが、美しい黄金色の皮のとびきりしっとりしたチキンには、それだけの価値があると思います。もうひとつのポイントは、チキンに、あら塩かコーシャーソルトをたっぷりまぶすこと。私はチキンのローストに中サイズの鉄鍋か、鶏がちょうど入る大きさのオーブン仕様のフライパンを使います。鶏が焼けた後に、フライパンに残った肉汁で作るパンソースを作るのにちょうどよいサイズだからです。

ソースの作り方は、フライパンにこびりついた皮や、鶏についていた首と砂嚢、焼けたチキンからとった手羽先と一緒にフライパンで玉ねぎとニンジンをまずワインで手早く煮ます。煮詰まってフライパンがパチパチといい始めたら、水を加えます。煮詰まる過程ですばらしい味が出てきます。ここで使うワインは、いわゆる料理用ワインではなく、飲んでおいしいワインを使うのが大事です。

ソースをきれいな小鍋に漉し入れ、再加熱してブールマニエ少々でとろみをつけ、仕上げにハーブを入れます。

できあがりの分量：4人分

ローストチキン　1羽（1350～1800g）
塩（あら塩またはコーシャーソルト）　大さじ1
バター大さじ1＋小麦粉大さじ1を練る（または、コーンスターチ大さじ1＋水大さじ1を混ぜたものでもよい）
フィーヌゼルブ（細かく刻んだパセリ、タラゴン、チャービル、チャイブ）大さじ1（ハーブの茎を数本とっておく）
黄玉ねぎ、または白玉ねぎ　中サイズ1個（薄切り）
ニンジン　大1本（薄切り）
白ワイン　1 1/5カップ（240㎖）
エシャロット　小さじ2（みじん切り）

①オーブンを230℃に予熱する。この温度になるまで最低25分は見込んでおく。
②鶏を洗って水気をとり、首とレバー以外の内臓は別にしておく（レバーは捨てるか、別の用途で使う）。鶏は縛って使う。料理用タコ糸を交差させて両脚を縛ったら、糸の両端を脚と手羽にひっかけて鶏全体にぐるっと回し、首のところで結ぶ。こうすると鶏がきれいに焼け、ソースを作っている間にうまく休ませることができ、しっとりした白い肉に仕上がる。絶対に必要というわけではないが、オーブンから出したときの焼け具合は確実によくなる。CIAで教えていたボブ・デル・グロッソによ

れば、縛らずに焼いた鶏は水分を失って10％も軽くなるそう。縛ることで鶏の空洞が閉じるため、空気の出入りが少なくなって、水分の蒸発が減る。鶏を縛らない場合は、空洞に玉ねぎ、半分に切ったレモン、ソースに入れる以外のハーブを詰めることをおすすめする。

③鶏にコーシャーソルトをたっぷりまぶす。全部で大さじ１ほど必要になる。塩の皮ができたように見えるくらいにする。鶏をオーブン仕様の鍋に入れ、オーブンで１時間焼く。ここでつけあわせと、ソース用の材料の準備をする。

④小さなボウルでバターと小麦粉をあわせ、均等に混ざってペースト状になるまで指で練り、これをソースの仕上げまで冷蔵庫に入れておく。もしくは、コーンスターチと水大さじ１を小さなボウルであわせて、ガスレンジの近くにスタンバイさせておく。

⑤パセリ、タラゴン、チャービル（使う場合は）の葉とチャイブの茎を、各々が小さじ１くらいの量になるだけ細かく刻む。刻んだら混ぜあわせる。パセリとタラゴンの葉のついた茎とチャイブの茎を数本ずつ残す。

⑥チキンを１時間焼いたらオーブンから出す。木べらかそのほかの道具で鍋から肉を引き上げ、鍋底にこびりついた皮はそのまま残しておく。鶏をまな板か皿に置く（休ませている間に肉から肉汁が出るが、これもソースに加える）。鍋を強火にかけて肉汁をある程度煮詰め、鍋底にこびりついた皮を２分ほど焦がす。鍋の取っ手が非常に熱くなっているので気をつける。丈夫な乾いたふきんをかぶせておく。

⑦チキンから手羽先をはずして鍋に加える。鍋の油脂を大さじ２だけ残して残りは捨て、再び火にかけて、玉ねぎとニンジンと残しておいたハーブの茎を加える。強火で約１分炒める。ワインを加えて煮詰め、先の平らな木べらで鍋底をこそげて、皮ときつね色になった肉汁をすべて集める。ワインが煮詰まって水分が飛んだら、鍋がパチパチといい始める。玉ねぎとニンジンとチキンを混ぜ、軽くきつね色になるまでさらに炒める。水約１カップを加え、煮詰める（お湯を使うとこのプロセスが多少スピードアップできる）。

⑧水を煮詰めているこの段階で、片手鍋に薄くひいたキャノーラ油かバターでエシャロットをやわらかくなる程度に軽く炒めておく。⑦の水分が飛んで鍋がパチパチといい始めたら、水240㎖とチキンの肉汁を加える（胴から脚を離すと肉汁がさらにとれる）。１分間ほど煮立たせてから、エシャロットの片手鍋に漉し入れる。ソースをふつふつと煮立たせてブールマニエを加え、完全に溶けてソースにとろみがつくまで泡立て器などでかき混ぜる。そして火から下ろす。

⑨鶏から左右の胸肉を取り、手羽は残しておく。胸骨どちらかの側面に沿ってナイフを引き、暢思骨(ちょうし)〔鶏の肩帯を構成する骨の一つ。鎖骨〕から手羽の関節までナイフを入れ、関節を切る。脚をはずしてモモとその先の部分を切り離す。ソースにフィーヌゼルブを加え、必要なら温めなおす。ソースをチキンに添えて出す。骨は捨てないで！(p114)

3

肉と魚介
ソーセージ、ベーコン、コンビーフなど

Meat:
Sausage, Mousseline, and Other Meat-Related Ratios

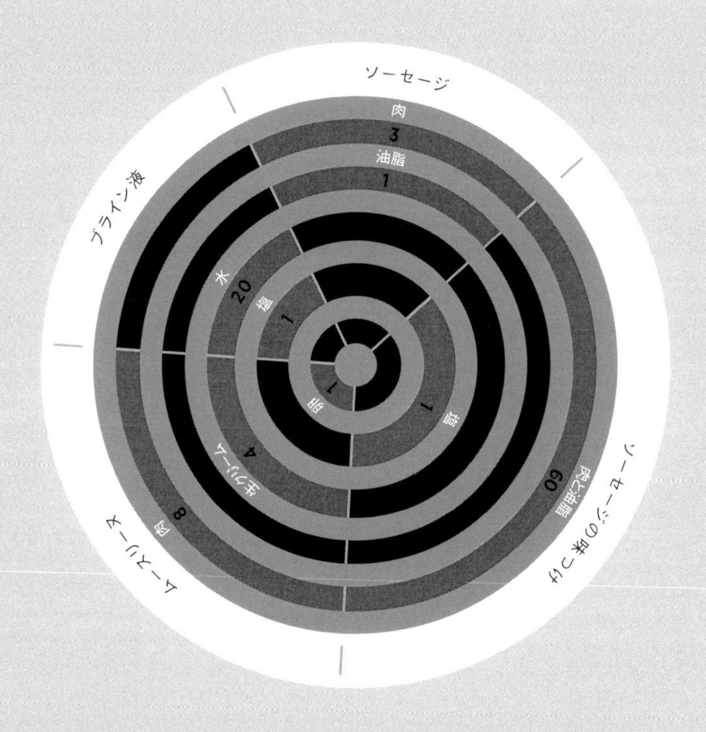

肉詰め料理／魚介詰め料理

「ファルシ（farçir）」とは、仏語で「詰める」という意味の動詞。名詞の「ファルス（farce）」はプロの厨房では「詰め物」を指します。多くの厨房やほとんどの料理学校では、肉の詰め物のことを、仏語を英語化した「フォースミート（forcemeat）」という用語で呼んでいますが、これは本に出てくる料理用語の中でも突飛な部類ではないでしょうか。

フォースミートは次第に意味が広がっていき、別の食物に詰めたり（たとえば野菜のラビオリ）、ケーシング*に詰めたり（たとえば腸詰めソーセージ）、型に詰めたり（たとえば四角いテリーヌ型に詰めるパテ アン テリーヌ）、あるいは川カマスのクネル*のようにそのまま加熱するために、味つけして挽いた肉、野菜、魚をすべて指すようになりました。

*ケーシング
ソーセージを包む薄い膜。ソーセージの表皮。天然ケーシング（豚・牛・羊などの腸）と、人工ケーシング（動物性タンパク質などを使い人工的に作成したもの）がある。

ファルスは料理の秘密兵器です。最高の味覚の喜びに導いてくれるのに、使っているのはほぼありふれた安い食材であったり、貴重な食材から出た切れ端を形の整ったおいしいものに変える手立てとなったりしてくれるのです。ファルスのテクニックは究極の節約と創意工夫の技ですから、このテクニックを知って、使いこなせる料理人は腕のよい料理人だといえます。

*川カマスのクネル
フランスのリヨン地方の郷土料理。クネルとは、魚や肉をすり潰し、小麦粉、卵黄、油脂と練り合わせて団子状にしたもの。川カマスを使ったものが有名。

ファルスは手元の食材や何を作るか次第で無限のバリエーションがありますが、基本の比率を覚えておくと役に立ちます。料理学校で教えているスタンダードな比率は、ピューレつまり乳化〔注→p11〕したフォースミートと、ムースリーヌ（p163）のフォースミートの比率です。ここではソーセージの基本の比率を紹介します。これがあるとソーセージ作りが簡単になりますし、比率そのものの醍醐味を教えてくれるからでもあります。ソーセージは多くの人が大好物に挙げる食べ物。食べるのが好きな人ほどソーセージ好きな気がします。含まれる油脂の量が絶妙で味がしっかり、しかし決して過剰ではないソーセージは並ぶもののないおいしさですから。

この章で最後に紹介する黄金比は、基本のブライン液です。ブライン液には複数の効果があり、これも厨房ではきわめて強力な武器になりますか

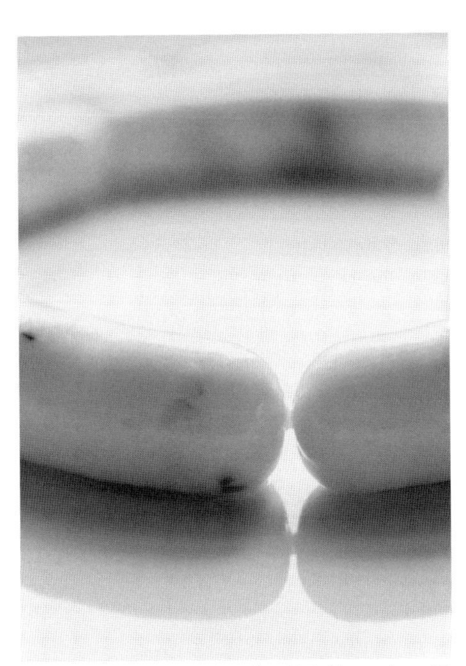

▲ソーセージは料理の職人技の最高峰のひとつ。写真はホタテとエビのソーセージ。

ら、家庭でももっと頻繁に活用されてよいはずです。ブライン液は食品を塩の力で保存したり、風味を引き出したり、ブライン液自体の味をつけたり、しっとりさせるために使います。

ソーセージ

3:1

肉　油脂

ソーセージの味つけ

60:1

肉と油脂　塩

ソーセージは、作り方と調理法さえ正しければ最高の料理のひとつです。安い切り落としの肉1パックに油脂と調味料を加えれば、並ぶもののないおいしさと満足感を与えてくれるのですから。節約から生まれたテクニックが、至高の料理を生み出したわけです。ソーセージはすごいと心から思います。

野菜、米、卵、豆、臓物、血など、ケーシングに入るものなら何でもソーセージになりますが、必ずしもケーシングに入れなくてもソーセージになります。パティ*もソーセージの流れをくむもの（クレピネット*の親戚。クレピネットは網脂でくるんだパティ）ですし、ケーシングに入れないソーセージは、パスタやスープやシチューにも普通に使われています。餃子はドウ生地でソーセージを包みますし、ラビオリにもソーセージを包んだものが数多くあります。上記の比率は伝統的なソーセージ、つまり肉で作ったソーセージのものです。鶏肉、ラム肉、牛肉、豚肉、鹿肉はすべておいしいソーセージに

*パティ
英語でいうパティ（patty）は、ハンバーガー用のパティ（パテ）のようなひき肉を円盤状にしたものをさす。

*クレピネット

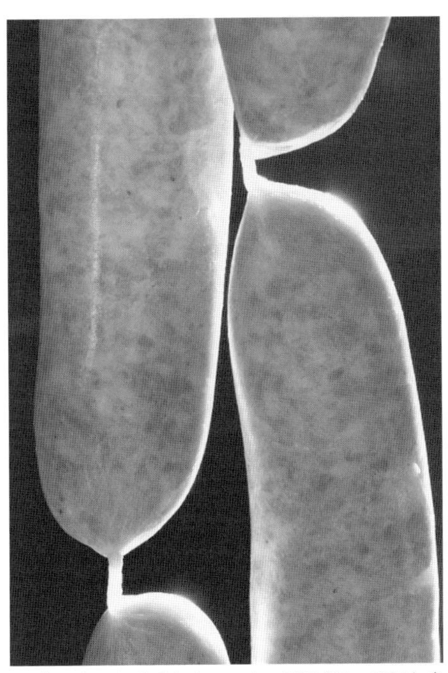

▲ジューシーにするため、ソーセージは25〜30%を脂肪にする。ソーセージといえば、写真のガーリックソーセージのようにケーシングに詰めたものが多いが、パスタやドウ生地に詰めたり、そのままで成形してスライスしたり、詰めずに使うソーセージがあることも覚えておきたい。

なりますし、魚肉でも作れます（p163のムースリーヌ参照）。

ソーセージをおいしくするコツは、第一に肉と油脂を正しい配合で混ぜること、第二に肉と油脂を混ぜたものに塩を最適な比率で加えることです。ここで紹介する比率のよいところは、必要に応じて分量を多くも少なくもできることです。パスタやスープの具として220〜250gくらいの少量だけ作りたいときには特に便利です。挽肉か細切れにした肉に塩小さじ3/4とニンニクとハーブを加えます。

油脂が入らないと、ソーセージはパサパサして食感がよくありません。油分ゼロなのにおいしいソーセージなどというものはありません。チキンソーセージがおいしいのは適度な量の油脂が入っているからです（お店で買った鶏や七面鳥のソーセージは「機械式食肉除去」といって、大きな遠心分離機で肉などの断片を骨から取る方法で作られていることが多いので注意してください）。おいしいのに油脂が少ない市販のソーセージは、たいてい油脂の不足分を補うために何かしら増量材を入れてごまかしています。あくまで自然の食材にこだわってください。油脂と塩をほどよい配合で食べられるのですから。

だからといって、手作りソーセージでジューシーさを妥協することなく油脂を少なめにする、しかも体によいテクニックが使えないわけではありません。野菜と果実はソーセージに水分と風味を加えてくれます。ローストした赤パプリカ、玉ねぎ、マッシュルーム、トマト、リンゴはソーセージに加えるのに向いています。香りゆたかなオリーブオイルのような液状の油脂や、ワインやリッチなストック（出汁（だし））もソーセージに入れられます。ただし、基本中の基本として理解しておかなければならない事実があります。ソーセージのおいしさは、肉と油脂の適正な比率が大前提だということです。

その黄金比とは3対1。肉3：油脂1です。理想をいえばソーセージの30%を油脂にしたいところです。3：1の比率では、全量4のうちの1、すなわち25%が油脂です。30%に足りない分の5%は通常、使う肉の一部に含まれます。たとえば豚の肩肉やボンレスチキンのモモは、ソーセージにするのにうってつけの肉です。とはいえ、カットによっては脂肪分が非常に少なかったり、多かったりしますので、目で見て判断することが必要です。常識を働かせてください。牛の外モモ肉、鹿肉といった赤身肉でソーセージを作ろうとする場合は、肉3に対して油脂は1より心もち多めに必要になります。豚の肩肉はそれ自体にすでに脂肪が理想の配合で含まれていますから、豚の肩肉を使う場合は、油脂を加える必要はないかもしれません。というわけで、この比率はほぼ毎回、秤(はかり)と常識を使って考えなければならない比率なのです。脂肪分が非常に少ない鶏肉を使うのであれば、油脂が比率の全量必要でしょう。牛のショートリブ〔内バラ肉〕を使うのなら、油脂を足す必要はないはずです。

おすすめの油脂は豚の背脂、つまりブタの背中からとった脂肪です。ポークチョップ〔豚の骨付きロース肉〕のフチについている脂がそれにあたりますが、厚さは約5cmにもなることがあります。非常に純度が高くてやわらかいので、どんなパテやソーセージにも向いています。肉屋さんか食料品店の精肉部門で注文できます。放牧豚の背脂であれば、牛肉やラム肉からとった飽和度の高い脂肪酸*よりも体によいです。

*飽和度の高い脂肪酸
飽和度の高い脂肪酸ほど融けにくく（融点が高く）、室温では固体のものが多い。飽和度の高い脂肪酸を過剰に摂取すると、心血管疾患のリスクが高まるとされる。

理想のソーセージ作りに欠かせない要素として、次に大事なのは塩です。ソーセージに塩は必須です。実は「sausage（ソーセージ）」という言葉の語源は「塩」を意味するラテン語に由来します。もともと、バクテリアの活動を抑える塩は、ソーセージの主要な保存料としての役割を果たしていました。ソーセージは乾燥保存されることが多かったので、長期の保存が可能でした。今でも乾燥保存のソーセージでは塩が保存料の役割を果たしていますが、生ソーセージでも味つけに主要な役割を果たすのは塩です。

ヨウ素添加塩は絶対に使わないでください。食品につんと刺すような化学薬品臭がついてしまいます。海塩かコーシャーソルトだけを使ってください。肉を挽く前によく塩をなじませるようにすると、塩が溶けて浸透します。またこうすると肉のタンパク質も一部溶解するので、完成したソーセージのまとまりと食感がよくなります。

味つけの黄金比は肉と油脂60：塩1です。肉と油脂が300gなら、塩は約5gになります。塩は適量使うのが非常に重要なので、きちんと重さをはかるのがベストです。粒子の細かい海塩、粒子の粗い海塩、モートンのコーシャーソルト、ダイヤモンドクリスタル社のコーシャーソルトでは、同じ大さじ1でも重さが違います。加える塩の量に自信がないときは、多めよりも少なめにしておくのが無難です。

材料を揃える以外にも、上質なソーセージ作りには大事な手順があります。ソーセージは早い段階で味つけするとおいしくなります。できれば挽く前日に肉と脂肪を角切りし、塩と調味料をまぶしておきましょう。

私の経験では、ソーセージ作りの実践にあたって、何よりも大切なポイントがひとつあります。肉を常に冷えた状態にしておくことです。もし暑いキッチンでソーセージを作るなら、肉を挽く前に半冷凍状態にしておく、すぐに他の材料と混ぜない場合は完全に冷凍しておくのが賢明です。

肉を挽いたら、ビーター〔写真→p30〕を使ってミキシングボウルで徹底的に攪拌し、ミオシンというタンパク質を生成させます。ミオシンが材料のまとまりを助けてくれます。また、ここでワインやオリーブオイルによる風味づけもできます。液体によって調味料が全体によくいきわたり、完成したソーセージのジューシーさが増します。

理想のソーセージの最後の要素は、正しい加熱法、つまり適正な温度で加熱することです。ソーセージの温度は、スティック温度計かケーブル付きの温度計で測るのがベストです。ソーセージは加熱で台無しにされている食品の筆頭に挙げられます。だいたいいつも加熱されすぎるのですが、そうするとソーセージの持ち味が損なわれてしまいます。ポークソーセージは約65℃、家禽ベースのソーセージは約70℃で火から下ろさなければなりません。ケーシングに詰められているソーセージであれば、風味と食感を引き出すためにきつね色になるように加熱しなければなりませんが、ただし中火がいちばん適していることは覚えておいてください。グリルやフライパンで熱しすぎると中が温まる前に外側が焼けすぎて皮が破れ、そもそものソーセージのおいしさを作り出している肉汁と脂が流れ出てしまいます。

こうした大事な手順をととのえたら、残すは味つけですが、これは料理人次第です。自家製ソーセージを作るときは、相性がよいと認識されているペアリングに徹してください。チキンにはタラゴンかフィーヌゼルブがあいます。生のチキンソーセージにぴったりです。ディルは通常、ラム肉にはあわせないハーブのはずですから、ラムのソーセージを作る場合はディルは使わないでください。ローズマリーとニンニクはラムによくあいますから、ラムのソーセージの風味づけにもぴったりです。挽きたての黒コショウとニンニクだけでもおいしいでしょう。鹿肉のようなリッチな肉には、甘みのあるスパイスがよくあいます。生のハーブはほとんどのソーセージに向きます。ちょっと変わった風味にしたければ、エスニック料理にも目を向けてみましょう。南西部風（クミンとドライチリペッパー（乾燥唐辛子）、生コショウのロースト、コリアンダー）や、アジア風（スカリオン〔注→p98〕と生姜（しょうが））など。黄金比を自分のものにしてしまえば、作れるソーセージの種類は無限です。

これから紹介するソーセージはバリエーションのほんの数例です。レシピでは肉をケーシングに詰めてひねり、15cmずつの数珠つなぎにすることを想定していますが、絶対にそうしなければならないわけではありません。大きな塊かパティとしてソテーするルースソーセージ〔→p106〕もおいしさに変わりはありません。ルースソーセージは穀物、豆類、パスタ、どれにもよくあいます。クスクス、白インゲンマメ、大麦、スパゲッティ、何でもござれです。

スパイシー ガーリック ソーセージ

神様はニンニクをソーセージ専用にお創りになり、後で他にもいろいろとあうものがあることにお気づきになったのではないか、と思うことがあります。ニンニクとソーセージはまさにそんなぴったりのペアリングのひとつです。ほかにはほとんど何もいりませんが、私はあとひとつ、燻煙もしくは加熱の要素を加えるのが好みで、ここでは加熱します。私はソーセージを一度に5ポンド（約2270g）ずつ作りますが、これはほとんどのスタンドミキサーの標準サイズである5～6 ℓのミキシングボウルに入る最大量だからです。ソーセージを作る場合は一度にたくさん作るとよいでしょう。ソーセージは冷凍保存できますし、きちんとラッピングすれば冷凍庫で1～2ヵ月もちます。このレシピでは、肉と油脂の比率が3：1ではないことに注意してください。豚の肩肉にはもともと脂肪が多く含まれており、肉の総重量の半分が脂肪ということもあります。健全な判断力を働かせ、脂肪が「肉と油脂の総重量」の30%、2270gに対して680gに近づくようにしてください。

できあがりの分量：ソーセージ約2.27kg、15cmのソーセージ約20本

ボンレスポークの肩肉（角切り） 1815g
豚の脂（角切り） 455g
塩（海塩またはコーシャーソルト） 35g
黒コショウ（挽きたて） 大さじ1
乾燥赤唐辛子（フレーク） 大さじ2
ニンニク（みじん切り） 大さじ2
上質の赤ワイン 1 1/5カップ（240㎖。よく冷やしておく）

ケーシング（なくてもよい）　約3m（30分以上ぬるま湯につけてからすすぐ）

①肉、脂、塩、黒コショウ、赤唐辛子フレーク、ニンニクを均等に混ぜ、覆（おお）いをして完全に冷えるまで2〜24時間冷蔵庫に入れる。または30分〜1時間、肉が固くなるほどよく冷える（カチカチに凍らない程度）まで冷凍庫に入れておく。
②スタンドミキサーのミキシングボウルを、氷の入った大きめのボウルの上にセットし、細挽き用のグラインダー・アタッチメントで挽いた肉をミキシングボウルに落としていく。ビーターを使って低速で30分撹拌する。手で撹拌する場合は金属製スプーンか丈夫な木べらを使う。ワインを加え、中速にして1分間、もしくはワインが混ざって肉に粘り気が出るまで撹拌する。
③まず一口分炒めて、味をみる（味見をして詰める器具をセットするまでの間、あわせた材料は冷蔵庫に入れておく）。必要に応じて味を調整し、追加した調味料が混ざるまで再び撹拌する。
④詰める場合はソーセージ用のケーシングに詰め、フライパンを中火にかけるか175℃のオーブンでローストし、内部温度が65℃になるまで、約10分間加熱する。

スパイシー ガーリック ソーセージのバリエーション

▶ホット イタリアン ソーセージ

スパイシー ガーリック ソーセージに、フェンネルシード大さじ2、スイートパプリカ大さじ3、生のオレガノのみじん切り3/10カップを加えれば伝統的なイタリアンソーセージができます。腸に詰めないルースソーセージの状態でパスタとトマトソースと一緒にあえたり、パスタ生地（p36）を作って、ラビオリの具にしたりする使い方があります。

▶スイート イタリアン ソーセージ

乾燥赤唐辛子（フレーク）は入れずに、砂糖大さじ2、フェンネルシード大さじ2、スイートパプリカ大さじ3、生のオレガノのみじん切り3/10カップを加えます。

▸ブレックファースト ソーセージ

乾燥赤唐辛子（フレーク）は入れずに、皮をむいてすりおろした生姜（しょうが）と細かく刻んだセージを各々3/10カップ加えます。

▸鴨または七面鳥のソーセージ

豚の肩肉のかわりに角切りにした鴨または七面鳥を使います（脚肉が望ましい）。乾燥赤唐辛子（フレーク）を半量に減らして、細かく刻んだセージを3/5カップ加えます。

▸鹿肉のソーセージ

鹿肉はおいしいソーセージになります。鹿肉で作る場合は脂肪は捨て、豚の脂肪を全量使ってください。乾燥赤唐辛子（フレーク）を半量に減らして、細かく刻んだ玉ねぎ3/5カップ、オールスパイスとナツメグを各小さじ1/2、パプリカと黒コショウを各々小さじ2加えます。

▸メキシカン チョリソー

乾燥赤唐辛子（フレーク）を入れずに、メキシコのポブラノペッパー〔写真→p9〕を乾燥させたアンチョパウダーとチポトレパウダーを各大さじ1、クミン小さじ1 1/2、オレガノのみじん切り3/5カップを加えます。

▸オールビーフ ソーセージ

スパイシー ガーリック ソーセージの豚肉と脂を、牛肉のショートリブ〔内バラ肉〕の肉と脂に代えます。ケーシングは豚腸を使ってもかまいませんが、豚をいっさい使わないで、羊腸に詰めてもよいでしょう。

▸チキンソーセージ

豚の肩肉を骨と皮を取りのぞいた鶏モモ肉に代えます。

オリーブと柑橘類入り ラムソーセージ

ソーセージはほぼどんな肉でも作れます。何の肉で作るかを決めてそれにあう味のペアリングを使えば、自分オリジナルのソーセージができます。ここではラムとオリーブ（私のお気に入りはカステルヴェラーノというイタリアのシチリア産オリーブ）と、柑橘類をあわせます。肉をどのような形で料理するにしてもこたえられない組みあわせです。オリーブの塩分が入るので、塩は少なめにしてあります。オリーブの塩かげんはそれぞれなので、味つけには十分気を配ってください。

できあがりの分量：ソーセージ約2.27kg、15cmのソーセージ約20本

ラム肩肉（角切り） 1815g
豚脂（角切り） 455g
塩（海塩またはコーシャーソルト） 30g
オレンジの皮のすりおろし　1個分
レモンの皮のすりおろし　1個分
黒粒コショウ　小さじ1（オーブンで素焼きし細かく挽いたもの）
コリアンダー種　大さじ3（オーブンで素焼きし細かく挽いたもの）
レモン果汁　3/10カップ（60㎖）
オレンジ果汁　3/5カップ（120㎖）
エキストラヴァージンオリーブオイル　3/10カップ（60㎖）
ミント（みじん切り） 3/10カップ
オリーブ（上質で香り高いタイプ、刻む） 1 4/5カップ
ケーシング　約3m（30分以上ぬるま湯につけてからすすぐ。なくてもよい）

①ラム、豚脂、塩、柑橘類のすりおろし、黒コショウ、コリアンダーをあわせ、味がまんべんなく分散するようによく混ぜる。覆いをして最低2時間、または一晩冷蔵庫に置く。
②レモン果汁とオレンジ果汁とオリーブオイルをあわせ、こちらも使うときによく冷えた状態になっているよう冷やす。
③細挽き用のグラインダー・アタッチメントで挽いた肉を、氷の入った大きなボウルの中にセットしたボウルに落としていく。挽いた肉とミントと刻んだオリーブをスタンドミキサーのボウルに入れ、低速で30～60秒撹拌する。ミキサーを中高速にして、果汁とオリーブオイルを混ぜたものをゆっくりと加えていく。よく混ざって肉がふわっとするまで撹拌する。オリーブは保存法によって塩分が多かったり少なかったりするので、この段階で必ず一口分とって火を通し、味見をする。
④ケーシングを使うのであれば、ここで豚腸に詰め、ひねって15cmずつの数珠つなぎにするか、パティの形に成形するか、ルースソーセージとして使うのであればそのまま保存する。フライパンで弱めの中火で約10分焼くか、175℃のオーブンで焼く。

バジルとローストした赤パプリカ入りチキンソーセージ

私がチキンソーセージで人をもてなすのが好きな理由は、2つあります。まず1つめは、鶏で作ったソーセージが豚のソーセージにひけをとらないくらいぜいたくな味わいになることを証明するため。2つめは、チキンソーセージがポークソーセージ以上に味わいゆたかにできることを証明するためです。ここで紹介するのはブライアン・ポルシンと私の共著『シャルキュトリー（加工肉）――加塩、燻製、保存の技術（*Charcuterie: The Craft of Salting, Smoking and Curing*）』のために考案したソーセージのバリエーションですが、お好みでどんなふうにでも応用できます。先に紹介したラムソーセージのように、オリーブと柑橘類の味つけにしても、ニンニクとコショウでも、フィーヌゼルブでも。簡単に手に入るボンレスチキンのモモで作ったチキンソーセージは、どんな味つけも受け入れてくれるのです。

できあがりの分量：ソーセージ約2.27kg、15cmのソーセージ約20本

鶏モモ肉（骨と皮は取り除き、角切り） 1590g
豚脂（角切り） 680g
塩（海塩またはコーシャーソルト） 35g
黒コショウ（挽きたて） 小さじ1
ニンニク（みじん切り） 大さじ1
バジル（刻む） 3/5カップ（しっかり詰めた状態で）
赤パプリカ（ローストし、角切り） 3/5カップ（1〜2個の赤パプリカを外側が黒くなるまで焼き、皮をむき種を取りのぞく）
赤ワインヴィネガー（冷やしておく） 3/10カップ（60㎖）
エキストラヴァージンオリーブオイル 3/10カップ（60㎖）
辛口の赤ワイン（冷やしておく） 3/10カップ（60㎖）
ケーシング 約3m（30分以上ぬるま湯につけてからすすぐ。なくてもよい）

①鶏肉、豚脂、塩、コショウ、ニンニク、バジル、赤パプリカを均等に混ざるまでかき混ぜる。細挽き用のグラインダー・アタッチメントで挽いた肉を氷の入った大きなボウルの中にセットしたボウルに落としていく。

②ミキサーにビーターをつけ、低速で1分間撹拌する。手で撹拌する場合は金属製のスプーンか、丈夫な木べらで行う。ヴィネガー、油、ワインを加え、中速にして1分間、もしくは液体が混ざるまで撹拌する。一口分を炒めて味見をし、必要に応じて味を調整する。
③ケーシングを使うのであればここで豚腸に詰め、ひねって15cmずつの数珠つなぎにする。弱めの中火で内部温度が70℃になるまで炒めるか、ローストするか、グリルで焼く。

生のブラートヴルスト

イタリアにいろんな種類のサラミがあるように、ドイツの腸詰めブラートヴルストにもたくさんの種類があります。私が好きになったアメリカのブラートヴルストは、ナツメグなどの甘みのあるスパイスを使っているものが大半を占めています。このレシピにはドイツの南西部シュレジエン地方でよく使われているマジョラムを加えています。マジョラムはアメリカではなじみの薄いハーブですが、『シャルキュトリー（加工肉）——加塩、燻製、保存の技術（*Charcuterie: The Craft of Salting, Smoking and Curing*）』の共著者で、私にソーセージ作りの精髄を教えてくれたブライアン・ポルシンが大好きなハーブだからです。

できあがりの分量：ソーセージ約2.27kg、15cmのソーセージ約20本

豚の肩肉（角切り）　1815g
豚の背脂（角切り）　455g
塩（海塩またはコーシャーソルト）　35g
黒コショウ（挽きたて）　小さじ2
ナツメグ（挽いたもの）　大さじ1
生姜（しょうが）（粉末）　大さじ1
マジョラム（刻む）　3/10カップ
白ワイン　3/5カップ（120㎖。よく冷やしておく）
ケーシング　約3m（30分以上ぬるま湯につけてからすすぐ。なくてもよい）

①肉、脂、塩、コショウ、ナツメク、生姜、マジョラムを均等に混ざるま

でかき混ぜる。覆いをして完全に冷えるまで2〜24時間冷蔵庫に入れる。または30分〜1時間、肉が固くなるほどよく冷えるまで（カチカチに凍らない程度）冷凍庫に入れておく。

②細挽き用のグラインダー・アタッチメントで挽いた肉を氷の入ったボウルの中にセットしたスタンドミキサーのミキシングボウルに落としていく。

③ミキサーにビーターをつけ、低速で30秒撹拌する。手で撹拌する場合は金属製のスプーンか丈夫な木べらで行う。ワインを加え、中速にして1分間、もしくは液体が混ざって肉に粘り気が出るまで撹拌する。一口分炒めて味をみる（味見をして詰める器具をセットするまでの間、あわせた材料は冷蔵庫に入れておく）。必要に応じて味を調整し、追加した調味料が混ざるまで再び撹拌する。

④ケーシングを使うのであれば、ここで豚腸に詰め、ひねって15cmずつの数珠つなぎにする。フライパンを中火にかけるか175℃のオーブンでローストし、内部温度が65℃になるまで、約10分間加熱する。

ソーセージの枠を超えて

肉と油脂の比率と、具に対する塩の比率を覚えたら、何の肉からでもソーセージは作れますが、それが終着点ではありません。挽肉を使った、ソーセージとは普通考えないような料理は星の数ほどあります。餃子の中身はいってみればソーセージと同じ、挽肉の詰め物「ファルス」です。ミートローフ〔写真→p52〕はケーシングに入れないソーセージにほかなりません。パテ アン テリーヌは基本のソーセージに調味料とスパイスをたくさん追加し、中に具（マッシュルーム、ハーブ、ピスタチオ）を入れ、テリーヌ型に広げ、覆いをしてカスタードプリンと同様に水を張った天板で内部温度が65℃（鶏肉を使う場合は70℃）になるまで焼いたものです。ミートボールもソーセージの一形態です。ハンバーガーをソーセージだというつもりはありませんが、考え方は同じですよね。調理の前日にハンバーガーのタネに味つけしておくのはおすすめのワザです。タネ300gにつき塩5g（60：1）の比率を守れば、完璧な味つけのハンバーガーができます。

ソーセージの枠を超えたバリエーション

絶品餃子

基本の豚肉のソーセージにみじん切りしたニンニク、生姜（しょうが）、スカリオン〔写真→p98〕を加えます。皮は水1：小麦粉2 の配合で生地の形にまとまるまで混ぜて作ります。お好みでワンタンの皮を使ってもかまいません。油をひいて餃子を焼き、「日常使いのチキンストック」（p114）を注いで蓋をし、火が通るまで約15分間煮立たせます。

ピーマンの肉詰め

ピーマンは、そもそもソーセージを詰めるために生まれたような形をしていますよね。ソーセージ（種類は何でも）を詰めて、内部温度65℃、チキンソーセージなら70℃に火が通るまでグリルするか、ローストします。バナナペッパーという辛くない唐辛子を使うのがベストですが、それ以外であれば、大量のソーセージを入れなくてすむ小型のピーマンを使うとよいでしょう。ピーマンとソーセージの量のバランスをとってください。バリエーションとして、縦半分に切ったズッキーニの種をかきだしてソーセージを詰め、グリルするか、ローストします。

ミートボール

脂肪含有率25～30%の牛挽肉300gにつき、5g（60：1）の塩、みじん切りしたニンニク2片と一緒に炒めた玉ねぎの角切り3/5カップ、古くなったパン2個を細かく切って牛乳に浸して絞ったもの、卵1個、お好みで刻んだオレガノ3/10カップを加えます。しっかり混ぜるソーセージと違い、ミートボールをおいしく作るコツは混ぜすぎないことです。材料を均等に混ざる程度にそっとあわせてから、ボール状に成形します。小麦粉をまぶしてフライパンで炒めます。

ミートボールの材料を牛、子牛、豚の合挽肉で作って食パン型に成形し、175℃で内部温度が68℃になるまで焼くとミートローフになります。

ギリシャ版ミートボール　ケフテデス

クリーブランドでシェフをしている友人のマイケル・サイモンと一緒に仕事をしたときに、サイモン流ミートボールの作り方を習いました。彼はミートボールをメイン料理にもオードブルにも出すのですが、ビーフかラムに、黒コショウ、コリアンダー、ニンニク、レモンの皮のすりおろしで味つけします。これをレモンの皮のすりおろし、ちぎった生のハーブ、ミント、コリアンダー、砕いたフェタチーズ〔写真→p98〕で炒めて出しています。

▶フランクステーキの肉詰め

ギリシャ風ミートボールのケフテデスもしくはミートボールのタネを、フランクステーキ〔牛の外バラのささみのステーキ〕で巻いて縛り、子牛のストック（p116）を注いだ食パン型で肉にフォークがすっと通るくらいやわらかくなるまで炒め煮します。火から下ろす直前にソースの表面に浮いた脂をすくいとり、ソースを煮詰め、バターまたはブールマニエ（p141）を、大さじ1〜2混ぜ入れて、スライスした肉と一緒に出します。

ムースリーヌ

8:4:1

肉　生クリーム　卵（個数）

ムースリーヌというファルスは、肉と生クリームと卵をデリケートな乳化〔写真→p11〕液に仕立てたもので、きめの滑らかなソーセージ、テリーヌ、クネル〔写真→p148〕、詰め物に使われます。どこにでもある材料を使い、調理器具もフードプロセッサーだけなので、家庭で作るファルスとしてはおそらくいちばん簡単でしょう。しかもムースリーヌは仕上がりがきわめて安定しています。つまり脂肪（生クリーム）と肉が簡単には分離したり崩れたりしないのです。

生クリームの量で味と食感が変わってきます。普通は生クリームを50%以上も使いますが、生クリームが多いほど食感が軽く味がマイルドになります（その分少々強めの味つけが必要です）。また、生クリームでなければいけないわけではなく、サワークリーム、マスカルポーネ〔イタリア原産のクリームチーズ〕、濃いヨーグルトなど味のはっきりしたものを選んでもかまいません。生クリームが手元になければ、ごくやわらかいバターでも代用できます。バジルやサフランなどで、生クリームに風味をつけてもよいでしょう。

卵黄を入れるとリッチになりますが、卵は、絶対に必要なわけではありません。多数派ではないにせよ、卵黄を使わないムースリーヌもたくさんありますし、白く仕上げたい場合は卵黄抜きにしなくてはなりません。

とはいえ、卵自体をなくしてしまっても大丈夫。肉だけをピューレ状にして調理するのはいけません（理由は、脂肪が足りないとゴムのように固くなってしまうからです）が、肉を軽くやわらかくし、まとめるためのつなぎとして卵を使う必要はないのです。「フレンチ・ランドリー」の総料理長（シェフドキュイジーヌ）コーリー・リーは、クレームフレーシュ〔注→p100〕とチキンストックで、卵を使わずにチキンのファルスを作ります。作り方はいくらでも工夫の余地があるのです。

テクニックの大事なポイントは、第一にすべての材料をキンキンに冷やしておくこと。凍る寸前まで冷やすのが理想です。第二に生クリームを少しずつ加えていくこと。マヨネーズやオランデーズソースのような乳化させて作るソースと同じ要領です。この二つだけです。やり方は簡単、卵と肉をフードプロセッサーに入れてスイッチオンし、生クリームを細くたらしながら注ぎ入れればよいのです。ていねいな作り方をするなら、魚のムースリーヌを裏ごし器に通して、残ってしまったこまかい結合組織を取りのぞくとよいでしょう。

▲写真はチキンとフィーヌゼルブのムースリーヌ。ムースリーヌはソーセージやファルスの一種――ピューレ状の肉、生クリーム、卵に調味料を加えたもの――で、使い道は無数にある。クネル（肉や魚のだんご）の形に成形して煮たり、ケーシングに詰めたり、ラビオリやダンプリング〔穀物粉で作る洋風だんご〕の具にもできる。

ムースリーヌというフォースミートは簡単なだけでなく、使い道が実に自由自在ですし、とにかく楽しいのです。ソーセージにしてもしゃれています。特に具を入れると、たとえばエビのムースリーヌに小さく切ったロブスターと角切りにしたポロねぎを入れれば、シーフードソーセージに。パテ アン テリーヌなど朝飯前。クネルならダンプリング〔注→p24〕のようにスープに落とし入れてもよいでしょう。鶏むね肉にソテーしたマッシュルームか、欲をいえば黒トリュフのみじん切りを入れた鶏のムースリーヌを詰めれば、それはもはや鶏むね肉ではなく、高級料理に変身します。

基本のムースリーヌ フォースミート

脂肪の少ない白身肉または魚（角切り）　220g

卵　全卵1個（または2個分の卵白）
塩（あら塩またはコーシャーソルト）　4.5～5g
生クリーム　110g

①必ずすべての材料を冷蔵庫でよく冷やしておく。15～20分、冷凍庫に入れてもよい。肉または魚、卵または卵白、塩をフードプロセッサーに入れて、肉がピューレ状になり、材料が混ざるまで撹拌する。
②フードプロセッサーを回しながら、生クリームを細いひも状にたらしながら注ぎたしていく。生クリームがすべて混ざったら、小さじ1杯分を82℃の湯に落とし、中に火が通るまで5～10分ゆでて味をみる。必要に応じて味を調整し、完成したムースリーヌを使うまで冷蔵庫に入れておく。ルーラード*の具にするのであれば、魚ならば内部温度が63℃、家禽ならば70℃になるまで30～40分煮る。しっかり包めば冷蔵庫で1日もつ。

*ルーラード
薄く切って平たく伸ばした肉に、詰め物をして巻いた料理。

基本のムースリーヌの使い道

このムースリーヌはタンパク質を含むどんな材料でも作れますが、伝統的に白身肉で作られています。材料としてはエビ、ホタテ、サーモン、川カマス、マス、子牛、鶏、ヤマウズラなどの猟鳥が最も向いています。友人のシェフで料理学校の先生もしているダン・ヒュージュリアは例外的に赤身肉を使ったムースリーヌを提案しています。ラビオリの具にするオックステールのムースリーヌです。ただしダンは「フォアグラ、スイートブレッド〔子牛の膵臓・胸腺〕など、別の材料を加えると風味が増す」といっています。

ムースリーヌはパスタなどの生地に詰めてダンプリングやラビオリにするという使い方ができます（エビのムースリーヌはふくらむので、ぎちぎちに詰めないこと）。型に入れて焼くこともできます（エスコフィエの料理書そのままの古典的な使い方です。当時はフードプロセッサーがなかったので、魚をすりつぶして裏ごし器で裏ごししなければなりませんでした）。ごろごろ形を残した具を練りこんでもかまいません（エビをぶつ切りしたものかアサリをホタテのムースリーヌに練りこみ、スプーンで魚介のだし汁（シーフードブロス）に落とし入れてもよいでしょう)。ムースリーヌを、単純においしいつなぎと考えることもできます。サフランを浸しておいた生クリームでムースリーヌを作り、たっぷりのカニとあわせれば、絶品のクラブケーキになります。子牛のムースリーヌはソテーしたマッシュルームを刻んだものを混ぜ、鶏むね肉にポケット形に切った穴に絞りだしてもよいでしょう。

簡単サーモンテリーヌも作れます。材料はサーモン450gと、具としてそのままの形で使うセンターカットした切り身1枚225g。切り身を約4cm×4cm角に、または型の長さにあわせて切り、塩を振っておきます。ここから出た切れ端も角切りしたサーモンに加えましょう。基本のムースリーヌ（p164）の倍量を作ります。角切りしたサーモン450gと切れ端に、レモンの皮のすりおろし、オレンジの皮のすりおろし、刻んだチャイブ各大さじ1を加えて卵とあわせ、生クリームを足しながらピューレ状にします。テリーヌ型に、ムースリーヌを入れた後、上にかぶせられるくらいの余裕をもってラップを敷きます。ムースリーヌの半量をテリーヌ型に延ばします。型の中央にサーモンの切り身を並べ、その上を残りのムースリーヌで覆います。テリーヌの上にラップをたたむように重ねます。アルミホイルで覆って、カスタード（p219）と同じ要領で天板に水を張った150℃のオーブンで内部温度が60℃になるまで焼きます。完全に冷やしてから型から出し、キッチンペーパーなどで軽くたたくようにして水気をとり、スライスしてクレームフレーシュ〔注→p100〕と細切りにしたバジル、またはレモンとエシャロットのマヨネーズ（p191）を添えて出します。

サーモンテリーヌのバリエーション、エビとバジルのサーモンテリーヌ。基本のムースリーヌ（p164）の倍量を、角切りにしたサーモン450gで作ります。ここに細切りにしたバジル3/5カップを練りこみ、半量をテリーヌ型に入れて延ばします。大きなエビを横向きにして、互いにかみあうようにしながら縦に並べていきます。エビの上に残りのムースリーヌを延ばします。前述したテリーヌと同じように加熱してから冷やします。

エビのダンプリング

エビはムースリーヌの方法でピューレ状にすると、仕上がりがきわめて安定していて味わいゆたかな、厨房で最も用途が幅広い詰め物のひとつになります。ラビオリの具にもなれば、シュリンプトースト（p167にバリエーションを紹介）や、クネル〔注→p148〕、ソーセージ（後述）にも使えます。このレシピでは基本のムースリーヌそのままの配合に香味野菜のスカリオン〔写真→p98〕、生姜(しょうが)、ニンニクを加えて使います。

エビ（殻をむく）　220g（殻はお好みでストック用にとっておく。下記）
卵　全卵1個（または2個分の卵白）
塩（あら塩またはコーシャーソルト）　4.5〜5g
生姜(しょうが)（皮をむきすりおろす）　小さじ1
ニンニク（みじん切り）　小さじ1
スカリオン（またはワケギ）（粗みじん）　2本
生クリーム　110g
ワンタンの皮　19〜20枚
卵液：卵L玉1個に水大さじ2を混ぜたもの

①エビ、卵、塩、生姜、ニンニク、スカリオンをフードプロセッサーのボウルにあわせる。エビはできるだけ冷やしておく。数回撹拌してから、プロセッサーが回っている状態で生クリームを細いひも状にたらしながら注ぎ入れていく。
②タネを大さじ1杯分ほどスプーンですくってワンタン皮の中央に置き、皮の半分に刷毛で卵液を塗って、半月形にたたんで閉じる。
③ダンプリングを油できつね色になるまで焼き、エビのストックまたはチキンストック（後述、またはp114）を加えて煮立たせ、蓋をして仕上げる。ブロス〔とろみのないスープ〕に入れるか、つけだれ（天つゆ　p102）を添えて出す。

エビの即席ストックの作り方は、殻をエシャロット1本の薄切り、トマトペースト小さじ1、塩少なめのひとつまみと一緒に、火が通って色が出るまで炒めます。かぶる程度に水を加えて15分静かに煮立たせます。レモングラスが手に入れば、加えてもよいでしょう。金属のストレーナーで漉しながら、殻をつぶしてできるだけエキスをとり、そのあと布で漉してください。

バリエーションに、シュリンプトースト――薄く切った白い角食パン、またはサンドイッチ用パンに、ムースリーヌを延ばします。対角線切りして四等分し、お好みでゴマを散らして軽く揚げます。シンプルな醤油のつけだれ（p102　天つゆの作り方参照）を添えて出します〔日本で「ハトシ」として知られる料理〕。

エビとホタテのソーセージ

ムースリーヌ フォースミートは家庭でいちばん作りやすく仕上がりが安定していて、フードプロセッサーにかければすぐまとまります。このエレガントなファルスは、羊腸のケーシングか豚腸のケーシングに詰めてもよいですし、クネルにして澄んだシーフード ブロスに使うこともできます。

このレシピではスタンダードな比率の生クリームの半量を使います。ホタテは一般的にエビや鶏肉ほど構造が密ではないためです。また、販売元によっては水に漬かった状態で売られているためレシピの分量ではうまくいかない場合があります。「ドライパック」のホタテを買うようにしてください。ホタテはとても繊細で風味ゆたかなファルスになります。ソーセージにしてもよいでしょう。それだけで、たとえばレモンを使う「ブール ブラン」というソースか、レモンとエシャロットのマヨネーズ(p191)を添えて出すこともできます。このレシピを逆にして、エビのムースリーヌを、エビ450g、全卵1個または卵白2個分、生クリーム1カップのスタンダードな比率で作り、ホタテの切り身を練りこんでもよいでしょう。

ホタテ　450g
卵白　2個分
塩(あら塩またはコーシャーソルト)　5g
生クリーム　3/5カップ(120㎖)
ポロねぎ(または白ねぎ)　1本(白い部分だけを洗ってこまかくみじん切りにし、やわらかくなるまでバターで炒めて冷やしておく)
エビ　225g(殻をむいて背わたをとり、粗く刻む)
チャイブ(刻む)　大さじ1
羊腸約1.2mまたは豚腸90cm(30分以上ぬるま湯につけてからすすぐ。なくてもよい)

①ホタテと卵白と塩をフードプロセッサーにかけてピューレ状にする。水分を多く含んでいるホタテもあるため、まとまり具合をチェックする。フードプロセッサーを回しながら、ゆっくりと生クリームの半量を加える。あまりにゆるいようなら、クリームを全部加えなくてもよい。タネは成形できる程度の固さがなくてはならない。ファルスがまだ固いようなら、フードプロセッサーを回しながら残りの生クリームを加えていく。

②ミキシングボウルのファルスにリーキ、エビ、チャイブをあわせ、具が均等に散らばるまでそっと混ぜる。

③ケーシングに入れる場合はここで羊腸に詰める。バターまたは植物油少々で中火で内部温度が60℃になるまで熱して出す。もしくは77℃のストックか水で内部温度が57℃になるまで煮て、氷水で冷やしてから、軽く炒め、温めなおして出す。ケーシングに入れない場合はラップでルーラードの形にして両端を縛り、お湯で煮る方法もある。冷やしてからスライスし、レモンとエシャロットのマヨネーズ（p191）を添えて出すか、炒めて温めなおして出す。

ハーブチキンのアニョロッティ

アニョロッティ〔写真→p40〕とは半月形のラビオリのことですが、このレシピのアニョロッティは私が「フレンチ・ランドリー」で教わった、袋状に閉じたラビオリが自動的にできてしまう工夫で作ります。野菜の濃いピューレからこのレシピの鶏のムースリーヌのような肉ベースの詰め物まで、絞りだせる詰め物なら何でもうまくできます（先ほど紹介したホタテのムースリーヌのように、ピューレ状にさえなればソーセージでもできます）。アニョロッティのテクニックは短時間で大量のラビオリを作るのにうってつけです。この方法なら空気も入らず、生地のひだに汁やソースがよく絡みます。パスタにしたくない場合は、このレシピのムースリーヌを2本のスプーンでクネルとして成形し、チキンスープに落としてもかまいません。クネルを加えるとふだんのスープがエレガントになります。ムースリーヌは前日に作っておくこともできます。

できあがりの分量：4人分

鶏モモ肉（骨と皮は取りのぞき、角切りしてよく冷やしておく）　225g
卵　1個
塩（あら塩またはコーシャーソルト）　5g
生クリーム　3/5カップ（120㎖）
タラゴン、パセリ、チャイブ（刻む）　各小さじ1
黒コショウ　小さじ1/4
カイエンペッパー　小さじ1/8

基本のパスタ生地（p38）　レシピどおりの分量
卵液：卵1個に水大さじ2を混ぜたもの

①鶏モモ肉、卵、塩をフードプロセッサーのボウルにあわせる。生クリーム、ハーブ、黒コショウ、カイエンペッパーをあわせ、フードプロセッサーを回しながら生クリームを細く一定にたらしながら加えていく。こうしてできたムースリーヌを加熱するまで、またはアニョロッティを作るまで冷蔵庫に入れておく。
②アニョロッティを作る。パスタ生地を最も薄い設定にしたパスタマシンのローラーに通す。生地の柔軟性を保つため、ローラーに通すのは1回につき1シートにする。最低でも幅10cm、長さ4.5cmほどのシートを作る。
③ムースリーヌを1.2cmの口金をつけた絞り袋に入れる。シートの中央から少しずれた位置に長辺に沿ってムースリーヌを絞り出していく。絞り出したムースリーヌの片側の生地に、しっかり閉じるよう刷毛で卵液を塗る。ムースリーヌにかぶせるようにパスタ生地をたたみ、タネを包んでしっかりと閉じる。2.5cmごとに間をしっかり押しつけて封をしながらアニョロッティを作っていく。ピザカッター（またはナイフ）で長辺に沿って端をきれいに切り落としてから、アニョロッティを切り分ける。打ち粉（セモリナ粉かコーンミールがいちばんくっつきにくい）をしたプレートかトレイに移して覆いをし、調理の直前まで冷蔵庫に入れておく。冷凍して後日使うこともできる。

バリエーション

▶このチキンのアニョロッティをリーキとマッシュルームの澄んだスープの具に。日常使いのチキンストック（p114）1kgに、炒めたリーキとマッシュルームの具を入れます（p123「澄んだスープ」）。
▶パスタがやわらかくなって鶏肉に火が通るまで約5分ゆでて、基本のトマトソースとモツァレラチーズをかけ、刻んだパセリとレモンの皮をすりおろして飾ります。
▶フィーヌゼルブのかわりに、刻んだバジル3/5カップとレモン2個分の皮のすりおろしを入れます。
▶フィーヌゼルブのかわりに、マッシュルームのみじん切りをエシャロットのみじん切りと一緒にソテーしてしっかり冷やしたものを入れます。

▸ベジタリアン アニョロッティ。チキンのムースリーヌのかわりにリコッタチーズを使います。ボウルにリコッタチーズを水切りして1 1/5カップ、おろしたパルミジャーノ・レッジャーノを3/5カップ、レモン果汁とライム果汁小さじ1、レモンとライムの皮のすりおろし、刻んだチャイブ大さじ2、刻んだパセリ大さじ2、塩小さじ1/4、カイエンペッパーパウダー小さじ1/8をあわせ、材料が均等に混ざるまで撹拌します。味をみて必要に応じて調整してください。

ブーダン ブラン

ブーダン ブランはとても作りやすいソーセージ。味つけの主役はキャトル エピスというミックススパイスで、伝統的なパテの調味料であるコショウ、シナモン、クローブ、ナツメグ（容積比で3：1：1：1）のことです。フランスではブーダン ブラン作りがクリスマスの伝統になっています。私のレシピではこの伝統のムースリーヌに角切りしたシイタケを加えました。マッシュポテトとスパイスを効かせて煮た果実を添えると最高です。

できあがりの分量：ソーセージ1815g、15cmの数珠つなぎ約16本

豚の肩肉（2.5cmの角切りにする） 455g
鶏モモ肉（骨と皮は取りのぞき、2.5cmの角切りにする） 455g
塩（あら塩またはコーシャーソルト） 30g
キャトル エピス（レシピは以下参照） 小さじ1 1/2
卵 8個
牛乳 3 3/5カップ（720㎖）
小麦粉 大さじ3
豚腸（ケーシング。30分以上ぬるま湯につけてからすすぐ） 約2.4m（なくてもよい）

①肉をあわせて挽き、氷の中にセットしたボウルに入れる。肉を冷凍庫に5分間入れ、その間にフードプロセッサーの準備をする。
②挽いた肉、塩、キャトル エピスをフードプロセッサーにあわせ、約30秒撹拌する。フードプロセッサーを回しながら卵を1～2個ずつ加え、次に牛乳、そして小麦粉を加える。ボウルの側面についた材料をこそげ落とすときにはフードプロセッサーを止める。

③「クネル・テスト」をして味を確かめる。ラップに大さじ山盛り1杯分包んで82℃のお湯で約10分間、内部温度が70℃になるまでゆでる。このクネルを作っている間は残りを冷蔵庫に入れておく。クネルを味見して、必要に応じて味を調整し、新たに加えた調味料が分散する程度にまたフードプロセッサーを回す。

④ケーシングに入れる場合は豚腸に詰め、80℃のお湯で内部温度が70℃になるまでゆでる。引き上げたら氷水で冷やす。

⑤中火でバターできつね色になるまで焼いて出す。

キャトル エピス

できあがりの分量：小さじ2

黒コショウ　小さじ1
シナモン（挽いたもの）　小さじ1/3
クローブ（挽いたもの）　小さじ1/3
ナツメグ（挽いたもの）　小さじ1/3

①スパイスを混ぜあわせて、密閉容器で保存する。

ブライン液

20：1

水　塩

塩の水溶液のことをブライン液と呼びますが、驚くほど万能なツールです。豚ロースの中まで味をつけてくれて、しかもジューシーさを保ってくれます。ビーフ ブリスケット〔牛の肩バラ肉〕や、ハムの塩漬け保存ができます。生野菜をピリッと酸味のきいたおいしいピクルスに変えるのを助けてくれます。ほぼどんな食品でも腐敗から守ってくれます。塩にはこんな魔法の力があるのです。しかし塩の力は大きいだけに、使い方を間違えると大変なことになります。食物に塩をしすぎると、加熱しすぎた料理の比ではないほど、食べられない代物になります。食物には塩をふりすぎるより控えめにしておくほうがまず無難です。とはいえ、プロの料理人が最初に教わるのは、絶妙な塩加減が、料理人としての才能の証だということ。人間は塩がなくては生きられません。だから人間の体は塩加減をみながら調整するのがとても上手になったのです（缶のスープや加工品のスナック、ファストフードなど食品の中に隠れた塩を調整するのはそれほど得意ではありません）。

塩を液体にすると特にその効果が高まります。食品の表面すべてにくまなく、均等な濃度で届くからです。塩が威力を発揮するには溶けた状態にならなくてはなりませんから、乾いた塩を使うとブライン液を使うよりも効きが遅く、コントロールもしづらくなります。ブライン液の濃度は重要です。濃すぎれば、漬けた食品の味が負けてしまいかねません。ブライン液で塩気がつきすぎた食品は塩が抜けるまで水につけるだけで元に戻せますが、最初から適度な濃度のブライン液を作って適切な時間食品を浸しておくほうがよいにきまっています。

▲塩と調味料を液状にしたブライン液は、厨房で最も威力を発揮するツールのひとつ。あらゆる果実、野菜、肉の、味つけや保存のために使う。コンビーフ〔→p179〕用のブライン液の調味料には、写真にあるような甘味辛味のスパイス——シナモン＆オールスパイス、ナツメグ＆ブラウンシュガー、コリアンダー＆乾燥赤唐辛子（フレーク）、ニンニク＆黒コショウ——も使う。

理想のブライン液は重量で塩5%（水20：塩1）です。つまり水600gに対して塩30g、水1000g（1リットル）に対して塩50gとなります。塩の量が多い場合は秤（はかり）があると助かりますが、モートンのコーシャーソルトは重量と容積の比率がほぼ等しいので、大さじ2が約30gです。

この比率で作ると、万能ブライン液の濃度になります。なめて辛いと感じるほどのしょっぱさではなく、塩分の強すぎるスープのような味が理想です。ピクルスを作ったり（p176）、感謝祭の七面鳥やポークチョップ〔豚の骨付きロース肉〕の下味をつけたり、緑の野菜をゆでたりするのにぴったりです。

ブライン液の副次的効果としてよいのが、筋肉に香りを移してくれるところ。作ったブライン液に玉ねぎ、ニンジン、ニンニク、レモン、ローズマリーなどの香りづけの材料を入れておいて鶏肉を12〜24時間漬け込むと、塩と一緒にブライン液の香りが鶏肉に移ります。また、ブライン液は肉の細胞構造を変化させるので、何もしなかった肉よりもジューシーな肉になります。

塩を水に溶かして薄めたブライン液は、すばらしい働きをしてくれるのです。

基本のブライン液

水　600g

塩（あら塩またはコーシャーソルト）　30g

大きなものを漬ける場合
水　2400g
塩（あら塩またはコーシャーソルト）　120g

①鍋に材料をあわせて強火にかけ、塩が溶けるまでかき混ぜる。火から下ろして室温まで冷ましたら、冷蔵庫で冷やす。

もうひとつの作り方を紹介しましょう。半量の水で塩を溶かしてから残りの半量を氷を使ってブライン液に加えれば、冷やす時間が短縮できます。鶏肉のブライン液漬けのレシピ（下記）ではこの方法を使っています。

バリエーション

▶鶏肉と七面鳥用のハーブとレモンのブライン液

玉ねぎ、ニンジン、ニンニクを塩で炒めてから水、レモン1個、タイム1束、ローズマリー1茎、砕いた粒コショウ大さじ1をブライン液に加え、軽く煮立たせた後で冷まし、使う前に完全に冷やしておきます。骨なし、皮なしの鶏むね肉でも丸鶏でも上手に漬かります。

▶豚肉用のニンニクとセージのブライン液

タイムをたっぷりと、砂糖大さじ1、つぶしたニンニク10片、粗く砕いたコショウ大さじ1を基本のブライン液600gに加えます。ポークチョップ〔豚の骨付きロース肉〕は4～6時間、ロース丸ごとなら12～24時間漬け込みます。

▶コンビーフとパストラミ*作りのためのブライン液

レシピ参照（p179）。

*パストラミ

▶カナディアン ベーコンと豚足肉のスモークハムの塩漬け用ブライン液

レシピ参照（p178）。

▶緑色野菜用の塩水

野菜をゆでるのにもブライン液の配合を使ってください。ブライン液をよく沸騰させてから野菜を入れ、やわらかくなるまでゆでます。そのまま出してもよいですし、氷水にとってから水気を切り、必要に応じて温めなおして出してもよいでしょう。

▶野菜のピクルス用ブライン液

基本のブライン液600gを作って冷やしておきます。切ったニンジン、切ったカブ、小型のキュウリなどさまざまな野菜をニンニク少々、ピリ辛にしたければ乾燥赤唐辛子（フレーク）少々と一緒に沈めます。完全にブライン液がかぶるように重石をしてください。ラップで覆って室温24℃に1週間、さらに酸っぱくしたければもう2〜3日長くおいておきます。昔ながらのディルピクルスを作るには、ディル一束とニンニク片ひとつかみを入れてブライン液を作ります。スパイシーなピクルスにするなら、ブライン液にニンニクとチリペッパーを加えます。ザワークラウトは普通のブライン液に千切りにしたキャベツを漬けます。ごく小さなキュウリが手に入ったら、ブライン液にニンニク、タラゴン、粒コショウを入れればフランスのピクルス、コルニッションができます。

レモンとハーブのブライン液で漬けたローストチキン つけあわせの手本のようなグリーンピース添え

鶏肉をブライン液に漬け込むのは肉に香りと調味料を浸透させる優れた手法で、むね肉をジューシーに仕上げ、皮をパリパリにすることもできます。ブライン液は保存料にもなりますから、月曜日に鶏肉を買って調理するのは週の後半という場合には、ブライン液に漬け込んでおけば鮮度を保てます。丸鶏も、ブライン液でも乾燥した粒のままでもかまいませんが、最初に塩をしておくとほぼ確実においしくなります。このレシピにはグリーンピースも入れました。鶏肉によくあうからというだけでなく、緑色野菜の調理法を紹介したかったからです。緑色野菜はブライン液と同じ塩分濃度のよく沸騰させたお湯でゆでるのがいちばんです。お湯の温度が下がらないようにお湯の量と野菜の量を同じにするのが理想ですが、多くの家庭ではなかなか実践できません。それでも、これが緑色野菜のベストな調理法であることと、ゆでたらすぐに出すか、氷水で冷やすことは覚えておいてください。

このブライン液の作り方はできるだけ単純化をこころがけました。氷を使うことで、何時間もかけてブライン液を冷やす必要がなくなりました。また、香味料の効果を最大限に生かすために水の量を最小限にしています。実質的には即席の野菜ストックを作って鶏肉を漬け込む形です。

できあがりの分量：4人分

ブライン液：
スパニッシュオニオン（薄切りにする） 1個
ニンジン（薄切りにする） 1本
ニンニク（つぶす） 4片
塩（あら塩またはコーシャーソルト） 43g
キャノーラ油 大さじ1
水 430g
レモン（半分に切る） 1個
タイム 2束
ローズマリー 1枝
ローリエ 1枚
黒粒コショウ 大さじ1（オーブンで素焼きしてからフライパンの底で粗く砕いておく）
砂糖 15g
氷 430g
鶏肉 約1350～1800gのもの1枚

つけあわせのグリーンピース：
グリーンピース 450g
バター 適宜
レモン 1/2個

①玉ねぎ、ニンジン、ニンニク、塩を油をひいて中火にかけたフライパンで玉ねぎが透明になるまで炒める。ブライン液の残りの材料を加え（半分に切ったレモンをフライパンに絞り入れ、種をできるだけ取りのぞく）、液を煮立たせて、塩と砂糖が溶けるまで1分間ほどかきまわす。火から下ろして10分間以上おく。
②氷430gをブライン液に加える。ブライン液が冷たくなり、氷が溶けるまでかき混ぜる（完全に冷えきらなければ、冷えるまで1時間ほど冷蔵庫に入れる）。
③鶏肉を洗って4リットル入りビニール袋へ入れる。袋を固定するためにボウルにセットする。鶏肉の入ったビニール袋に冷やしたブライン液と

野菜を注ぎ入れ、袋の口を縛るか封をする。鶏肉がブライン液に完全に浸るよう、空気をできるだけ抜く。冷蔵庫に8～12時間入れておく。ブライン液がよくまわるように、何回か鶏肉を引っくり返す。

④オーブンを230℃に予熱します。

⑤鶏肉をブライン液から出して、液と野菜は捨てる。水でゆすいで水気をとる。この鶏肉は調理するまで覆いをして最大2日まで冷蔵庫で保存できる。

⑥覆いをとって1時間ローストする。

⑦8ℓサイズの鍋に水4000gと、塩200gを加えて、ぐらぐらに沸騰させる。そこへグリーンピースを入れる。お湯が再び沸騰状態になるのを早めるため、60秒ほど蓋をしてもよい。豆がやわらかくなり、歯ごたえがなくなるまで4～5分間ゆでる。水を切ってすぐバターとレモンを添えて出すか、氷水にさらしてから水を切り、使うまで冷蔵庫で冷やしておき、バターと一緒に軽く再び加熱する。

⑧バターかディジョンマスタードと一緒に鶏肉に添えて出す。

カナディアン ベーコン

カナディアン ベーコンは豚のロースを塩漬けして燻製にしたもので、家庭でも簡単に作れます。燻煙する必要はありません。オーブンでローストしてもおいしいものです。しかしスモークの香りがしっかりつくので、ケトルグリルをお持ちなら、とろ火の間接熱でスモークローストして目先の変わった複雑な味わいにすることができます。豚肉がハムらしい味になるのはピンクソルト（亜硝酸ナトリウム）によるもので、このおかげで加熱後も鮮やかなピンク色を保ち、有害なバクテリアの繁殖も抑えられます。

水　4000g
塩　200g
ブラウンシュガー　200g
ピンクソルト　40g
ローリエ　4枚
ニンニク　10片
黒粒コショウ（オーブンで素焼きしてから粗く砕く）　大さじ1
2kgの豚ロース（脂肪と腱を取りのぞいておく）　1本

▼ピンクソルト（ピンク色に染められているため）と呼ばれることの多い亜硝酸ナトリウムは、塩漬け用の塩です。WEBで購入できます。

①ブライン液の材料をすべて、豚ロースが入る大きさの鍋にあわせ入れ、沸騰させて塩と砂糖が溶けるようにかきまわす。火から下ろして室温まで冷ましてから、冷蔵庫で冷やす。
②豚ロースをブライン液に漬け、完全に浸るように皿で重石をする。72時間冷蔵庫におく。
③ブライン液から豚ロースを取り出し、冷水ですすいでからタオルでたたいて水気をとる。ラックに置いて12〜24時間冷蔵庫で冷やす。ブライン液は捨てる。
④ここからの調理法は二通りある。カナディアン ベーコンはスモークするのが従来のやり方だが、95℃のオーブンで内部温度が65℃になるまでローストしてもよい。もうひとつのやり方は、ケトルグリルか家庭用燻製器で炭と木材チップ（炭だけでもよい）を使ってスモークローストする方法。小さな弱い火を熾してグリルの片側にあたるようにする。煙を強くするために木材チップを使う場合は、事前に水につけてから、肉を加熱する前に炭に足す。内部温度が65℃に達するまでグリルの火があたっているのとは反対側で加熱する。

コンビーフ

自家製の塩漬けビーフ ブリスケット〔牛の肩バラ肉〕、つまりコンビーフは、平凡な固いブリスケットを料理人の手でここまで変身させられるのか、と驚く料理のひとつです。この名は、牛肉の塩漬けに元来使われていた塩の塊がトウモロコシ（コーン）の形をしていたのが由来です。

鶏肉をブライン液に漬けるのと同じくらい簡単ですし、味はお店で買ったものより格段に上です。このレシピでは亜硝酸ナトリウム▼いわゆるピンクソルトを使います。目的は、加熱後も肉の色を赤く保つためです。ピンクソルトを使わない場合は鍋でローストしたときの灰色がかった茶色に仕上りますが、おいしさは変わりません。

水　2000g
ピンクソルト　25g

砂糖　50g
ニンニク（つぶす）　10片
塩（あら塩またはコーシャーソルト）　100g
黒コショウ（ホール）　小さじ2
イエローマスタードシード　小さじ2
コリアンダーシード　小さじ2
乾燥赤唐辛子（フレーク）　小さじ2
オールスパイス（ホール）　小さじ2
ナツメグ（挽いたもの）　小さじ1
シナモンスティック（砕いておく）　1本
ローリエ（ちぎっておく）　6枚
クローブ（ホール）　小さじ2
生姜（粉末）　小さじ1
ビーフ ブリスケット（霜降り）　約2.25kg　1本

①水、ピンクソルト、砂糖、ニンニクを、ブリスケットが入る大きさの鍋にあわせ入れる。ブリスケットをぎゅうぎゅう押し込まずに浸るサイズの鍋を選ぶ。もし小さな鍋しかなければ、ブリスケットを二つ折りにしてもよい。ただしすべての面がブライン液に浸るように、1日に1回必ず引っくり返す。
②残りの調味料をボウルにあわせ、その調味料の半量を鍋に加え、残りはとっておく。水を煮立たせて、砂糖と塩が溶けるまでかきまわす。鍋を火から下ろして室温に冷まし、ブライン液が完全に冷えるまで冷蔵庫に入れておく。
③ブリスケットをブライン液に漬ける。ブリスケットが完全に浸るように皿で重石をする。4日間冷蔵庫でねかせる。
④ブリスケットをブライン液から出し、流水でよくすすぐ。ブリスケットを適度な大きさの鍋に入れる。水を注いだら浮いてしまうほど大きすぎず、鍋の側面にぎゅうぎゅう詰めになるほど小さくもない適度な大きさを選ぶ。ブリスケットがかぶるくらいの水を入れ、残りのスパイスと、水1kgあたり塩7～7.5gを入れる。沸騰させてから火を弱め、蓋をして、約3時間またはフォークが通るくらいやわらかくなるまで静かに煮る。水の量は常にブリスケットがかぶるくらいに保つこと。少なくなったら足す。ブリスケットを取り出し、薄切りにして、温かい状態で出す。煮汁は肉と野菜に水分を足すのに使える。
（＊注：焼いてから漉した煮汁少々で煮たキャベツと、ふかしたじゃが

いもとマスタードを添えて出す。もしくはブリスケットをサンドイッチ用にスライスするか、冷やしてラップし、使うときまで冷蔵庫に保存しておく）

⑤おいしいバリエーションとして、このコンビーフを自家製パストラミにもできる。ブライン液に漬けて加熱していないブリスケットに、同量の挽いたコリアンダーと挽いた黒コショウを混ぜたものをまぶし、ケトルグリルか家庭用燻製器でじっくりと燻煙するか、煙の出る木材チップを使ってごく弱火の間接熱で、蓋をしたグリルで焼く。熱々のパストラミにするならやわらかくなるまで蒸す。

4

油脂ベースのソース
Fat-Based Sauces

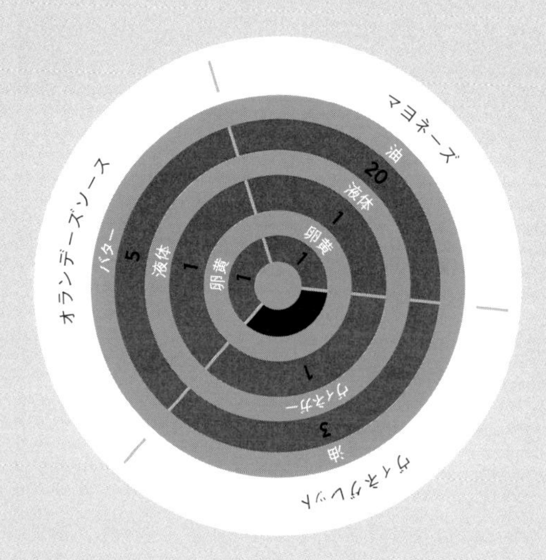

油脂ベースのソース

油脂は風味。
油脂は食感。
油脂は料理を滋味深くリッチにしてくれます。
油脂は料理に満足感を与えてくれる要素ですから、油脂ベースのソースは厨房で最も作り甲斐があり、また最も用途の広いもののひとつでもあります。春、旬のアスパラガスをゆでて冷水にさらし、鮮やかなグリーンを引き出してやわらかくすると、それだけでおいしくいただけます。しかし、レモン果汁とエシャロットのみじん切りで風味づけした作りたてのマヨネーズをつければ、さらにおいしさが増します。もっとわかりやすい例を挙げましょう。サラダボウルに生のレタスを盛っただけでは食欲をそそりませんが、おいしいオリーブオイルとシェリーヴィネガーで作ったエシャロットのヴィネグレット*を振りかければ、たちどころに食欲がわいてきます。

*ヴィネグレット
油脂（オリーブオイルなど）と、酸味のもの（ワインヴィネガーやレモン汁）をベースに作るソース各種の総称。日本でよく知られるフレンチドレッシングもヴィネグレットの一種。

家庭で作る際、ストックベースのソースよりも油脂ベースのソースが魅力的なのは、油脂が手軽だからです。ストックベースのソースはストックから作らなければなりませんが、油脂ベースのソースなら、その必要がありません。キャノーラ油、オリーブオイル、バター、それに酸味と調味料を加えればできあがり。グリルしたポークチョップ〔豚の骨付きロース肉〕も、ソテーした鶏むね肉も、蒸したカリフラワーやグリーンピースも、凡庸な料理からとびきりの逸品に早がわりです。
油脂ベースのソースは、ゆでた野菜、グリルした肉、魚、豆といった脂気のない料理にこそ効果を発揮します。デンプン質の食品や卵も油脂ベースのソースによってレベルアップします。脂肪分の多い料理に、油脂ベースのソースという組みあわせもみんな大好きです。魚のフライにタルタルソースとか、フライドポテトにマヨネーズをつけて食べるとか!
油脂を心配する人に一言。心配しないで。油脂は体によいのです。人間は生きるために油脂が必要です。油脂を食べるから太るのではありません。燃焼する以上のカロリーを摂取するから太るのです。控えめにとれば油脂で健康を損なうことはありません。控えめに食べるのがいちばんおいしいのです。ヴィネグレットをボウル一杯、マヨネーズを1カップ、バターをまるごと一本食べようとは思わないでしょう。加工食品の少ない食生活なら、適度な割合で使った天然油脂はたいていの料理をおいしくしてくれますし、体にもよいのです。

これから紹介する比率は、代表的な油脂ベースのソースです。マヨネーズ*、オランデーズソース*、ヴィネグレット。いずれも驚くほど用途が広く、難しいことはまったくありません。

*マヨネーズ

*オランデーズソース

*チミチュリソース（p201）

*ヴィネグレット

*ベアルネーズソース（p210）。写真は牛肉に添えられたベアルネーズソース

マヨネーズ

20：1

油　液体（＋卵黄）

アメリカの厨房や料理学校で使われているスタンダードな比率に、これは修正を加えたものです。卵黄1個分＋油1 1/5カップ＝マヨネーズという比率は覚えやすく失敗がありませんが、この量の油を乳化*させるためにこの量の卵黄が必要だ、という理論を教えられることが多いものです。しかし、そんなのは正しくありません。考えてみてください。卵黄の大きさなんていろいろなのに、油1カップに卵黄1個分で、卵黄の大きさがどうあれ、必ずマヨネーズになるのです。卵黄量が重要でないことはあきらかではありませんか。

*乳化
水と油のように本来混ざらない2種類の液体が、分離せずに混じりあっている状態になること。

ハロルド・マギーが『マギー キッチンサイエンス』で卵黄1個の乳化の力について述べています。「卵黄1個分で油14カップ以上を乳化できる」。注目すべきはその後で、「重要なのは、油と水の比率である」と。

冒頭の比率は、水ないしレモン果汁やヴィネガーなどの水分がなければ、自家製マヨネーズは現実問題として作れないという事実を説明し、強調するために修正を加えたものです。マヨネーズが分離してしまうのは、卵黄の量に対して油の量が多すぎるからではなく、水分量に対して油の量が多すぎるからなのです。

油が、水の膜に隔てられた無数の微粒子に分離する現象が乳化です。ここで卵黄に含まれるレシチンという分子が、油と水が分離した状態を保つのにおおいに役立ちます。マギーの解説によると、レシチンは水溶性と脂溶性の部分をあわせもっており、その一部が卵黄（脂肪）に、一部が水になじみ、水溶性の部分が油の粒子をはじいて乳化を維持しています。しかし水の量が十分でないと油の粒子がバリアを突破して他の油の粒子と結合してしまい、水と油の混合物がたちまち油の浮いたスープに変わってしまいます。

マギーは調理科学の権威であり、その解説は他の理論家からのお墨付きも得ていますが、厨房で油量を増やさず卵黄量を少なくして実験したところ、少量の卵黄で大量の油の乳化が可能であるという証明はできませんでした。スタンダードな比率どおりの油1 1/5カップに対して、私は卵黄小さじ1/4でマヨネーズを作りました。その結果、油約170gを水小さじ1と卵黄小さじ1/4で乳化させることができました。これが分離しないぎりぎりの量でした。水小さじ2では油200gの乳化が可能で、それ以上、油を足すと分離しました。次に卵黄小さじ1を使ってみました。水小さじ1と同量の卵黄を使ってマヨネーズを作ると、油約200gでやはり分離しました（マヨネーズが濃厚になって照りが出てくると分離しそうだなと事前にわかります）。卵黄量を減らしてもマヨネーズは作れるかもしれませんが、そのプロセスで起こりうる失敗の要因をいろいろ勘案すると、節約して小さじ1/4にするよりも、小さじ1杯をまるまる使うほうが最も現実に即していると、この実験からわかりました。

もちろん、マヨネーズには色と風味という要素があります。卵黄量を増やせば色が濃くなり、風味が増します。この2つはどんなソースにおいても重要な要素です。メレンゲやエンジェルフードケーキを作った際にあまった卵黄を容器にとっておくのもありでしょう。マヨネーズを作るときにそこから小さじ1か大さじ1の卵黄を使えるわけです。卵黄量を減らしたいけれどソースは乳化させたいという場合は、小さじ1だけとって残りを捨てることがあるかもしれません。ですが卵黄は1個単位なので、使いやすいスタンダードな55g程度の卵なら、卵黄1個分を使うのがよいでしょう。レストランのシェフであったり、大人数のパーティー用のポテトサラダに使うなど、大量に作る場合には、水の量さえ足りていれば（油200gにつき10g）卵黄1個分で十分です。

繰り返しになりますが、乳化していたものが分離するのは卵黄が足りないからではなく、水分量が足りないからであることを覚えておいてください。

自家製マヨネーズはどのような使い方をするかによって作り方が変わってきます。必要な分だけ作ってもいいですし、マヨネーズのベースを作っておき、必要に応じて調味料やスパイスや野菜を足す方法もあります。たとえば自家製マヨネーズにエシャロットのみじん切りを入れてしまうと、その日に使わなければ香りが飛んでしまいます。しかしレモン果汁と水（水はなくてもよい）、塩、卵黄、油だけでマヨネーズを作れば、数日間はおいしく食べられます。この方法なら、金曜日の午後にマヨネーズを作って、まずその半量にクミン、コリアンダー、赤玉ねぎのみじん切り、ライム果汁で味つけし、その日の晩のグリルステーキに添えて出せます。翌日はエシャロットとタラゴンで味つけして残ったステーキで作るサンドイッチに使い、さらに数日後にはフィーヌゼルブで味つけして新じゃがいものスライスにあえ、ポテトサラダにすることができるわけです。

乳化させる方法はいろいろあります。スタンドミキサー、フードプロセッサー、ブレンダー、ハンドブレンダー、重たいすり鉢、どれでも上手にできます。好みのやり方で結構です。私は泡立て器を使います。これがいちばん手早いからです。ボウルと泡立て器さえあればよく、器具を引っ張り出してきて終わったら洗う手間もいりません。また、特に少量、たとえば50㎖だけほしいときなどには、調整もしやすいからです。大人数用に、大量に必要なときには、スタンドミキサーなど機械を使うのがよいかもしれません。

油の乳化にかかわってくる条件のひとつに温度があります。材料を室温にしておくと乳化しやすくなります。塩も同様です。マスタードなど、乳化を安定させ維持してくれる材料もあります。植物油よりもオリーブオイルのほうが乳化しやすいなど、油の種類によっても乳化のしやすさが変わってきます。ですが油ならいずれも乳化できます。サラダにはクルミ（ウォルナッツ）油で作ったマヨネーズがよいかもしれませんし、ピスタチオ油にレモンの果汁と皮のすりおろしを加え、マヨネーズにしてサーモンテリーヌ（p166）のスライスに添えて出すのもよいでしょう。

比率と基本のテクニックを覚えれば、キッチンでの自由度が上がります。

困ったときのお助けワザ。マヨネーズは時として、いとおしいけれど手の焼ける子供になります。完成直前に分離してしまうという悪さをするのです。ソース類はこちらがおっかなびっくりの姿勢で臨むと、それが反映しますので、こわがらないでください。マヨネーズは思いどおりになってくれないものですし、必ずそういうことがありますから、抵抗してはいけません。しかし最終的には分離したマヨネーズをまとめて乳化しなおせますし、そうすべきです。最後はマヨネーズもいうことをきいてくれます。分離したマヨネーズを乳化しなおすには、新しいボウルを用意して水小さじ1（お好みで卵黄も少々）を入れ、泡立て器で混ぜながら、滑らかなソース状になるまで分離したマヨネーズを足していってください。

基本のマヨネーズ――使い道無限の万能ソース

マヨネーズは料理人にとってこのうえなく楽しい料理のひとつです。平凡な植物油があっと目を見張る変化を遂げるのですから、まさに大変身です。そして魔法をかけるのは、料理人であるあなたです。透明でとろりとした味のない液体が、少々の酸味と塩に泡立て器と卵黄1個で、クリームのような質感でうっとりする味わいの絶品ソースになっていくのは、不思議ですよね。やわらかいグリーンピースを植物油につけて食べようとは絶対に思わないのに、その油がレモンの香り高いマヨネーズに変身したら、急につけたくなるのです。

これから紹介するのは基本のマヨネーズ、味つけはレモン果汁と塩です。それでも必要最低限よりも風味をつけています。もしも自由自在に絵筆を振るえるまっさらなキャンバスのほうがよければ、卵黄小さじ1、水大さじ1、油285gでマヨネーズが作れます。ですからこれから紹介するマヨネーズは、スパイスや香味料を加える前のこの段階であっても変更可能なのだと頭に入れておいてください。酸味と液体として白ワインヴィネガー、赤ワインヴィネガー、ライム果汁、マイヤーレモン果汁〔レモンとオレンジの交雑から生まれた甘みのあるレモン〕、はたまたヴェルジュース〔未熟のブドウを絞った酸味のあるジュース〕を使ってもいいのです。マヨネーズのベースはきちんとラップすれば、1週間はもちます。ラップするのは脂肪が冷蔵庫臭を吸収するためです。

これは応用自在な理想のマヨネーズです。それだけでもおいしいし、油脂と風味を添えるといっそう引き立つほぼどんな料理にも簡単に手を加えてあわせられます。

できあがりの分量：1 1/5カップ（240㎖）

卵黄（有機卵か平飼い卵が望ましい）　1個分
塩　小さじ1/2
水　小さじ1
レモン果汁（搾りたて）　小さじ2または適宜

キャノーラ油または植物油　200～285g

①卵黄、塩、水、レモン果汁を大きなボウルにあわせる。油の量が少なくてもボウルのサイズは大きいほどよい。ふきんをねじって輪を作り、ボウルの底に敷いて油を泡立てているときに動かないように固定する。

②油をカップにはかり入れる。このカップはたとえばパイレックスの計量カップのような、注ぐ量を一定に保ちやすいものにする。卵黄を泡立て始め、泡立てながら油を数滴ずつ垂らしていき乳化させる。そのまま泡立てながら、残りの油を細いひも状に注ぎ入れる。泡立て器にくっつくくらいの濃さになるまで泡立てる。流れる状態だと分離している。分離したら、油を入れていたカップに戻してボウルをきれいに拭き取り、水小さじ1、あれば卵黄も少々を加える。水を泡立て器で手早くかき混ぜながら分離したマヨネーズを一滴ずつ加えて乳化させ、その後細いひも状に注ぎ入れる。

黄金比とテクニックを覚えたら、わずか数分でどんな肉、野菜にでもあわせて自家製ソースが作れます。バリエーションは無限です。味の組みあわせには常識を働かせてください。マヨネーズにいちばんあう香味野菜のひとつはおそらく細かくみじん切りしたエシャロットでしょう。私にはエシャロットなしのマヨネーズなど考えられません。エシャロットとレモンをたっぷり効かせたマヨネーズを作るのが好きです。エシャロットを数分間レモンにつけておき風味をやわらげてから、油を混ぜ入れます。ニンニクとオリーブオイルを同じ方法で使うと伝統的なアイオリソースになります（本来のやり方では重いすり鉢とすりこぎで油と液体を乳化させます）。フルーティーな上質のオリーブオイル1 1/5カップ（240mℓ）と、ごく細かいみじん切りにしたニンニク小さじ1を使います。ニンニクはレモン果汁に数分間つけてください。

注意点をひとつ。マヨネーズに生のニンニクを使うときは、芯の部分――中央の、緑色になっている芽の部分を取りのぞくことが大事です。えぐみが出ることがあるためです。1片を縦半分に切り、果実ナイフで芯を取ってください。使うニンニクの量が多い場合は皮をむかずに半分に切ってお湯につけておくと、皮むきも芯を取るのも楽になります。一般的にはこの処理をしておくとよいですが、すぐに加熱調理する場合には不要です。

このレモンとエシャロットのマヨネーズはサーモンに添えるとよいでし

ょう。それ以外でサーモンにあうのは、または普通使われるのは何でしょうか。ディルやチャイブはサーモンと一緒に使われることがよくありますから、ディルとチャイブのマヨネーズを作ってみてもよいかもしれません。これはじゃがいもともよくあいます。柑橘系もサーモンとあいます。レモン、ライム、グレープフルーツ、オレンジの皮のすりおろしと果汁でシトラスマヨネーズが作れます。

私はラム肉の風味づけにディルは使いません。ラム肉のサンドイッチにはミントかコリアンダーのマヨネーズで味つけしてはいかがでしょう。液体に香味料と調味料を加えるのは油を入れる前でも後でもかまいませんが、緑のハーブは油を入れてから加えるのが無難です。酸で色が変わらないようにするためです。ローストチキンの残りでカレー味のチキンサラダを作るなら、新鮮なもしくは作りたてのカレーパウダーに、細かくみじん切りしたニンニクと細かくすりおろした生姜(しょうが)を加えてください。フィーヌゼルブを使うと、マヨネーズはまた目先が変わります。生姜、みじん切りしたスカリオン〔注→P98〕、魚醤1滴、ごま油少々でも印象がガラッと変わります。マスタードはマヨネーズの調味料として手軽で優秀です。クルミ油やピスタチオ油など、油もいろいろかえて試してみてください。可能性はどこまでも広がります。

レモンとエシャロットのマヨネーズ

これは私の大好きなバリエーションで、レモンをたっぷり使い、カイエンペッパー少々を効かせています。どんな調理法の鶏肉や魚でも、また生野菜でも野菜のア・ラ・グレック*でもあいます。蒸してから冷やしたアーティチョーク〔写真→p11〕にあわせるなら絶対にこれです。

*野菜のア・ラ・グレック
ア・ラ・グレックは「ギリシャ風」の意。野菜を、オリーブオイル、レモン果汁、香味野菜などで風味をつけたマリネ液でゆで、冷製にして供する料理。

できあがりの分量：1 1/5カップ（240mℓ）

レモン果汁　大さじ1
エシャロット（細かいみじん切り）　大さじ1
塩　小さじ1/2
卵黄　1個分
カイエンペッパー　小さじ1/8～1/4
キャノーラ油　200g

①レモン果汁、エシャロット、塩を大きなボウルにあわせて数分おく。ふきんをねじって輪を作り、油をかき混ぜているときに動かないようボウルの底に敷く。卵黄とカイエンペッパーを加え、かき混ぜる。
②油をカップにはかり入れる。このカップはたとえばパイレックスの計量カップのような、注ぐ量を一定に保ちやすいものにする。卵黄を泡立て始め、泡立てながら油を数滴ずつ垂らしていき乳化させる。そのまま泡立てながら、残りの油を細いひも状に注ぎ入れる。味見をして調整する。質感をみて濃すぎるようなら、水かレモン果汁を少々足して薄めてもよい。

チリ ライム マヨネーズ

グリルしたポークやグリルしたビーフに添えたり、グリルした肉のサンドイッチに添えたりするとおいしいマヨネーズです。紹介している分量は参考程度と思ってください。手元にあるチリペッパーを何種類入れてもかまいません。古くて香りがとんでいない、新鮮なものかどうかだけは気をつけてください。乾燥唐辛子を丸ごと買うなら、オーブンで焼いて完全に水分を抜き、茎と種を取りのぞいてから、コーヒーミルかスパイスグラインダーで挽いてください。加える前に味見して辛みを確認しましょう。

できあがりの分量　3/5カップ（120mℓ）

クミンシード（オーブンで素焼きしてから細かく挽く）　小さじ2
コリアンダーシード（オーブンで素焼きしてから細かく挽く）　小さじ1
カイエンパウダーまたは挽いたチポトレパウダー　小さじ1/8
ニンニク（芽を取りのぞいて細かくみじん切りするか、つぶすか、またはつぶしてペースト状にする）　1片
ライム果汁（搾りたて）　小さじ2または適宜
基本のマヨネーズ（p189）　3/5カップ
コリアンダー（刻む）　大さじ1
ハラペーニョ（みじん切り）　小さじ1（なくてもよい）
塩、挽きたての黒コショウ

①塩とコショウ以外のすべての材料をあわせてから、塩コショウで味をと

とのえる。スパイスがなじむように、食べる1時間以上前に作るのがおすすめ。

フィーヌゼルブのマヨネーズ

冷製チキンにも温かい鶏肉料理にも、チキンサラダにもあう万能のおいしいソースです。じゃがいもにかけてもおいしいものです。新じゃがいもをゆでて、手で扱えるくらいまで冷ましてから薄切りにし、このフィーヌゼルブのソースをかけてください。暖かい夏の晩にぴったりです。チャービルはなかなか入手しにくいかもしれません。チャービルが手に入らなければ、タラゴンを倍量にしてもかまいません。

できあがりの分量：3/5カップ（120mℓ）

タラゴン（刻む）　小さじ1
チャービル（刻む）　小さじ1
パセリ（刻む）　小さじ1
チャイブ（刻む）　小さじ1
エシャロット（みじん切り）　小さじ1
基本のマヨネーズ（p189）　3/5カップ
塩とレモン果汁　適宜

①ハーブ、エシャロット、マヨネーズをあわせる。味をみて必要に応じて塩とレモン果汁で味をととのえる。

カレー味のマヨネーズ

このバリエーションは従来からカレーの具になってきた肉――鶏肉、ラム肉、エビ、野菜に使えます。冷製にして出す料理は温かい料理のように香りが立たないぶん、風味を大胆に効かせるのが大事です。カレーパウダーはごく新鮮なものを使うようにしてください。スパイスラックに何年も前から置きっぱなしのものは避けましょう。香りを引き出すために油をひかないフライパンで熱して別の容器に移し、冷ましてからマヨネーズに加えてください。

できあがりの分量：3/5カップ（120㎖）

カレーパウダー　小さじ2
カイエンペッパー　小さじ1/4（なくてもよい）
ニンニク（芽を取りのぞいてつぶすか細かくみじん切りしたもの）　1片
生姜（しょうが）（細かくすりおろす）　小さじ1
基本のマヨネーズ（p189）　3/5カップ
塩とレモン果汁　適宜

①塩とレモン果汁以外のすべての材料をあわせてかき混ぜる。塩とレモン果汁で適宜味をととのえる。スパイスがなじむように、30分冷蔵庫で休ませ、味をみて必要に応じてもう一度味をととのえるのがおすすめ。

即席マヨネーズ

100㎖くらいの少量だけ、作りたてマヨネーズがほしい場合は、ハンドブレンダーを使って驚くほど手早く、簡単にできる方法があります。これを私に最初に教えてくれたのは親しいつきあいのシェフ、ボブ・デル・グロッソでした。最後になって泡立て器より手早く作れる方法を明かすなんて、ひどいと思われそうですが、泡立て器を使うのも大事だと私は思うのです。この方法で作るマヨネーズはとても濃厚ですが、泡立て器で作るときよりも分離しやすくなっています。とはいえ、ハンドブレンダーとちょうど刃がおさまる大きさのカップさえあれば、完璧なマヨネーズが瞬時にできてしまいます。ですから生野菜の盛りあわせ用の新鮮なアイオリソースやグリルポーク サンドイッチ用のチリマヨネーズがほしいときに、市販品に手を伸ばしてしまう言い訳はできませんよ。なにも大層なことではありません。今度BLTサンドイッチを作るときには、3分間だけ時間をかけてこのマヨネーズを作ってください。史上最高のBLTサンドになるはずです。

できあがりの分量：3/5カップ（120㎖）

卵黄　1個分
水　小さじ1
レモン果汁　小さじ1
塩　小さじ1/4
キャノーラ油　1/2カップ　レモン果汁で調整しながら必要に応じて足す

①卵黄、水、レモン果汁、塩を450mℓ程度のパイレックス製の計量カップにあわせる。ハンドブレンダーで1回撹拌し、混ぜあわせる。
②油を数滴加え、ブレンダーをカップの底にあてて乳化するまで2～3秒撹拌する。ブレンダーを回しながら残りの油をゆっくりとカップに注ぎ入れる。ハンドブレンダーを上下させて油をよくなじませる。撹拌を始めてから15～20秒でできあがる。

ヴィネグレット

3:1

油　ヴィネガー

ヴィネグレットは実に便利なレシピで、定番ソースのレパートリーの中でも独自のカテゴリーを確立しています。ストックとほぼ同じツールとみなされていることから、マザーソースと考えるべきでしょう。

ヴィネグレットは家庭でもプロの厨房でも、最も日常的に使われているソースかもしれません。油脂と風味とスパイスと酸味が一体となった味は料理にとてつもない威力を発揮します。油脂はリッチで贅沢な味わいをもたらすばかりでなく、香味料と調味料とスパイスの香りを運んでくれます。料理の基本的な味の要素のひとつである酸味は、脂肪たっぷりの料理（グリルした肉など）にはコントラストを、レタスなどの野菜や魚のように脂肪を含まなかったり強い味のない素材には複雑さを与えてくれます。

そして他のマザーソースと同じように、ヴィネグレットも変幻自在です。調味料と香味料の選択だけでなく、油脂と、必ずしもヴィネガーでなくてもよい酸味の選択によってバリエーションは無限に広がります。何を選んでも結果に影響が生じます。無味の油を使うケースが最も一般的でしょうが、オリーブオイルを使えばヴィネグレットの方向性が変わってきます。油のかわりに温めたベーコンの脂肪を使えば、違いはさらにはっきりします。酸味となるのは通常ヴィネガーですが、これだけでも選択肢はたくさんあります。赤ワインヴィネガー、白ワインヴィネガー、シェリーヴィネガー、バルサミコヴィネガー、フレイバーヴィネガー。しかし酸味をヴェルジュース〔未熟のブドウを絞った酸味のあるジュース〕や、ライムやグレープフルーツなどの柑橘類の果汁にしても、ヴィネグレットの仲間に入れることができます。香りづけは、出す直前に加える辛みの少ないエシャロットや、茎のやわらかいハーブ――バジル、チャイブ、パセリ、ミント、コリアンダー、ディルなど――から、1時間以上ヴィネグレットにつけておく茎の固いハーブ――セージ、ローズマリー、オレガノ、タイム――、さらにはチリパウダーやカレーパウダー（加える前に素焼きするのがおすすめ）まで、実に多彩です。

混ぜ方もソースの効果を左右します。いちばんシンプルなヴィネグレットは、サラダに別々にかける油（オイル）とヴィネガーです。最初に油をかけて葉をコーティングしてから、ヴィネガーで「味つけ」します。油とヴィネガーが一時的に混ざるように泡立て器やブレンダーで撹拌することもできますが、この場合、ソースはゆるいままです。油を酸性の液体に乳化させて濃厚でクリーミーな食感のソースにすることもできます。そしてマヨネーズと同様、ヴィネグレットもベースとして大量に作っておいて、一週間にわたって必要なときに好きな香味料や調味料を加えて使うことができます。

油（オイル）または脂（ファット）3：酸性の液体1の比率がスタンダードですが、好みにあわせて変えることができますし、変えるべきです。赤ワインヴィネガーを使ったヴィネグレットなら3：1が理想ですが、ライム果汁のような酸味の強い柑橘類の果汁を使うのであれば、油は4にするとよいかもしれません。酸味が強くて油分の少ないヴィネグレットにしたい場合や、鴨脂やベーコンの脂のような香りの強い脂肪を使う場合は、油脂の比率を下げてもよいでしょう。油の量を減らす方法は他にもあります。別の材料をたくさん加えることです。たとえば生のトマトを混ぜ入れてトマト ヴィネグレットにするなど。油の一部を野菜のストックに置き換えれば、ヴィネグレットのカロリーダウンが

▲ヴィネグレットは料理人にとって非常に大切で便利なソース。魚や肉から野菜まで万能の活躍をしてくれるうえ、味は変幻自在。まさにマザーソースというにふさわしい、塩に次いでよく使われる調味料。写真は加熱したポロねぎにスプーンで振りかけた、エシャロット入りのベーシックなヴィネグレット。

できます。

ヴィネグレットはグリーンサラダや野菜サラダにぴったりなのはもちろんですが、あらゆる家禽、魚、肉とも完璧にあいます。たとえば、ゆでたサーモンにグレープフルーツのヴィネグレット、グリルステーキにチリのヴィネグレットなど。ビーフに使う南米の定番ソースであるチミチュリ（p201）はハーブをたっぷり使ったヴィネグレットにほかなりません。ソテーした鶏肉の脂をそのまま使ってエシャロットを炒め、ヴィネガーかレモン果汁を加えてかき混ぜ、みじん切りしたトマトを加えて鶏肉にかければ、温かい食卓に出す直前（ア・ラ・ミニュット）に使うヴィネグレットになります。温かいヴィネグレットは魚にもよくあいます。何にでもあわせられるので、ヴィネグレットの力をよく知って料理をワンランクアップするのに使いこなすのが賢い料理人といえましょう。

定番の赤ワイン ヴィネグレット

働き者のヴィネグレット、サラダや野菜の万能ドレッシングです。赤ワインヴィネガーのかわりに白ワインヴィネガーやレモン果汁にしてもよいですし、香味料としてニンニク（生のままでもローストしても）と黒コショウを使ってもかまいません。白ワインヴィネガーを使うのであれば、エシャロットのみじん切りや、ローストしたエシャロット、直前に刻んだパセリのような香味野菜を完成間際に加えてもよいでしょう。酸味のバランスをとるために、砂糖かハチミツを入れることもよくあります。このレシピでは、風味づけだけでなく乳化を維持する役割として、マスタードを加えています。

スタンダードな作り方。油以外のすべての材料をあわせます。特に塩をヴィネガーに溶かして均等にゆきわたるようにするのがポイントです。泡立て器かブレンダーで油をゆっくりと混ぜ入れ、マヨネーズのように均質なソースを作ります。油を一度に加えてしまうと分離しやすくなります。よく混ぜるほど濃厚なソースになります。泡立て器でかき混ぜながら、あるいはブレンダーを回しながら油を細いひも状にして注ぎ入れると、ヴィネグレットを乳化できます。ただしブレンダーを使うと濃厚になりすぎて、うまく混ざらなくなることがあります。その場合はブレンダーからボウルに移して、泡立て器で油の乳化を完成させてください。いうまでもありませんが、ヴィネガーの味がよいほどソースもおいしくなります。ヴィネガーの味は、だいたい値段に比例しています。

できあがりの分量：1 1/5カップ（240mℓ）

赤ワインヴィネガー　55g
ディジョンマスタード　大さじ1
塩（あら塩またはコーシャーソルト）　小さじ1/4（1.25g）または適宜
キャノーラ油　165g

①ヴィネガー、マスタード、塩をボウルかブレンダーにあわせる。泡立て器でかき混ぜながら、またはブレンダーを回しながら、油を細いひも状に注ぎ入れ、完全に混ざるまで撹拌する。このヴィネグレットは冷蔵庫で1週間もつ。

ヴィネグレットのバリエーションは無限

▸赤ワインヴィネガーを、白ワインヴィネガーやシェリーヴィネガーに。ヴィネガーの質が良くなるほど、ヴィネグレットもおいしくなります。

▸ハチミツ、ブラウンシュガー、もしくはバルサミコヴィネガーを大さじ1加えて、甘みを出します。

▸使う直前に刻んだパセリかチャイブを大さじ2、もしくはエシャロットのみじん切り大さじ1と一緒に加えてみましょう。

▸ローストしたエシャロット1本をヴィネガーに加え、油を足しながらブレンダーでピューレ状に。ローストの方法は、エシャロットの皮をむかずにオリーブオイル数滴と塩少々を振ってアルミホイルに包み、200°Cのオーブンでやわらかくなるまで、約30分間焼きます。

▸いつものヴィネグレットに他の野菜を追加しましょう。ヴィネガーに角切りしてローストした赤ビーツを2/5カップ加え、油を足しながらピューレ状にすると、赤ビーツの風味と鮮やかな色が楽しめます。

▸ヴィネガーにチェリートマトを3/5カップ加えて油を足しながらピューレ状にすると、酸味と甘みに複雑さが出せます。

▸キュウリのサラダやダイコンの千切り、その他コールスローに使うアジアン風味のヴィネグレットの作り方。皮をむいてこまかくすりおろした生姜（しょうが）大さじ1を油に加え、1時間以上なじませます。赤ワインヴィネガーのかわりに米酢を使い、挽いたマスタード小さじ2を加えたディジョンマスタードとごま油小さじ1で調味します。

柑橘類のヴィネグレット

柑橘類のヴィネグレットはさわやかで、使う果実の酸味によっては油の量を少なくできます。やわらかい緑の野菜にも、ポロねぎのように加熱してから冷やした野菜にもよくあいます。

できあがりの分量　約1 1/5カップ（240mℓ）

搾りたてのグレープフルーツ果汁　3/10カップ（60mℓ）
ライム果汁　大さじ2
搾りたてのオレンジ果汁　大さじ1
赤玉ねぎまたはヴィダリアオニオン〔米国ジョージア州ヴィダリア産の甘味の強い玉ねぎ〕（細かい角切りにする）　3/10カップ
ライムの皮のすりおろし　小さじ1/2
オレンジの皮のすりおろし　小さじ1/2
塩　小さじ1/4
キャノーラ油　115g

①油以外のすべての材料をボウルにあわせてから、ゆっくりと油を混ぜ入れる。

ナッツのヴィネグレット（クルミ）

ナッツはヴィネグレットに、まさにナッティな風味を加えてくれます。ナッツのヴィネグレットはナッツのフレイバーオイルを使えば簡単に作れますし、混ぜる際に素焼きして刻んだナッツを加えてもできます。ナッツを加える場合はブレンダーでピューレ状にしてもよいですし、そのまま食感を残すやり方もあります。これから紹介するヴィネグレットはエンダイブとクレソンとリンゴのサラダや、歯ごたえがあって苦みのある葉野菜にぴったりです。ナッツのヴィネグレットに使えるナッツ類や油には、ほかにピスタチオ（ピスタチオ油）とピーカンナッツ（ピーカンナッツ油）があります。良質の油を使いましょう。ナッツオイルは嫌な臭(にお)いになることもよくあります。ラ トゥランジェル社（La Tourangelle）は非常に質の高いナッツオイルを製造しています〔日本でも販売されている〕。

できあがりの分量：約1 1/5カップ（240mℓ）

シェリーヴィネガー　3/10カップ（60mℓ）
塩（あら塩またはコーシャーソルト）　小さじ1/4（1.25g）
キャノーラ油　85g
クルミ油　85g
クルミ（素焼きして粗く刻む）　3/10カップ

①ヴィネガーと塩をボウルにあわせ、泡立て器で油を混ぜ入れてからクルミを加える。または、ヴィネガー、塩、クルミをブレンダーであわせてから、ブレンダーを回しながら油を細いひも状に注ぎ入れてもよい。

肉と魚にあわせるヴィネグレット

ここでは、サラダや野菜のドレッシングではなく肉にかけるために考案されたヴィネグレットをいくつか紹介します。サラダにもよくあいますが、肉を引き立てて風味をつけてくれる、しっかりした味のヴィネグレットです。料理のソースを煮詰めたストックとバター以外のもので作る方法としてぜひおすすめです。

チミチュリソース

チミチュリは南米のソース〔写真→p185〕。ハーブをたっぷり使ったヴィネグレットで牛肉に添えられるのが定番です。具をペースト状にしたゆるいソース、ペスト（Pesto）くらいの濃度にしてください。チミチュリにはオレガノが絶対に不可欠というのが私の持論ですが、もちろんハーブの種類は変えてもらってかまいません。コリアンダーでも、ミントでも。もっと刺激がほしい？　それならハラペーニョか、みじん切りにしたチポトレを加えてください。

できあがりの分量：1 1/5カップ強（240㎖強）

赤ワインヴィネガー　3/10カップ（60㎖）
塩（あら塩またはコーシャーソルト）　小さじ1/2（2.5g）
オリーブオイル　180g
オレガノ（刻む）　大さじ3
パセリ（刻む）　大さじ3
赤玉ねぎ（細かい角切り）　大さじ1
ニンニク（みじん切り）　小さじ1
ハラペーニョ（ヘタと種をとり、細かい角切り）　1本
ホットスモークパプリカ　小さじ2

①ヴィネガーと塩をあわせて、塩を溶かす。残りの材料を加える。香味料が油になじむよう、1時間置く。

ライムとピーナツのヴィネグレット

ライムとピーナツのヴィネグレットは、ピーナツバターにかなり脂肪が入っていますので、基本の比率を変えています。このヴィネグレットは鶏肉に特にあいます。アメリカ人はとかくサラダの上にチキンを載せたがるものですが、このヴィネグレットはそんな組みあわせでも、チキン単体でもおいしくめしあがれます。また、ライムとピーナツは牛肉や豚肉にもあう味です。ですから骨なしの鶏むね肉のかわりにグリルしたフランクステーキにこのドレッシングという組みあわせも考えてみてください。

できあがりの分量：1 1/5カップ（240㎖）

ライム果汁　3/10カップ（60㎖）
塩（あら塩またはコーシャーソルト）　小さじ1/2（2.5g）
エシャロット（みじん切り）　大さじ1
ナチュラルピーナツバター　3/10カップ
カイエンペッパー　小さじ1/4
ピーナツ油または植物油　115g

①ライム果汁、塩、エシャロットをブレンダーであわせる。塩が溶けてエシャロットが均等に混ざるまで、1〜2秒撹拌する。残りの材料を加え、混ざるまで撹拌する。

温かいトマトのヴィネグレット

これも基本のヴィネグレットです。違うのは冷たいまま作るのではなく、中火のフライパンで材料をあわせることだけ。こうするとトマトの香りが濃くなり、エシャロットの甘みが増すのです。オヒョウ、タラ、ティラピアなどの白身魚に添えると絶品のソースになります。また、ありふれた骨なしの鶏むね肉もこのソースで大変身します。それ以外にも、ゆでた新じゃが、塩ダラ、あるいはゆでた根菜類と塩ダラかマスの燻製の取りあわせにもよくあいます。

トマト（種をとって皮をむき、角切り） 3/5カップ
塩（あら塩またはコーシャーソルト） 小さじ1/2（2.5g）または適宜
エシャロット（薄切り） 3/10カップ
ニンニク（みじん切り） 小さじ1
キャノーラ油 大さじ1
ディジョンマスタード 大さじ1
シェリーヴィネガー 30g（大さじ2）
オリーブオイル 70g

①トマトを塩と混ぜて水分と香りを引き出す。エシャロットとニンニクをキャノーラ油で強めの中火にかけて、透きとおるまで炒める。トマトとトマトから出た水分をフライパンに加え、かき混ぜながら1分間ほど加熱し、水分を飛ばす。
②マスタードとヴィネガーを加え、混ぜあわせる。オリーブオイルを泡立て器で混ぜ入れ、よく混ざったらフライパンを火から下ろす。味見をして必要に応じて塩かヴィネガーを足す。魚、鶏肉、野菜などにかける。

オランデーズソース

5：1：1

バター　卵黄　液体

乳化させたバターソースの、オランデーズソースとベアルネーズソースは、現在最もよく使われているソースですが、それも当然といえるでしょう。ソースの世界では昔からスター級の存在であり、料理人の腕前の証明です。しかも料理の構成要素の重鎮、バターを思いきり主役にすえているのです。乳化させたバターソースは、濃厚で贅沢な味わいに仕上げなければなりません。エシャロットから生のハーブまでさまざまな香味野菜でしっかり香りづけし、レモン果汁かヴィネガーで酸味を際立たせます。見た目はつやつやと色あざやかに、口当たりは軽く。

両ソースのリッチさの秘密は、温めながらホイップしたたっぷりの卵黄です。伝統的な配合比率（重量ではない）、オランデーズソース＝バター1ポンド（約455g）：卵黄6個分は優れもので上手に仕上がります。この配合比率はもともとエスコフィエが考案したようです。料理書によっては卵黄に対してバターの量をかなり抑え、3：1、ことによっては2：1としているものがありますが、ここまでいくとサバイヨン〔注→p19〕の領域に近づいてきます。それよりも何よりも、私は料理人の良心として、機会さえ許せばバターは多めに使うべきと信じているのです。伝統的なマヨネーズの配合比率と同じく、オランデーズソースの配合比率も以前は水分を考慮していませんでした。マギーはマヨネーズの章でこの伝統的な配合を取り上げて検証し、卵黄1個分には何グラム分もの油脂を乳化させてあまりあるレシチンが含まれていると述べています。ですからオランデーズソースをはじめ乳化させたバターソースの仲間に卵黄を2個分以上使うのは、食感と香りとリッチさを出すためなのです。乳化が失敗する大きな要因が、水分（レモン果汁やヴィネガーも含む）の不足ではないのもわかっています。水分量はこうしたソースでは卵黄の量以上に影響力は小さいのです。マヨネーズとは違い、ソースは加熱するからです。加熱中に蒸発して水分はたえず減っていきます。ですから卵黄の量は水分の量と同様、配合比率の決め手とはなりません。通常、私は確実に乳化させるために油脂280～285gに対して水を約大さじ1使うようにしています。オランデーズソースを作るときはいつも、必要に応じて足せるように水を手元に用意しておきます。

スタンダードな比率は重量比で、おおよそバター5：卵黄1：水1になります。繰り返しになりますが、マヨネーズよりも水分は多くなります。数分間卵黄を加熱するので、その間に水分が飛ぶからです。卵黄1個分の重さを20gとすると、バター425gに対して卵黄4個分強、重さにして卵黄85gと水85gを使う計算になります（5：1：1）。比率はここでも、できあがりのソースの量を少なくしたい場合に役に立ちます。それほどたくさんはいらないというときは、卵黄1個分（20g）とバター100gを使えばよいのです。

その先は香りづけがすべて。ハーブ、香味野菜、スパイス、酸味で風味をつけます。

乳化させたバターソースの根底にある原理は、マヨネーズと同じです。油脂、バターソースの場合は油ではなくバター脂肪――伝統的なやり方では純粋なバター脂肪、または澄ましバター――を泡立て器で卵黄に混ぜ入れ、濃厚で安定した乳化液を作ります。ただしマヨネーズと異なる大きなポイントがいくつかあります。まず、温かい料理に添えて食べることを想定した温かいソースであること。卵黄を加熱することで、ソースにボリュ

▲乳化させたバターソースはマヨネーズに似ている。違いは温めることと、油でなくバターを使うことだけ。料理人が生み出すソースの中でも最も贅沢でリッチなソースのひとつといえる。写真は伝統的なベアルネーズソース。生のタラゴンで香りづけしてあり、グリルステーキを引き立てている。

ーム感と香りが加わります。卵黄の量はマヨネーズよりも乳化したバターソースのほうが多いのが普通で、これにより色、食感、香りのリッチさが増します。そして酸味には煮詰めた液を使う場合もよくあります。ヴィネガーは香味野菜と一緒に煮詰めてから漉して、水分としてできあがりのソースに含まれることになります。マヨネーズと同じく、伝統的なレシピでは卵黄の量が、安定した乳化液を作るのに必要な量よりずっと多くなっています。ですが卵黄はほんの少量あれば、何カップ分もの油の乳化ができます。乳化した状態を維持するために大事なのは、ソースに含まれる水分量なのです。

私は多くの料理書や料理学校が教える、伝統的なオランデーズソース――バター1ポンド（約455g）につき卵黄6個分という覚えやすい配合比率の――と、そこから少し逸脱したソースの両方を紹介してきました。なるべく混じりけのないバターの香りを出したければ卵黄の量を減らしてもかまいませんが、できあがりのソースの香りに卵黄が重要な役割を果たしていることに変わりはありません。逆に卵によるふわふわとした泡のような食感が好きなら、バターの量を減らしてもかまいません。

伝統的な方法では澄ましバターを使いますが、非発酵バターも使えます。澄ましバターを使うと、非常に洗練されたデリケートな味わいになります。非発酵バターには水分と固形分が含まれますので、乳化した状態を維持するのに役立ちます。一方、材料を温めて使うため、卵を加熱するうちに水分が減っていきますので、乳化状態を維持するために十分な水分――水、煮詰めた液、酢や果汁が残っているように気をつけてください。

スタンダードな作り方は次のとおりです。香味野菜とヴィネガーを煮詰めた液を作り、加熱用の鍋に漉し入れます。二重鍋なら確実に適度な熱を入れることができますが、好みで弱い直火でもかまいません。塩を加え（必ず溶けるように早い段階で塩を入れるのが重要）卵黄を加え、卵がふわっとして熱が通るまで、たえず泡立て器でかき混ぜながら65～70°Cで加熱します。火を弱めるか火から下ろして、マヨネーズに油を入れるときの要領でバターを混ぜ入れ、その後、必要に応じてレモン果汁などの生の香味料や調味料を加えます。人によっては仕上げの香りづけをする前に乳化したソースを漉します。漉すことで、加熱で固まった卵のダマが取りのぞけます。

これらのソースももちろん分離しやすいことが知られており、どんなに腹のすわったアマチュア料理人でも腰が引けてしまうものです。加熱するため、マヨネーズ以上に安定性がおぼつかないのです。熱によって、マヨネーズでは心配しなくてすむ事態がいくつか生じます。まず、卵に火が通ることで卵の分子が変化します。卵を加熱しすぎるとソースに卵のダマやもっと大きな塊ができることがあります。また、水分がある程度失われます。水分は乳化に欠かせない要素です。油の微粒子同士を分離してくれるためで、これが濃厚でクリーミーなソースができる条件なのです。ソースの温度によって水分が失われる早さは異なります。十分な水分を確保するために、かき混ぜながら水を何滴か足していくのもよいでしょう。

分離をこわがらないでください。ソースにこちらの恐怖心が伝わると、図に乗って悪さをしてきます。私はソースを分離させたことが何度もありますが、だからって人間失格になるわけじゃありませんし、そんな私でも乳化したバターソースの作り方をこうして皆さんに教えています。ソースを作れば分離するものです。分離したら乳化しなおせばよいのです。まず失敗を認め、料理時間が5分か10分よぶんにかかる事態を受け入れて（その価値は大いにあります）、3戦2本先取の敗者復活戦を申し込むのです。私はこれまでに3戦2本先取試合で負けたことはありません、一度も。

あわてずさわがず卵黄をもう1個分と水小さじ2を用意して、少し温め、バターを入れるのと同じ要領で分離したソースに足していきます。すぐにソースは元に戻るはずです。ソースに歯向かわれながらも毅然と対処していけば、いっそう満足感も増すというものです。

これらのソースは熱々では出せませんが、必ず温めた状態で出してください。事前に作っておくのであれば、魔法瓶（サーモス）に入れておくのがおすすめです。もちろん他のソースにも使える方法です。または出すまで温かい場所に、膜が張らないよう表面にぴったりとラップをかぶせて置いておきましょう。ただし直火にはかけないこと。また食品衛生上、この状態で1時間以上放置しないでください。

残ったソースは冷蔵庫に入れておきます。そうするとバターが固まります。このソースに卵を混ぜ入れればおいしいスクランブルエッグになりますし、分離したソースと同じ方法で溶かして、乳化しなおすこともできます。大さじ1の湯で溶かしたってかまいません。

乳化したバターソースのバリエーションはたくさんありますが、マヨネーズほど幅広い変化はありません。バターと卵の組みあわせがソースにリッチさをもたらし主役になっているからです。ですからオランデーズソースを応用する際には、バターと相性のよいペアリングを守ってください。定番には定番になるだけの理由があります。やはりあうからです。オランデーズソースは乳化させたバターソースの中で、プレーンマヨネーズと同じ位置づけにあたります。味つけの主役はレモンです。これにまさるものはありません。

ベアルネーズソースは、私にとって人生でいちばん好きなソースですが、タラゴンで味つけします。生のタラゴンをふんだんに使うのがおすすめです。もっとも、子供のころ我が家では乾燥タラゴンとタラゴンヴィネガーを煮詰めたもので作っていました。生のタラゴンは1970年代のクリーブランドでは一般の食料品店で手に入りませんでした。

ショロンソースはベアルネーズソースをトマトピューレで味つけしたもので、魚にあわせるのが一般的です。

マルテーズソースはオランデーズソースにオレンジで風味をつけたものです。

ヴァロワソースは、ベアルネーズソースに濃く煮詰めたビーフストックまたは子牛のストックを加えたものです。ムースリーヌのソースにするなら、約半量のホイップクリームを軽く混ぜ入れてください。

これから紹介するレシピは定番のソースと、バリエーションのアイデア数種です。ベアルネーズソースと、ミントで味をつけたパロワーズソース。私がミントが好きなのは夏じゅう雑草のように育ってふんだんにあるからです。タイムやパセリやタラゴンのような万能選手のハーブほど何にでもあうわけではないのが玉にキズですね。しかし料理によってはぴったりです。ラムはミントとあわせるのが定番なので、パロワーズソースはグリルしたラムチョップ〔子羊の骨付きロース肉〕と相性抜群です。ベアルネーズソースはビーフやフィレ ミニョン〔牛ヒレの尾に近い部位のステーキ〕とあわせるのが定番ですが、ゆでたじゃがいもやチキンソテーにかけても絶品です。

柑橘類の果汁と皮のすりおろしを入れるとベアルネーズソースは軽くなります。煮詰めた肉のストックを入れれば深みが加わりますし、ホイップクリームを混ぜ入れることもできます。ホイップクリーム入りは昔からムースリーヌ ソースと呼ばれています。

伝統的なオランデーズソース

料理書に載っていて、料理学校で教えているオランデーズソースの作り方です。これを上回るのは至難のわざです。アスパラガス、サーモン、そしてもちろんポーチドエッグにぴったりの、エレガントこのうえないソースです。

できあがりの分量：285～340g

リンゴ酢　大さじ2
粒コショウ（フライパンの底で砕く）　5粒
水　小さじ4
塩（あら塩またはコーシャーソルト）　小さじ1/2（2.5g）
卵黄　57g（約3個分）
温めた澄ましバター　285g
レモン果汁　小さじ2（または適宜）
カイエンペッパー　適宜（なくてもよい）

①酢と粒コショウを小さな鍋にあわせ、強めの中火でおよそ半分になるまで煮詰める。
②金属かパイレックスのボウルまたは二重鍋の内鍋に漉し入れる。水と塩を加えてかき混ぜ、塩を溶かす。卵黄を加える。ボウルまたは内鍋を、外から熱湯で温められる大きさの鍋または二重鍋に入れ（お湯はボウルや内鍋に触れないように）、お湯を煮立たせながら中身をたえずかき混ぜる。
③卵黄が2〜3倍に膨らんだら、二重鍋を火から下ろして、温めた澄ましバターを細いひも状に注いで混ぜ入れ、すっかりなじんで濃厚でクリーミーなソースになるまでかき混ぜる。ソースが濃くなりすぎ照りが出て、水が表面にしみでてくるようだったり、ソースが分離しそうだと思ったら、冷水かレモン果汁を小さじ1加える。バターが混ざったら味見をし、必要に応じてレモン果汁を足す。カイエンペッパーを使う場合はここで加える。
④このソースは魔法瓶か、そのまま鍋で熱を逃がさないためと膜張り防止のために表面にぴったりとラップをかぶせて、1時間保温できる。蓋をしたまま熱した状態でおくと分離する。

シトラス バターソースの作り方
①グレープフルーツ果汁大さじ2、ライム果汁大さじ1、グレープフルーツとライムとオレンジの皮のすりおろし各小さじ1を加える。

オランデーズ ムースリーヌソースの作り方
①生クリーム60gをやわらかい角が立つまで泡立て、オランデーズソースにさっくりと混ぜ入れる。

ベアルネーズソース

私が史上最高のソースを選ぶならこのベアルネーズソースです〔写真→p185〕。母が得意とするソースでもあります。お手製のソースにできるだけたくさんバターを入れようと挑戦しつづけた母は、ソース作りをスポーツ競技の域にまで高めました。私が子供のころは生のハーブがまだ一般に流通していなかったため、乾燥タラゴンに舌がなじんでいますが、香りの鮮烈さは生のタラゴンにとうていかないません。私は大量の澄ましバターを作らないので、溶かした非発酵バターを使っています。

できあがりの分量：285～340g

白ワインヴィネガー　大さじ2
白ワイン　大さじ2
タラゴン（刻む）　大さじ5
粒コショウ（フライパンの底で砕く）　5粒
エシャロット（みじん切り）　大さじ1
水　小さじ4
レモン果汁　小さじ2（または適宜）
塩（あら塩またはコーシャーソルト）　小さじ1/2（2.5g）
卵黄　57g（約3個分）
溶かしたバター　285g

①ヴィネガー、ワイン、タラゴン大さじ2、粒コショウ、エシャロットを小さな鍋にあわせ、強めの中火でおよそ半分になるまで煮詰める。片手鍋かパイレックスのボウルまたは二重鍋の内鍋に漉し入れる。固形物を押して液体を絞り出す。水とレモン果汁と塩を加えてかき混ぜ、塩を溶かす。卵黄を加える。
②ボウルまたは内鍋を、外から熱湯で温められる大きさの鍋または二重鍋に入れ（お湯はボウルや内鍋に入らないように）、お湯を煮立たせながら中身をたえずかき混ぜる。片手鍋を使う場合は中火にかけて加熱する。スクランブルエッグ状にならないよう細心の注意を払う。
③卵黄が2～3倍に膨らんできたら、火を止める。バターを数滴ずつ加えながら、完全に混ざって乳化するまでかき混ぜる。たえずかき混ぜながら残りのバターを細いひも状に注ぎ入れ、すっかりなじんで濃厚でクリ

ーミーなソースになるまで混ぜつづける。ソースが濃くなりすぎ照りが出て、水が表面にしみでてくるようだったり、ソースが分離しそうだと思ったら、冷水かレモン果汁を小さじ1加える。ソースが十分な固さになったら、水を少々足して水分を確保しておくのもよい。ただし溶かした非発酵バターには水分が含まれているので、溶かしバターを使う場合は、澄ましバターより加える水の量を減らす必要がある。バターが混ざったら味見をし、必要に応じてレモン果汁を足す。食卓に出す直前に残りのタラゴン大さじ3を混ぜ入れる。

④このソースは魔法瓶か、そのまま鍋で熱を逃がさないためと膜張り防止のために表面にぴったりとラップをかぶせて、1時間保温できる。蓋をしたまま熱した状態でおくと分離する。温めなおす場合は作ったときと同じようにごく弱火で、たえずかき混ぜながら加熱する。

ショロン ソースの作り方

①ベアルネーズソースにトマトソースまたはトマトピューレ115gを加えて仕上げる。グリルかソテーした赤身の魚に添えて出す。

パロワーズ ソースの作り方

①タラゴンのかわりにミントを使い、最後に刻んだミントをさらに大さじ1加える。ラムか魚に添えて出す。

ベアルネーズ ムースリーヌソースの作り方

①やわらかい角が立つまで泡立てた半量の生クリームをさっくりと混ぜ入れる。アンコウ、タラ、オヒョウ、ギンダラなどの食べでのある大きな白身魚に添えて出す。

チポトレとコリアンダーのバターソース

伝統的なオランデーズとベアルネーズソースは、澄ましバターを作る、液を煮詰める、ソースを完成させる、といくつもの手順を踏まなければなりません。しかしこのプロセスを簡略化してはいけない理由はありません。ここではその方法をお教えしましょう。下準備（ミーザンプラス）をまとめてしまえば、ステーキとトウモロコシをグリルから下ろしたと同時にソースができあがります。バター以外のすべての材料を片手鍋にあわせて、卵を直火で加熱し、溶かしバター（計量カップか注ぎ口のあるカップで溶かす）を泡立て器で混ぜ入れるのです。乳固形分と水分は、バターを入れた容器の底に沈みます。これらもお好みで一緒に混ぜ入れてもよいですし、捨ててもかまいません。ここでのポイントは、乳化させたバターソースを食卓に出す直前に作ること。グリルした肉、特に牛肉によくあうソースです。

できあがりの分量：285～340g

ライム果汁　大さじ3
水　大さじ1
エシャロット（みじん切り）　大さじ1
アドボソース漬けのチポトレトウガラシ2～3本（約大さじ1。種は取りのぞき、細かくみじん切り）
塩（あら塩またはコーシャーソルト）　小さじ1/2（2.5g）
卵黄　57g（約3個分）
溶かしたバター　285g
コリアンダー（みじん切り）　大さじ2～3

①小ぶりの片手鍋にバターとコリアンダー以外のすべての材料をあわせる。中火にかけて、卵黄が2倍になりふわふわしてくるまで泡立て器でかき混ぜる（火が通るのが早すぎたり水分が飛びすぎたと感じたら、卵液が滑らかになるまで水を足す）。
②火から下ろして、泡立て器でかき混ぜながらバターを細いひも状に注ぎ入れる。コリアンダーを加え、混ざるまで攪拌する。

赤ワインとローズマリーのソース

上質の赤ワインとたっぷりのハーブさえあれば、乳化させたバターソースをひとひねりできます。ここでは4人分として量を半分にしましたが、もっと大人数のために倍量にもできます。スピードアップできるので片手鍋で作るのがおすすめです。

できあがりの分量：170g、2～4人分

上質のフルボディの赤ワイン（ジンファンデルかピノノワール） 3/5カップ（120㎖）
エシャロット（みじん切り） 大さじ1
ローズマリー（細かくみじん切り） 大さじ1
塩（あら塩またはコーシャーソルト） 小さじ1/4（1.25g）
卵黄 28g
溶かしたバター 140g
レモン果汁（なくてもよい）

①ワイン、エシャロット、ローズマリー、塩を小ぶりの片手鍋にあわせる。卵黄を加熱するため底が丸くなっているものがベスト。強めの中火で水分がほとんどなくなるまでワインを煮詰める。
②水大さじ1と卵黄を加え、弱めの中火にかけながら卵黄が2倍にふくらみ泡立つまで泡立て器でかき混ぜる（数分かかる。卵黄に火が通るのが早すぎないよう気をつける）。
③卵黄に火が通ったら、泡立て器でかき混ぜながらバターを数滴ずつ加え、それから細いひも状に注ぎ入れる。味をみて調整する。お好みでレモンを絞り入れたり、塩を足したり、ローズマリーのみじん切りを追加する。

5

カスタード
プリン、アイスクリーム、バニラソース他

The Custard Continuum

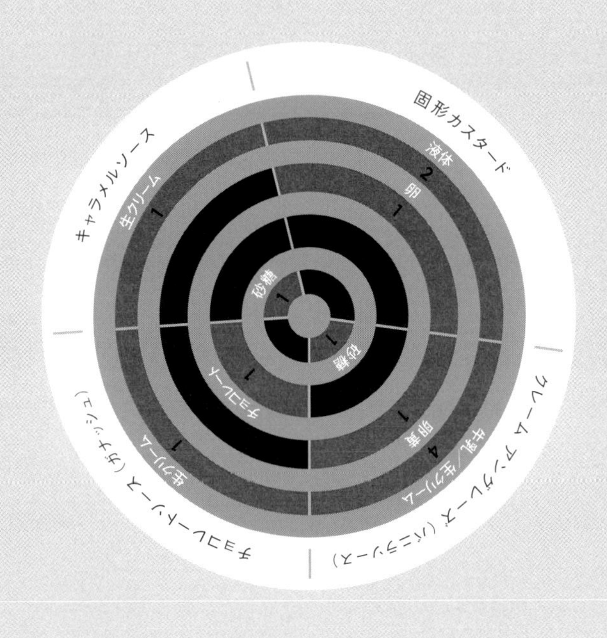

カスタード

卵と乳製品を混ぜあわせたものは、惣菜のキッシュでも、固形の焼きプリンでも、流れるバニラソースでも、カスタードと呼びます。単品の料理としてこれほど満足感を与えてくれるものはありません。リッチで風味ゆたか、栄養満点で、作り方さえまちがえなければ、味も絶品。家庭の素朴なデザートにもなれば、四つ星レストランで供される洗練された一品にもなります。惣菜にもスイーツにもなり、そのまま何も入れず出されることもあれば、たくさんの具が入って食卓にのぼることもあります。カスタードは世界各地でさまざまに姿を変えます。日本では茶碗蒸しに、スペインではフラン（プリン）に、そのフランが東南アジア一帯ではココナッツミルクで作ったフランになり、フランスではキッシュに、イギリスではパンプディングに。贅沢と洗練をきわめた料理になっても、使われているのはどこのキッチンにもある手頃な材料です。カスタードは、卵の究極の変化形といえるでしょう。

カスタードのおいしさの秘密は舌ざわりです。スプーンをさしこんだ瞬間に、サテン生地のような滑らかさがわかるはず。口に入れればまるで生クリームのようですが、生クリームではありません。生クリームよりも中身の詰まった、生クリームの理想形なのです。この舌ざわりの秘密は正しい加熱法です。カスタードは湯煎器（バンマリー）で加熱することが多いのですが、これは生地を入れた容器の温度が100℃を超えないようにして、卵への火の入り方を穏やかにするためです。カスタードは温度が上がりすぎると卵のタンパク質が結合するため、凝固してスポンジのような穴だらけの状態になり、卵っぽい食感になってしまいます。カスタードを加熱しすぎない方法はただひとつ、よく観察して気をつけるしかありません。カスタード作りに慣れてくれば、完成までのおよその時間がわかるはずです。オーブンから出すタイミングを知らせてくれる「これだ!」という揺れ具合がわかるようになります。容器を揺らしたときに液体の状態ではないこと、容器が止まった後もカスタードが揺れ続けているようではまだ早く、逆にまったく動かなくなっていたら火が入りすぎています。表面がゆるやかに落ち着き、液体から固体に変わったばかりに見えるけれど、真ん中はまだかすかに揺れている状態でなくてはなりません。オーブンから出した後も加熱が進むため、完全に火が通る前にオーブンから出す必要があることを頭に入

*クレームブリュレ

*ポド クレーム

*クレーム アングレーズ
クレーム アングレーズ（crème anglaise）は仏語で、直訳すれば「イギリス風のクリーム」の意。写真は、洋梨のポシェとクレーム アングレーズ

*クレーム パティシエール（ペイストリークリーム）
クレーム パティシエール（crème pâtissière）は仏語で、直訳すれば「菓子職人のクリーム」。英語でこれにあたる語が、ペイストリークリーム（pastry cream）。

れてください。

カスタードは覆いをせずに加熱してもかまいませんが、そうすると表面に少し固くて色の濃い皮ができます。皿の上に引っくり返す焼きプリンや、表面に砂糖を焦がしてパリパリした層を作るクレームブリュレ*であれば、皮ができないように気を使う必要はありません。しかしカスタードをそのままサーブする場合、皮がないほうがよければ、カスタードの器、もしくは水を張った天板全体を覆い、湿度の高い環境で焼くようにしてください。クッキングシートをかぶせ、動かないように上からアルミホイルで固定するとよいでしょう。ラップも商品によっては使えます。水蒸気が内側にたまってカスタードに滴（しずく）が落ちてこないようなキッチン用品か蓋であれば何でもかまいません。

基本の料理のほとんどがそうであるように、カスタードも入れる材料の種類と量によってグラデーションのように変化していきます。さまざまなカスタードのバリエーションは3つのカテゴリーに分けることができます。固形カスタード、容器入りカスタード、カスタードソースと考えるとわかりやすいでしょう。

固形カスタードには補強が多めに必要です。その役割を果たすのが卵白で、キッシュや焼きプリンやチーズケーキのような料理には普通全卵が入ります。

容器に入れた状態で出すカスタードにはそれほど補強がいりません。卵黄だけを使い（たとえばクレームブリュレやポ ド クレーム*など）、食卓に出す容器に入れて天板に水を張って焼きます。

クレーム アングレーズ*〔→p232〕を基本としたカスタードソースは、卵黄のみを使いガスレンジで加熱します。このソースは温かいバニラソースとしてそのまますぐ食卓に出すこともできますし、デンプン〔コーンスターチや小麦粉〕を加え重みをつけてクレーム パティシエール（ペイストリークリーム*）〔→p235〕にしてもよく、氷の入ったボウルで冷やして、冷たくして使うこともでき、凍らせればアイスクリームになります。

卵と牛乳をあわせたものを総称してカスタードとい

いますが、ドウやバッターと同じく、これが太い幹となってさまざまな料理――惣菜系カスタード（たとえばキッシュ）、スイーツ系カスタード（焼きプリン）、バニラソース〔クレーム アングレーズ〕へと枝分かれしていきます。バニラソースからさらにクレーム パティシエール、アイスクリーム、クレームブリュレと枝が伸びていきます。カスタードをマスターするのは料理を学ぶ醍醐味のひとつです。このスキルがあると、料理の守備範囲が飛躍的に広がります。

固形カスタード

2：1
液体　卵

スタンダードな比率は2：1が大原則です。440gの牛乳を220g（55g玉4個）の卵と混ぜあわせると、660gの極上のカスタードができます。1個55g〔殻を除いた重さ〕程度の卵を使えば、カスタードはレシピがなくても量の調整がしやすいのです。牛乳220gに卵2個（110g）、牛乳110gに卵1個（55g）、というあんばいです。

しかし、卵1個（55g）に牛乳180gでも完璧にカスタードになります。ですから、比率とレシピすべてにいえることですが、幅があるものと考えてください。型から出して崩れないようにしたければ、基本の比率を守ってください。卵黄を増やすと舌ざわりがよくなりリッチさが増します。砂糖と油脂の量も仕上がりに影響します。砂糖をたくさん使う場合は、形を保つためにタンパク質を少々加える必要があるかもしれません。ヘビーク

▲カスタードは、液体状のカスタード、お皿か容器に入れて出すデリケートなカスタード、どっしりしていて自立するカスタードの3 つのカテゴリーに分けることができる。写真の伝統的な焼きプリンはどっしりタイプ。

リーム〔乳脂肪分36%以上の生クリーム〕だけを使うのであれば、タンパク質の量は少なめでよいでしょう。

カスタードの風味づけには野菜から甘いものまで何でも使えます。いつどんな場面で出すのか次第です。ビーツのスープの飾りにポロねぎのカスタード、グリルステーキのつけあわせに骨髄のカスタード。角切りのオレンジを添えたタラゴンのカスタードはコース料理のエレガントな前菜になるでしょう。ラムの脚に添えて出すなら、ローズマリーのカスタードか、ミントのカスタードです。伝統的なフランス料理では、カスタードをサイコロ状に切ってコンソメスープの具に使います。いわゆるコンソメ ロワイヤルです。エスコフィエはロワイヤルの風味づけの材料をニンジン、セロリ、アスパラガス、リーキ、クルミ、チキンなどなど多数挙げており、ここからもカスタードの使い道の広さがわかります。これは伝統的な料理ですが、冷たいグリーンピースのスープに、サイコロ状か丸形に切ったニンジンのロワイヤルを浮き実にした豆とニンジンのスープも、現代のアメリカの高級レストランのメニューにあっておかしくありません。

キッシュは中に具を入れ、パイ皮に入れて焼いたカスタードです。キッシュ ロレーヌ*ならベーコンと玉ねぎ、キッシュ フロレンティーヌならホウレンソウですが、卵とあうものなら何でも使えます。ソーセージ、角切りのハム、チーズたくさん、ローストしたパプリカなど。朝・昼・晩いつ出してもふさわしい食事になります。

*キッシュロレーヌ

カスタードの魅力がひときわ光るのはスイーツです。クレームブリュレ、プリン、ポ ド クレーム、クレーム アングレーズ、バニラアイスクリーム。どれもとても簡単です。ただし、繰り返しますが、固形カスタードを上手に作るには正しい加熱法が必須の条件です。

伝統的な焼きプリン

焼きプリンは型から皿にあけて、液状のカラメルを上から流しかけた固形カスタードです。シンプルで日常的でありながら、おいしくてエレガント。私の大好きな料理のひとつです。そして焼きプリン独自のシンプルな比率があります。2：1：1/2――牛乳2、卵1、砂糖1/2――これに塩少々とバニラ小さじ１またはバニラビーンズ１本で味をつけます。焼きプリンは大きな耐熱容器で作って大勢で取り分けることもできますが、110gの１人分サイズのラメキン（ココット皿）で作るのが、エレガントです。このレシピは６人分。カスタードの量は55g玉１個単位で増やしたり減らしたりできます。

できあがりの分量：６人分

カラメル：
砂糖（グラニュー糖） 110g
水 大さじ２（30g）

カスタード：
牛乳 440g
卵 220g（55g玉４個）
砂糖（グラニュー糖） 110g
バニラエクストラクト 小さじ１
塩（あら塩またはコーシャーソルト） 小さじ1/4（1.25g）

①カラメルの材料を小さな鍋にあわせ、中火にかけて砂糖が溶けておいしそうな茶色になるまで加熱する。泡立ったら火から下ろして落ち着かせ、色と出来具合を確認できるようにする。ラメキンに注ぎ入れる。底から約3mmの深さまで入れる。固いキャンディ状になるまで完全に冷ます。
②オーブンを165℃に予熱する。ラメキンをオーブン対応の大きな浅鍋かロースト用鉄板に並べ、鍋または鉄板にラメキンの3/4の高さまで水を入れる。ラメキンを取り出して、水を張った鍋または鉄板だけをオーブンに入れる。
③カスタードの材料をあわせ、均一になるまで撹拌する。泡立て器、ハンドブレンダー、ミキサーのいずれでもよい。ラメキンに同量ずつ、約85gずつ入れる。ラメキンをオーブン内の水を張った鍋または鉄板の中に並べる。30〜40分、カスタードがほぼ固まるまで焼く。
④オーブンからケーキクーラーに移し、冷ましてから冷蔵庫に入れ、少なくとも数時間置き、完全に冷やす。食卓に出す際は、カスタードのフチがラメキンにくっついているところはナイフの先を差し込んで離し、お皿に引っくり返す。

キッシュ ロレーヌ

▲キッシュは中にたっぷりの具が入る固形カスタード料理の一例。写真の伝統的なキッシュ ロレーヌに入っているのはベーコン、玉ねぎ、チーズ。スタンダードなパイ生地を高さ5cmの丸型で空焼きしておく。カスタードの贅沢な食感を出すには高さのある型を使うことがポイントになる。

キッシュはフランスから大西洋を渡ってアメリカにやってきたときに、どこをどう間違ったのか、市販のパイ型におさまるようになりました。しかし本来のキッシュの皮はカスタードに適切に熱が入るだけの深さがなくてはなりません。伝統的な作り方では高さ5cm×直径23cmの丸型を使うのはそのためです。丸型は価格も手ごろですし、多くのキッチン用品店で扱っていますが、底にクッキングペーパーを敷けば高さ5cmのケーキ型も使えます。浅いパイ型でカスタードを焼くと、焼きすぎになりやすく、たとえ加熱が上手くいって焼きすぎなかったとしても、厚みが足りなくてカスタードならではの贅沢な食感という楽しみは得られません。

キッシュの中に入れる具は、卵との相性がよければ何でもかまいません。伝統的なキッシュの具はホウレンソウとマッシュルームですが、かわりにローストしたポブラノ ペッパーとメキシカン チョリソーを使ってもおかしくありません。チーズもたいていキッシュの材料に入っていますが、ホウレンソウとマッシュルームにはコンテチーズ〔→p49〕か同様のチーズ、ポブラノ ペッパーとメキシカン チョリソーなら、未熟成の柔らかいジャックチーズがよいでしょう。

私がキッシュの作り方を学んだのはトーマス・ケラー、ジェフリー・セルシエロ、スージー・ヘラーと料理書『ブション（*Bouchon*）』制作に取り組んだときのことです。以来、数えきれないほどキッシュを作り、アメリカの家庭料理としてその実力にふさわしい地位に引き上げようと手を尽くしてきました。キッシュは料理の万能選手です。1日以上前から作りおきができます。熱々でも冷めても食べられますし、朝食、昼食、夕食、夜食といつ出してもおかしくありません。

ここで紹介するレシピは定番のキッシュ ロレーヌ。ベーコンと玉ねぎを具にした、私の大好きなキッシュです。

できあがりの分量：8〜12人分

大きなスパニッシュオニオン〔→p33〕（薄切りにする） 2個
キャノーラ油 必要に応じて
3：2：1パイ生地（p46）
ベーコン塊（6mmのラードンにする） 450g
（ラードンとは拍子木切りにしたベーコンのことで、厚さ1.3cmの角切りをいう場合もあります。ここでは小さめのラードンが理想的ですが、厚めのベーコンの細切りでもかまいません）
牛乳 2 2/5カップ（480mℓ）
生クリーム 1 1/5カップ（240mℓ）
卵 340g
塩（あら塩またはコーシャーソルト） 10g
黒コショウ（挽きたて） 小さじ1/2
ナツメグ 適宜（すりおろし往復5回分くらい）
コンテチーズ、またはエメンタールチーズ（すりおろす） 3/5カップ

①キャノーラ油を薄くひき、中火で玉ねぎを炒める。最初の15分は蓋をして、出た水分で蒸し炒めしてから蓋をはずし、弱めの中火で45分から1時間熱すると、焦げつかずにやわらかくなる。できあがったら別の器にとっておく。
②オーブンを175℃に予熱する。パイ生地は厚さ約6mmに延ばす。高さ約5cm、直径23cmのセルクル型、または直径23cmの丸いケーキ型を天板に置く。セルクル型を使う場合は天板にクッキングシートを敷く。ケーキ型を使う場合はケーキ型の底にもクッキングシートを敷く。セルクル型またはケーキ型の内側に薄く油を塗り、生地を敷く。形を保つために型から生地がたっぷりはみだすようにする。焼いている間にできたひびわれを埋めるために、生地を少し予備としてとりわけておく。皮がきつね色になるまで空焼きする（皮が平らに焼き上がるよう、生地の上をクッキングシートかアルミホイルで覆い、乾燥豆か重石（タルトストーン）を敷き詰める。ただし通常こうする場合は生地にフォークで穴をあけないこと。30分後に重石とクッキングシートまたはアルミホイルを取りのぞき、ひびわれができていたら、とっておいた生地でそっと埋め、皮の底部分がきつね色になるまでさらにおよそ15分焼く）。
③パイ皮をオーブンから出し、ひびわれができていたら生地で埋める。ひびわれたままだと流し込んだ卵液が漏れてしまうため、セルクル型を使

う場合は特にひびわれを埋めておくことが大事。卵液を入れるときに、パイ皮はオーブンから出したての熱々ではなく、冷たくも熱くもないくらいの温度にしておく。

④オーブンの温度を165℃に下げる。

⑤ベーコンを好みの火の通り具合になるまで炒める（外はカリカリ、中はしっとりが理想！）。ベーコンの脂を切って炒めた玉ねぎと混ぜておく。

⑥6～8カップ分入るサイズの計量カップに牛乳、生クリーム、卵、塩、コショウ、ナツメグをあわせ、ハンドブレンダーで泡が立つまで撹拌する。ミキサーを使ってもよい（ミキサーのサイズによっては半量ずつに分ける必要があるかもしれない）。大きなボウルに卵液をあわせて泡立て器で撹拌してもよい（最初に卵を泡立ててから残りの材料を加える）。このあと材料を2層になるよう、2回に分けて加え、沈まないように泡で支える。

⑦玉ねぎとベーコンをあわせた具の半量をパイ皮に敷き詰める。泡の立ったカスタードの半量をその上に注ぐ。チーズの半量を散らす。残りの玉ねぎとベーコンの具を載せる。卵液をもう一度泡立てて、残りをすべてパイ皮に注ぎ入れる。その上に残りのチーズを散らす。キッシュ皮の下にトレイを添えてオーブンに入れ、残りの卵液を注ぎ入れるようにすると、卵液を一滴残らずパイ皮に入れられる。あふれるまで注げば皮のフチぎりぎりまで卵液を確実に入れることができる。

⑧165℃のオーブンで約1時間半、または中央がちょうど落ち着く頃合いまで焼く。2時間かかる場合もあるが、焼きすぎは禁物。中央がまだ多少揺れる状態であること。

⑨キッシュの粗熱をとってから、冷蔵庫に入れて8時間、完全に冷やす。最大3日間もつ。

⑩先のとがったナイフを使って型からパイ皮の上部を切り離す。セルクル型またはケーキ型のフチに沿ってナイフをすべらせ、キッシュをはずす。

⑪切り分けて冷たいまま、または温めて出す。温める場合は切り分けたキッシュを軽く油をひいたクッキングペーパーかアルミホイルに載せ、190℃のオーブンで10分間温めなおす。

カスタードの黄金比を覚えたらできること

キッシュでよくわかるように、カスタードは惣菜系の材料で作ると実においしいものです。カスタードの黄金比が並外れた万能ぶりを発揮するのは、まさに惣菜系の料理においてなのです。

たとえば、スープになる材料なら簡単にカスタードになります。マッシュルーム、ポロねぎ、パプリカ、ビーツ、ニンジン、どれもおいしいカスタードになります。グリーンピースやアスパラガスといった緑色野菜はさっとゆでて冷水にさらし、カスタードの風味づけに使えます。ハーブも基本の材料だけで作ったカスタードに香りを移すだけで極上のカスタードが作れます。骨髄のようにちょっと変わった材料でカスタードの味つけに挑戦してみてもよいでしょう。あるいは香りのついたオリーブオイルのように油脂の種類を変えてみても。このようなカスタードは型から出してそのまま食卓に出すことも、ラメキンに入れたまま出すこともできます。耐熱皿で焼いてから好きな形に切り、浮き実として使うこともできます。温かい状態で出すのであれば、165℃のオーブンで5～10分温めなおしてください。

惣菜系のカスタードを応用する際は、正しい濃度になるよう液体2と卵1の比率を必ず守ってください。牛乳と生クリームを半分ずつ配合したハーフ&ハーフを使ったり、生クリームを足したりすると、より滑らかな舌ざわりになります。ラメキンで焼いてそのままラメキンで食卓に出すこともできます。やわらかいシリコン型や製菓用のアルミホイルカップを使えば、型から出すのが簡単です。

具を主役にしたい場合は、タルト台にカスタードを流し込むと、キッシュのようにカスタード自体が主役になるのではなく、具のつなぎ役に徹することになります。惣菜系のポロねぎとクルミのタルト（p49）や甘いブルーベリーの「クラフティ」タルト（p51）がその例です。さらに発展させて、リーキとクルミのタルトをキャラメリゼオニオンのカスタードでまとめてもよいかもしれません。野生のキノコのタルトを作るなら、キノコをカスタードに混ぜ込んでもよいでしょう。

カスタードを具のつなぎ役にする、というこのアイデアのもうひとつのバリエーションとして、甘いカスタードにパンという使い方があります。残りもののパンにカスタードさえ加えれば、おいしいパンプディングになります。

いくつかレシピを紹介しましょう。

▶パプリカのカスタード

赤か黄色のパプリカを、種と白い筋は取りのぞき、大きな角切りにします(220g)。塩小さじ1/2を入れたハーフ＆ハーフ〔注→p49〕1カップに入れ、やわらかくなるまで煮立てます。ブレンダーでピューレ状にし、目の細かいストレーナーで漉します。これで約1 4/5カップの分量になるはずです(ハーフ＆ハーフのかわりに生クリームだけで作れば、ブレンダーにかけて漉した段階で、パプリカのスープとして出すことができます)。ブレンダーに戻して、液体3/5カップ(120mℓ)につき卵1個、ここでは卵約3個を、ブレンダーを回しながら加えていきます。味見をして必要に応じて塩を足してください。お好みでカイエンペッパー少々を加えます。製菓用の容器に注ぎ入れ、焼きプリン(p220)と同じ要領で、ちょうど固まるまで湯煎焼きします。これで4〜6人分の分量です。

▶マッシュルーム、ニンジン、ビーツ、カブ、セロリの根、ポロねぎ、キャラメリゼオニオン、その他緑の野菜以外のお好きな野菜で作るカスタードも、パプリカのカスタードと同じ作り方です。パプリカをあなたの選んだ野菜220gに置きかえてください。

▶アスパラガスのカスタード

アスパラガス220gをブライン液の濃度の塩水(p173)でゆで、氷水にさらしてから、1.3cmの長さに切り、穂先は飾りにとっておきます。アスパラガスの茎とハーフ＆ハーフ1 1/5カップと塩小さじ1をあわせ、ブレンダーで滑らかになるまで撹拌します。目の細かいストレーナーで漉してから、ブレンダーに戻し、液体3/5カップ(120mℓ)につき卵1個を加えます。焼きプリン(p220)と同じ要領で湯煎焼きします。型からはずし、てっぺんにとっておいた穂先を飾り、レモンを一搾りするかオランデーズソース(p208)30gをかけて出します。

▶緑色野菜のカスタードのバリエーションとして、アスパラガスを生のグリーンピースや鞘のままのスナップエンドウやホウレンソウに置きかえてもよいでしょう。

▶骨髄のカスタードの作り方は、骨髄285g(骨から取りだしたもの)を24時間水につけます。ハーフ＆ハーフ1 1/5カップ、塩小さじ1、砕いた黒コショウ小さじ1/2、炒ってからフライパンの底で砕いたコリアンダーシード小さじ1/2を煮立てて、火から下ろします。骨髄を沸騰した湯で3〜4分間煮ます。ハーフ＆ハーフと骨髄と卵2個をブレンダーにあわせ、均一に混ざるまで撹拌します。目の細かいストレーナーで漉し、ラメキンに注ぎ入れて、焼きプリン（p220）と同じ要領で湯煎焼きします。大粒の天日塩フルール・ド・セルを飾ります。

▶ハーブのカスタード

ハーブのカスタードには、ローズマリーやセージのような茎の固いハーブを入れます。液にハーブを加えてから液を加熱して、ハーブの香りを浸出させます。液体1 1/5カップ（240mℓ）につき、ローズマリーのような非常に香りの強いハーブなら大さじ1（刻んで）、セージなら3/10カップです。カスタードに茎のやわらかいハーブのミント、バジル、タラゴンまたはフィーヌゼルブ、チャイブなどを使う場合は、ハーブ3/5カップをブレンダーに入れ、そこへ温めた生クリームを注いで、撹拌しながら液体1 1/5カップ（240mℓ）につき卵2個を加えて完全に混ぜあわせます。漉してラメキンまたは耐熱容器に注ぎ入れ、蓋をして湯煎焼きします。

焼きプリンの材料である甘いカスタード（p221）は、ブルーベリーまたはブルーベリーとラズベリーをあわせたものなどのフルーツと一緒にタルト台に入れてもよいでしょう。砂糖やバニラを使わない惣菜系のカスタードなら、キャラメリゼオニオンとアンチョビ、ポロねぎとクルミ、あるいは伝統的なキッシュの材料のような塩味の材料ともあわせられます。ただしタルトの主役はキッシュと同じく、カスタードではなく具ですから、タルトには具をたっぷり入れてカスタードはつなぎにしましょう。タルト台は空焼きするのがポイントです。ひびわれたときのために、タルト生地の一部をとっておいてください。ひびわれをふさぐのはカスタードが漏れ出るのを防ぐためです。タルト型を天板にセットして、材料を詰め、カスタードを注いで、165℃で固まるまで焼きます。カスタードの分量は直径23cmのタルト型で約2 2/5カップ必要です。

▶残ったパンはカスタードの具にうってつけです。シナモン小さじ1とナツメグ小さじ1/2を焼きプリンのカスタード（p220）に加えて、パンプディングを作りましょう。前日のパンから耳を取りのぞき、大きな角切りにして耐熱容器に敷いて、上からカスタードを注ぎ入れます。15分間ほどおいてパンにカスタードを吸わせます。パンを上から押してよく浸みこむようにしましょう。カスタードがちょうど固まるまで、30～45分間湯煎焼きします。熱々に温めたクレーム アングレーズ（p232）を添えて出します。パンプディングのソースとしては、メーカーズマーク アイスクリームのレシピ（p233）を凍らせずにソースとして使ってもよいでしょう。

クレーム アングレーズ（バニラソース）

4：1：1

牛乳／生クリーム　卵黄　砂糖

クレーム アングレーズは、略してアングレーズ、バニラソース、カスタードソースなどとも呼ばれており、最も簡単で手早くできるデザートのひとつです。乳製品と卵黄というベーシックな構成なので、作り方次第でどんな料理にも自在に姿を変えます。

バニラの香りをつけた牛乳と生クリームを卵黄とあわせて（クレーム アングレーズ）加熱して作るデザートの中でも、最も有名で、基本の材料だけでできているのが、クレームブリュレとバニラアイスクリームです。油脂かデンプンかタンパク質を加えたバリエーションもおなじみのものばかりでしょう。コーンスターチを加えればクレーム パティシエール（ペイストリークリーム）に。そこへバターを加えればバタークリームになります。ホイップクリームとゼラチンを加えればババロアに、チョコレートとホイップクリームならチョコレートムースになります。そしてもちろん、バニラソースの香りづけには、さまざまなものがあります。焦がし（ブラウン）バター、甘みのあるスパイス、蒸留酒などバリエーションは無限です。しかしここでは、極上のデザート数品に絞って紹介したいと思います。

冒頭に掲げたクレーム アングレーズの比率は、簡略化して重量で計量

▲クレーム アングレーズ――卵黄、牛乳と生クリーム、砂糖とバニラを、卵黄に熱が通ってソースにとろみが出るまで火にかける。とろみがでてきたらすぐに、氷の中にセットしたボウルに漉し入れる。大きなダマや、煮えて固まった卵をとりのぞいて滑らかな舌ざわりに仕上げ、加熱が進むのを防ぐために行う。

しています。卵黄1個が20gとして、乳製品320gに対して卵黄4個分80gになります。液体240gに対して卵黄3個分という一般的な乳製品と卵黄の比率よりも、こちらはリッチで若干甘めです。カスタードを1kg作るのであれば、卵黄9 個分でおいしいソースができます。重量比ではなく容積比で説明すると、牛乳/生クリーム1 1/5カップ：卵黄3個分：砂糖大さじ3がちょうどよいでしょう。

どちらの比率を使うにせよ、料理するときのいつもの姿勢で臨んでください。つまり、よく観察することです。結果がどうなったかを覚えておく。比率をどのくらい微調整すれば「これだ」という絶妙な効果が出るか考える。卵黄量を減らせばゆるめに仕上がります。全量を生クリームにすれば逆に濃いめの仕上がりになります。甘みを抑えたければ砂糖の量を減らしましょう。常識を働かせてください。

▲クレーム アングレーズの4 つのバリエーション。
上左：デンプンで濃度をつけたクレーム パティシエール
上右：冷凍して固めたアイスクリーム
下左：焼くことによって固めたクレーム ブリュレ
下右：火で加熱することによってとろみをつけたクレーム アングレーズ

クレーム アングレーズ——万能デザートソース

デザートソースの万能選手ともいうべきこのバニラソースは、びっくりするほど簡単に作れ、ダントツのおいしさ、しかも風味づけや形態をいかようにも変えられます。温めてスフレやリンゴのタルトに添えてもよし、冷やして生のベリー類にかけてもよし、凍らせればアイスクリームにもなります。クレーム アングレーズの作り方は、牛乳と生クリームをあわせて砂糖で甘くし、バニラで風味づけし、卵黄でとろみをつけてリッチに仕上げる、たったこれだけです。バニラビーンズだけを使うのが、いちばん雑味がなく純粋な風味を楽しめます。バニラビーンズ1本で乳製品680gに香りがつけられます。しかし乳製品と卵の質が良ければ、合成のバニラエクストラクト小さじ1を全乳に加えたとしても、おいしくなります▼。どれくらいリッチに仕上げたいかによって、使う生クリームの量を加減してください。全乳で十分リッチだと思う人もたくさんいますが。

(▼『クックス イラストレイティッド新ベストレシピ (*Cook's Illustrated's The New Best Recipe*)』には、合成と天然のバニラエクストラクトの味覚テストをしたところ、鑑定人全員が合成に軍配を上げたと記されています)

できあがりの分量：約2 2/5カップ (480mℓ)

牛乳　220g
生クリーム　220g
バニラビーンズ　1本 (縦に切れ目を入れて開く)
砂糖 (グラニュー糖)　110g
卵黄　110g (20g×5.5個分)

①牛乳、生クリーム、バニラビーンズを片手鍋にあわせて煮立てる。火から下ろして15分おき、バニラビーンズをふやかす。果物ナイフでバニラビーンズの種を鞘からそいで、牛乳と生クリームをあわせた液にかき出す。ここで鞘は捨てるが、砂糖の中に入れて保存すればバニラ風味の砂糖ができる。
②砂糖と卵黄をあわせて、泡立て器で30秒ほど勢いよく撹拌する。これにより砂糖が溶けやすく、卵黄にも均等に熱が通りやすくなる。
③大きなボウルに氷と水を半々に入れ、その上にもうひとつのボウルを入

れる。ボウルの中に目の細かいストレーナーをセットする。

④牛乳と生クリームをあわせた液を中火にかけ、軽く煮立ったら、泡立て器でかき混ぜながらゆっくりと卵黄の中に注ぎ入れる。混合液を鍋に戻し、中火にかけて、わずかにとろみがつくまでかき混ぜていく。とろみ具合は、「ナペ」の状態、流れる程度にはゆるいけれど木べらを差し込んでその木べらの表面についた液に線が引けるくらいの濃度に。火力によるが、2〜4分かかる。

⑤ソースをストレーナーに通し、氷水につけたボウルに漉し入れる。ソースをゴムベラでかき混ぜながら冷やす。覆いをし、使うときまで冷蔵庫に入れておく。

クレーム アングレーズのちょっと変わったバリエーションで、アイスクリームやクリーム ブリュレに比べると知名度が落ちるのがババロア。クレーム アングレーズをゼラチンで固め、ホイップクリームで軽く仕上げたお菓子です。ババロアは型に入れたデザートとして出されますが、ケーキにはさむという使い方もできます。ババロアの作り方は、ゼラチン7.5g約小さじ1を、水大さじ1でふやかし、温めたオーブンか電子レンジでゼラチンが溶ける程度に熱して、作りたてのクレーム アングレーズ1カップに加えます。このソースを氷水で室温まで冷ましたら、やわらかい角が立つまで泡立てたヘビークリーム〔乳脂肪分36%以上の生クリーム〕1カップに切るように混ぜ入れます。ババロアはチョコレート、レモンなどの柑橘果汁、蒸留酒やリキュール、挽いたプラリネ、果実のピューレで風味づけもできます。型に入れて冷やし、クリームか果実のピューレを添えて出してもよいですし、まだ温かく固まりきらないうちにスポンジケーキ（p84）の層の間に塗ってから冷やすこともできます。このケーキはホイップクリームかバタークリーム（p229）を塗って仕上げてもよいでしょう。

メーカーズマーク入り バニラアイスクリーム

クレーム アングレーズがあれば、アイスクリームはそれをアイスクリームメーカーに入れるだけでできてしまいます。アイスクリームにいろいろな風味づけをするのも楽しいものです。ここではメーカーズマークというブランドのバーボンを使いますが、焦(ブラウン)がしバターと素焼きしたアーモンド、カラメルソース、あるいはサクランボでも簡単に風味づけができます。

最初から風味づけをするつもりなら、牛乳と生クリームの混合液に薄切りの生姜(しょうが)と、すりおろしたオレンジの皮を漬け込んでからソースを作ってみてはいかがでしょうか。繰り返しになりますが、原則と比率さえ理解していれば、あとは作り手の好みと想像力次第です。

このレシピの比率は、他のレシピの比率に比べて卵黄量を減らしてありますが、通常のアイスクリームベースよりは卵黄を多く使っています。それによって出せる舌ざわりとリッチさはこたえられません。このアイスクリームはアルコールの効果でやわらかく仕上がり、独特の食感になります。

できあがりの分量：約4 1/5カップ（840mℓ）

牛乳　1 4/5カップ（360mℓ）
生クリーム　1 4/5カップ（360mℓ）
バニラビーンズ　1本（縦に切れ目を入れて開く）
砂糖（グラニュー糖）　9/10カップ
卵黄　170g（20g×8.5個分）
メーカーズマーク バーボン　大さじ2～4、または適宜

①牛乳、生クリーム、バニラビーンズを片手鍋にあわせて煮立てる。火から下ろして15分おき、バニラビーンズをふやかす。果物ナイフでバニラビーンズの種を鞘からそいで、牛乳と生クリームをあわせた液にかき出す。鞘は捨てる。
②砂糖と卵黄をあわせて、泡立て器で30秒ほど勢いよく攪拌する。これにより砂糖が溶けやすく、卵黄にも均等に熱が通りやすくなる。
③大きなボウルに氷と水を半々に入れ、その上にもうひとつのボウルを入れる。ボウルの中に目の細かいストレーナーをセットする。
④牛乳と生クリームをあわせた液を中火にかけ、軽く煮立ったら、泡立て器でかき混ぜながらゆっくりと卵黄の中に注ぎ入れる。混合液を鍋に戻し、中火にかけて、わずかにとろみがつくまでかき混ぜる。とろみ具合は「ナペ（napper）」の状態、流れる程度にはゆるいが木べらを差し込んでその木べらの表面についた液に線が引けるくらいの濃度に。火力によるが、2～4分かかる。
⑤ソースをストレーナーに通し、氷水につけたボウルに漉し入れる。ソースをゴムベラでかき混ぜながら冷やす。バーボンを適宜加える。覆いを

し、ソースが完全に冷えるまで、できれば一晩冷蔵庫に入れておく。アイスクリームメーカーに入れるときの温度は低いほど望ましい。アイスクリームメーカーの仕様書に従って冷凍する。

クレームブリュレ

定番の作り方がこれ。とてもリッチで滑らか、天然のバニラビーンズだけで風味づけしています。この比率で、私が最適と考える舌ざわりになります。

できあがりの分量：4人分

牛乳　220㎖（1 1/5カップ）
生クリーム　220㎖（1 1/5カップ）
バニラビーンズ　1本（縦に切れ目を入れて開く）
砂糖（グラニュー糖）　110g（コーティング用の砂糖も別途用意する）
卵黄　110g（20g×5.5個分）

①オーブンを165℃に予熱する。容量100㎖サイズのラメキンをオーブン対応の大きな浅鍋かロースト用鉄板に並べ、鍋または鉄板にラメキンの3/4の高さまで水を入れる。ラメキンを取り出し、水を張った浅鍋または鉄板だけをオーブンに入れる。
②牛乳、生クリーム、バニラビーンズを片手鍋にあわせて煮立てる。火から下ろして15分おき、バニラビーンズをふやかす。バニラビーンズの鞘から果物ナイフで種をそぎ、牛乳と生クリームをあわせた液にかき出す。鞘は捨てる。
③砂糖110gと卵黄をあわせて、泡立て器で30秒ほど勢いよく攪拌する。これにより砂糖が溶けやすく、卵黄にも均等に熱が通りやすくなる。牛乳と生クリームをあわせた液を、泡立て器でかき混ぜながら、ゆっくりと卵黄と砂糖の中に注ぎ入れる。
④できたカスタードをラメキンに注ぎ入れる。覆いをして、湯煎焼きする。ラメキンを個別に覆っても、鍋または鉄板全体を覆ってもよい。私の経験ではまずクッキングシートで覆ってからその上にアルミホイルを重ねるとベスト。ちょうど固まるまで約30分間焼き、冷ます。翌日食

べるのであれば、冷蔵庫で冷やしてからラップをし、食べる数時間前に冷蔵庫から出して室温まで戻す。キッチンの環境によっては、冷たいままだとカスタードの表面に結露が発生し、均等に焦げ目がつかない。

⑤カスタードの表面全体に砂糖をまぶし、余分な砂糖は落とす。表面にまぶす砂糖の量は3/10カップほどになる。バーナーで砂糖が溶けて泡立ち、カラメル化するまで焼く。焦げた砂糖は冷めると繊細なパリパリの層になる。

クレーム パティシエール（ペイストリークリーム）

リッチで添加物ゼロのおいしいクリームです。こういうクリームは現在のアメリカではもうほとんど見かけません。ゼラチンで加工したまがいものが多すぎます。このレシピは本物。これほどリッチでなければ、最高級のバニラプディングのようなつもりで食べられそうなほどです。プロフィトロール（p70）などの詰め物に最適です。

できあがりの分量：約3カップ（600mℓ）

牛乳　220gと85g
生クリーム　220g
バニラビーンズ　1本（縦に切れ目を入れて開く）
砂糖（グラニュー糖）　110g
卵黄　110g（20g×5.5個分）
コーンスターチ　大さじ6
バター　55g

①牛乳、生クリーム、バニラビーンズを片手鍋にあわせて煮立てる。火から下ろして15分おき、バニラビーンズをふやかす。バニラビーンズの鞘から果物ナイフで種をそぎ、牛乳と生クリームをあわせた液にかき出す。鞘は捨てる。

②砂糖と卵黄をあわせて、泡立て器で30秒ほど勢いよく撹拌する。これにより砂糖が溶けやすく、卵黄にも均等に熱が通りやすくなる。

③大きなボウルに氷と水を半々に入れて、後で混合液を冷やす準備をする。

④コーンスターチと牛乳85gを合わせ、かき混ぜてコーンスターチを分散させておく。

⑤牛乳220gと生クリームをあわせた液を中火にかけ、軽く煮立ったら、泡立て器でかき混ぜながらゆっくりと卵黄の中に注ぎ入れる。混合液を鍋に戻し、コーンスターチと牛乳をあわせた液を加えて中火にかけ、かき混ぜる。沸騰するころにはしっかりとろみがつくので、すぐに鍋底を氷水につけたボウルにひたし、かき混ぜながら、液がバターが溶ける程度の温かさになるまで少し冷ます。バターを加え、完全になじむまでかき混ぜる。ボウルに移してラップを表面にぴったり密着するようにかぶせて、後で使うまで冷蔵庫に入れておく。

クレーム パティシエールのバリエーションに、ケーキやクッキーのアイシング〔注→p58〕に使える驚異の万能バタークリームがあります。バタークリームにはいろいろな種類がありますが、ここでは簡単にできるレシピを紹介します。ペイストリークリームに室温にした同量のバターをあわせ、混ざるまでホイップするだけです。

プロフィトロール　ホットチョコレートソースがけ

フランスのビストロの定番デザート〔参考写真→p67〕。基本的にはシュークリームに温めたチョコレートソースをかけたものですが、ホットチョコレート以外は事前に作っておくのでおもてなしにぴったりです。クリームを温め、チョコレートを溶かしている間にお皿にセッティングできます。クリームにはクレーム アングレーズを使うだけ。凍らせたもの（アイスクリーム）でも、スラリーでとろみをつけたクレーム パティシエール（ペイストリークリーム）でもかまいません。私が好きなのはクレーム パティシエールです。ひとつ目の理由はめずらしいからであり、二つ目の理由は盛りつけが楽だからです。プロフィトロールにクレーム パティシエールを詰め、チョコレートソースに浸せばエクレアにもなります。

ビストロ料理の多くがそうであるように、このデザートもシンプルそのものの材料がどれほど舌を喜ばせてくれるかを教えてくれます。

できあがりの分量：8人分

シュー生地（p68）1レシピ分　甘くして、24個のプロフィトロールに焼く

クレーム パティシエール（p235）またはアイスクリーム（p233）1レシピ分

チョコレートソース（p240）1レシピ分

①プロフィトロールを横にスライスする。お皿一枚にプロフィトロールの下半分3つを並べ、それぞれにクレーム パティシエールまたはアイスクリームをスプーンで盛りつけ、プロフィトロールの上半分で蓋をする。プロフィトロールの上から温めたチョコレートソースをかける。

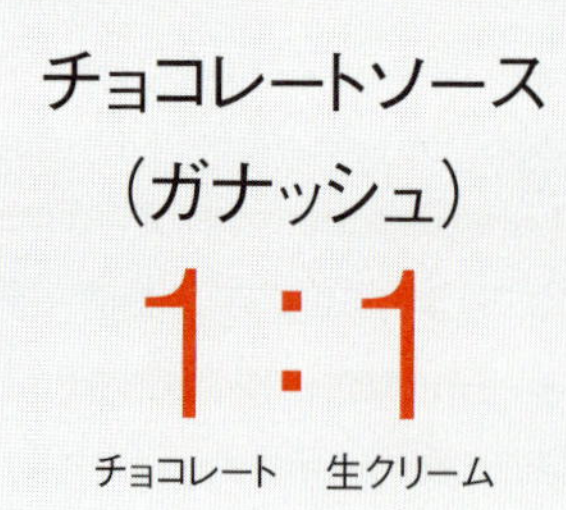

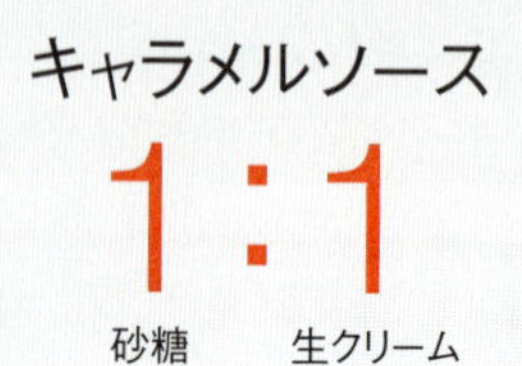

チョコレートと生クリームで作る「チョコレートソース」と、砂糖と生クリームの「キャラメルソース」は基本中の基本なので、得てして味と食感の洗練さをひたすら追求することになりがちです。しかしこの2つは簡単に作れて、汎用性のある配合であり、他の菓子のベースとして使えますから、一度習得すればバリエーションは無限、どんな菓子を作りたいか次第で幅広く活用できるのです。

チョコレートソースはガナッシュとも呼ばれ、チョコレートと生クリーム半々からできています。とても簡単に作れるのでテクニックのうちにもに入らないくらいです。温めた生クリームを同量のチョコレートに注ぎ入れるだけ。数分おいてチョコレートが溶けたら、均等に混ざるまで泡立て器で攪拌します。最初は分離したソースのように見えますが、チョコレートはたやすく生クリームに混ざって、ゴージャスでつややかで官能的なソースになります。このソースは冷やすと固まるので、ケーキや果実のコーティングとしても優れ、丸めればチョコレートトリュフになります。

それ以外の砂糖や油脂を加えたり控えたりすれば、質感や食感に変化をつけられます。たとえば、コーンシロップやバターを加えたり、生クリー

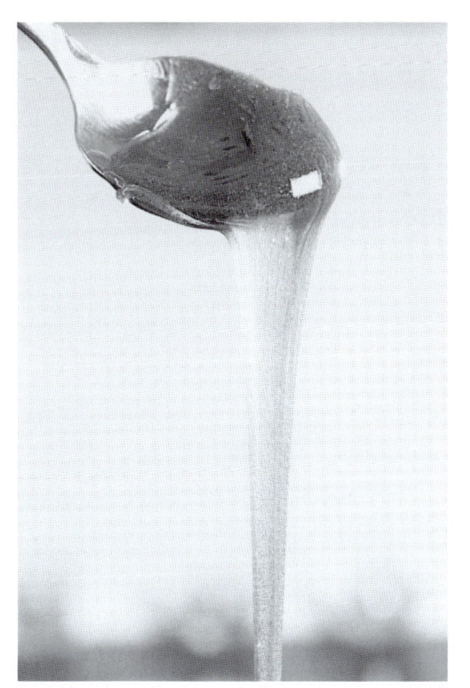

▲砂糖を溶けて焦げるまで加熱するとすばらしい複雑な風味がつく。焼きプリンに使う何も入れないカラメル（写真）は固まるが、生クリームとバターを加えると、まろやかな色のついたリッチな味わいの、流れるキャラメルソースになる。

ムの量を増やしたりすれば、冷やしても流れるソースになります。生クリームの量を減らせば固めのガナッシュになります。牛乳を使ってもよいですし、水でもかまいません。生クリームを温める際には、バニラや生姜（しょうが）や果実の皮のすりおろしを浸したり、蒸留酒やリキュールや果汁を加えたりすれば、香りづけも自在です。

バリエーションは作り手の好みと実験精神にかかっています。実のところチョコレートソースの鉄則はひとつだけ。上質のチョコレート、それだけで食べてもおいしい、ビタースイートかスイートチョコレートを使うことです。それさえ守ればまず失敗はありません。基本のクレーム アングレーズ（p232）で作ったバニラアイスクリームに自家製チョコレートソースをかければ、そのシンプルさとおいしさで天に舞い上がる喜びを味わえるでしょう。

キャラメルソースもチョコレートソースと同じくらい、味つけや形態の自由度が高いソースです。生クリームに加える際の温度によって砂糖の働きが変化することもあって、キャラメルには特定の配合比率はないという意見もありますが、1：1の比率は基本線として役に立ちます。砂糖は、水気をよくふきとった鍋で、または最初に水少々を入れて溶かし、濃い琥珀色になるまで加熱したら、生クリームを加えます。透明なソースにしたい場合は、透明な液体を加えてください。バターを加えたり、仕上げに使ったりすることもよくあります。しかし、繰り返しますが、基本の濃厚なキャラメルソースは無限にバリエーションがききます。生クリームを半量にすればソースがより濃厚で甘くなります。牛乳とバター、フレイバーミルク、あるいはバニラ、ラム酒入りの生クリームを使っても、レモン果汁やリンゴ酢を数滴加えてもよいのです。

＊バタースコッチ
バターとブラウンシュガーを煮詰めて作る菓子。

キャラメルソースのバリエーションで私が気に入っているもののひとつがバタースコッチ＊ソースです。ここではブラウンシュガーを使い、バターをカラメルに入れて加熱します。こうすると、火の通ったバターの固形分によって、ソースに特徴的なナッツに似た複雑な風味が生まれます。バニラを加えることもありますし、塩を入れたいという人もいます（キャラメルと塩は相性抜群のペアリングです）。私は甘みを引き立てるためにリンゴ酢を数滴加えるのが好きです。調べたかぎりではバタースコッチ ソースの常道ではないのですが、ある文献で酢がバタースコッチ特有の風味を引き立てると知って以来、面白いと思って使い続けています。ただしこれまでに調べたバタースコッチのレシピに酸味が入るものはほとんどありませんが。いや、私が見つけることのできた限られた数のレシピでは、といっておきましょう。バタースコッチのレシピは少ないのです。なぜなのでしょう？ もう作る人がいないからでしょうか？ 特別だと思われていないから？ 私の推測ですが、誰もが市販のソースと合成香味料をつけたチップに慣れてしまい、バタースコッチの格別の味わいを忘れてしまったのではないでしょうか。

チョコレート ガナッシュもキャラメルソースもびっくりするほど簡単です。市販のソースにどうして過度に頼るようになってしまったのか、理解に苦しむほどです。

*トリュフ

*ブラウニー
四角い形に焼いたアメリカのチョコレートケーキ。

*ファッジ
砂糖、バター、牛乳を加熱して作るイギリスの伝統的なソフトキャンディ

基本のチョコレートソース（ガナッシュ）

これ以上シンプルなデザートソースは考えられません。市販のチョコレートソースが存在すること自体、不思議なくらいです。繊細きわまりない舌ざわり、リッチな風味。アイスクリームやプロフィトロール（p70）のソースにも使えます（冷蔵庫で冷やしていた場合は、使う前に温める必要がありますが、加熱は電子レンジでかまいません）。丸めて冷やしてココアパウダーをまぶせばトリュフ*になり、ケーキやブラウニー*のコーティングに使えばファッジ*風のアイシング〔注→p58〕に。シャーフェンバーガー（Scharffen Berger）やカレボー（Callebaut）といった上質なチョコレートブランドを選んでください。

できあがりの分量：約2 2/5カップ（約480mℓ）

生クリーム　225g
ビタースイートまたはセミスイートのおいしいチョコレート（粗く刻む）　225g

①生クリームを軽く煮立たせてチョコレートの上に注ぎ、5分おいてチョコレートがやわらかくなったら、泡立て器で完全に混ざるまで撹拌する。すぐに食べるか、使うまで冷やしておく。

基本のチョコレートソース（ガナッシュ）のバリエーション

ラム酒とカルダモンのチョコレートソース

できあがりの分量：1 1/5カップ強（240mℓ強）

カルダモン鞘付ホール（縦に裂くか半分にカットする）　8〜10本
生姜（しょうが）（皮をむいて薄切り）　2.5cm大を一片
生クリーム　225g
ラム酒（ライトまたはダーク）　30g
ビタースイートまたはセミスイートのおいしいチョコレート（粗く刻む）　225g

①カルダモン、生姜（しょうが）、生クリームを小さな鍋にあわせる。クリームを煮立たせたら火から下ろして蓋をする。30分間おいてカルダモンと生姜の香りを移す。
②生クリームを再び軽く煮立たせ、ラム酒を加えて、刻んだチョコレートの上に漉し入れる。

オレンジ ジンジャー チョコレートトリュフ

できあがりの分量：2.5cmのトリュフ約2ダース

生姜（しょうが）（皮をむいて薄切り） 5cm大を一片
搾りたてのオレンジ果汁（漉す） 55g
オレンジ皮のすりおろし 1個分
ライトコーンシロップ 55g
生クリーム 225g
ビタースイートまたはセミスイートのおいしいチョコレート（粗く刻む） 225g
ココアパウダー ダスティング（まぶし）用

①生姜、オレンジ果汁とすりおろした皮、コーンシロップを生クリームとあわせる。煮立たせたら火から下ろして蓋をする。15分間おいて生姜とオレンジの皮の香りを移す。
②生クリームを煮立つ寸前まで熱したらチョコレートの上に漉し入れる。チョコレートがやわらかくなったら、泡立て器で生クリームと混ぜあわせる。
③できたガナッシュは落ち着くまで冷蔵庫で冷やす。手でガナッシュをボール状に丸め（大きさはお好みで）、ココアパウダーの上で転がして表面を完全にコーティングする。できたトリュフは食べるときまで冷蔵庫に入れておく。

基本のキャラメルソース

キャラメルソースの作り方は、砂糖を溶かして琥珀色になるまで加熱し、生クリームを泡立て器で滑らかで均等になるまで混ぜあわせます。それだけを別々に味わってもどうということのない2つの材料が、加熱して混ぜあわせるとえもいわれぬ美味に変わるのです。

砂糖の溶かし方にはドライとウェットの二通りがあります。ドライ式では砂糖だけを弱火で溶かします。ウェット式では砂糖と水の混ざり具合が「濡れた砂（ウェットサンド）のような」感触になる程度まで水を加えます。ウェット式のほうが砂糖の色づき加減をコントロールしやすいと私は思います。いずれの方法を使うにせよ、底が広くて厚い鍋（鋳物ホーローが理想）で、生クリームを加えたときに沸騰したキャラメルがあふれ出ない大きさのものを使ってください。砂糖は溶けるまでかき混ぜないように。均等に熱が通るように鍋を傾けるのはかまいません。砂糖が液状になって褐色に色づき始めたら、よく観察してください。一度焦げてしまったら修復はできません。また、砂糖は非常な高温になり、皮膚に触れたらくっつきますので気をつけてください。キッチンで起きる事故の中でも砂糖によるやけどは最悪の部類です。砂糖の加熱は十分に注意を払って慎重に行ってください。

砂糖が濃い褐色になったら火から下ろし、生クリームを加えます（いきなりジュッと沸騰しますが、生クリームを先に温めておくと飛び散るのを多少は防げます）。生クリームが完全に混ざるまで泡立て器でかき混ぜてください。

私は仕上げにバターを使って香りとリッチさを加えるのが好きです。バリエーションとしては、生クリームを増量すると冷やしても流れるゆるさのソースができます。生クリームの量を減らせば濃厚でリッチなソースになりますし、そのままキャラメルやトフィー〔→p245〕も作れます。生クリームに蒸留酒や果汁で香りをつけてもよいですし、バニラビーンズを浸して香りを移しても基本のソースのバリエーションができます。

できあがりの分量：約1 4/5カップ（約360mℓ）

砂糖（グラニュー糖）　1 1/5カップ
生クリーム　1 1/5カップ（240mℓ）
バター（食塩不使用）　115g（なくてもよい）

①砂糖と、砂糖を溶けやすくするのに最小限の大さじ2程度の水を、底の厚い大きな鍋に入れて中火にかける。砂糖が溶けて褐色に色づき始めたら、均等に火が通るようかき混ぜる。
②きれいな濃い琥珀色になったら火から下ろし、泡立て器で生クリームを、続けてもし使う場合にはバターを混ぜ入れる。しっかり覆いをすれば、冷蔵庫で1ヵ月までもつ。食べるときは温めなおす。

オールドファッション バタースコッチ ソース

バタースコッチは加工食品業界で、バタースコッチ ビッツだの、インスタント バタースコッチ プディングだのと乱発されすぎてきたため、本物のおいしさを知っている人がほとんどいません。店では売っていないしレストランのメニューでもあまりお目にかからないので、ぜひ家庭で作る人が増えてほしい、すばらしいソースです。メーカーズマーク アイスクリーム（p233）にかけると絶品です。サンフランシスコでパティシエとしてバタースコッチを手がけ、自分のブログwww.eggbeater.typepad.comでバタースコッチについて書いているシューナ・フィッシュ・ライドンが私に語ってくれました。「味つけ加減を説明するのが難しいのですが、甘いソースに対して少量のバニラ エクストラクトと塩をいかにうまく効かせられるかがポイントです。一度、お子さんの夕食後のデザートにバナナスプリット（p246）を作って、バタースコッチ ソースをかけてみてください。アメリカで初めてバタースコッチが使われたのがこのデザートなんです」

できあがりの分量：約1 4/5カップ（約360mℓ）

バター（食塩不使用） 115g
ダークブラウンシュガー〔ブラウンシュガーの中でも色が濃く風味が強いもの〕 225g
生クリーム 225g
バニラ エクストラクト 小さじ1
リンゴ酢 小さじ2
塩（あら塩またはコーシャーソルト） 小さじ1/2（2.5g）または適宜

①底の厚い鍋または鋳物ホーローの鍋にバターと砂糖をあわせて中火にかけ、砂糖が完全に溶けて、シューナが「溶岩みたいに」と絶妙な形容をしていたが、ねっとりしてあぶくが出てくるまで5〜10分間熱する。
②火をとめ、生クリームを加えて、完全に混ざるまで泡立て器でかき混ぜる。10分間ほどおいて粗熱をとってから、残りの材料を加える。味をみて調整する。

＊バナナスプリット

最高のバナナスプリット

バナナを育てることと、牛の乳を搾ること以外は全部自分で手作りできるから。これと同じものはどこにも売っていないから。バタースコッチとバナナは最強のコンビだから。デザートを2～3品食べるようなものなのに、1品だけといえるから。これほどアメリカらしいサンデーはどこにもないから。1904年にペンシルバニア州西部で23歳の薬剤師が考案したバナナスプリットは、素朴さと爛熟を象徴する逸品なのです。

できあがりの分量：4～8人分

クレーム アングレーズ　1レシピ分（p232、アイスクリームメーカーで凍らせておく）
熟したバナナ　4本
温めたバタースコッチ（p244）　1レシピ分
温めたガナッシュ（p240）　1レシピ分
生クリーム　115g（砂糖大さじ2を加え固く角が立つまでホイップ）
マラスキーノチェリー　4～8個

①アイスクリームを4個（あるいは6～8個）の容器に盛りつける。バナナを縦半分に割り（お好みでさらに半分に切る）、容器1個につきバナナ1/2本か1本を飾る。バタースコッチとチョコレートソース（ガナッシュ）をバナナとアイスクリームの上から約55gずつかける。その上にホイップした生クリームをたっぷりとチェリー1個を添える。

トフィー

クリスマスの時期に出回る、ザクザクしたキャラメル風味たっぷりの甘いトフィーが私は大好きです。罪なお菓子ですよね。トフィーとは要するにキャラメルソースの比率の生クリームをバターに置きかえればいいだけじゃないか、と思いついたのは、最初に作ってから何年も経ったときのことでした。このレシピではプレーンなトフィーを紹介していますが、トフィーはアーモンド入りやチョコレート入りがほとんどです。お好みで13〜18cmの耐熱皿に、棒状にカットされているアーモンドスリーバードを敷きつめ、熱いトフィーを注ぎ入れてください。その上に115〜170gの刻んだチョコレートを散らします。アーモンドに火が通りチョコレートが溶けて、昔ながらのザクザクしたイギリス風トフィーになります。

バター（食塩不使用）　225g
砂糖　225g
バニラエクストラクト　小さじ1
アーモンド スリーバード　3/5カップ（なくてもよい）
チョコレート（粗く刻む）またはチョコレートチップ　115〜170g（なくてもよい）

①バターと砂糖をあわせて中火にかける。バターが溶けたらバニラを加える。砂糖が溶けて全体がおいしそうなトフィーの色になるまで、かき混ぜながら加熱する。
②13〜18cmの耐熱皿に注ぎ入れる。もし使うのであればアーモンドを敷き詰めておき、上にチョコレートを散らす。

おわりに
黄金比の意義と役割

「本を書こう」と私が思い立つのは、知らないことを究明したいという欲求に突き動かされるときです。「書きたいことはすでに頭の中にあるんだ」といった発言をする人がよくいるので、本の書かれ方についての誤解が定着しています。書きたいことがすでにあるんだと語る人は、執筆時間さえあれば書けるものだといわんばかりです。しかし実際はどうでしょうか。机の前にすわって蛇口をひねれば出てくる物語を、ただパソコンに流し込むだけの作家なんていないはずだと私は思っています。本当は、「書く」という行為が物語を生むのです。執筆のために机の前に腰を据(す)えて書けるまでねばるのがなかなか難しいのはそういうわけです。

私にとって「書く」とは何よりもまず探求すること、そしてその次が創造することです。前作『料理人誕生』を書いたのは、アメリカ最高峰の料理学校が料理人になるためには何を身に着けるべきだと考えているかを知るためでした。『奇跡をおこす（*Walk on Water*）』を書いたのは、病気の赤ちゃんの心臓にメスを入れる職業に就いている人がどんな人物なのか知りたかったからです。料理書も私にとって例外ではありません。『シャルキュトリ（加工肉）――加塩、燻製、保存の技術（*Charcuterie:The Craft of Salting, Smoking and Curing*）』を書いたのは、自分の博識を他人にも教えてあげようと思ったからではなく、むしろほとんど知識がなく、もっと知りたかったから書いたのです。

本書にとりかかった動機も同じです。私は約10年間、シェフであるウーヴェ・ヘストナーの比率表にハマっていました。ヘストナー先生がこの表を書いたのは、レシピと首っ引きの生徒たちに、教科書に頼るのをやめて、料理と向きあえ、と教えるためでした。しかし私にとってヘストナー先生の比率表は、料理から余分なものを取り去って本質を知るための試みだったのです。パイ生地は、どの時点でパイ生地ではなくなり、クッキー生地になるのか？　それがわかれば、パイ生地とは何かがつかめるはずです。ヘストナー先生はオランデーズソースの材料を卵黄とバターの2つだけにそぎ落としました。オランデーズソースにはレモン果汁、塩なども使いますが、それらを省略しても乳化したバターソースはできます。しかしバターもしくは卵黄をはぶいてしまうとオランデーズソースにはなりません。

エピローグを書いている今朝になってようやく思い至ったのですが、ヘストナー先生がやろうとしていたのは、**料理の元素周期表を作ること**だったのではないでしょうか。何というすごい発想。料理人が**レシピの大海原の中で方向を見失って漂流している時代に、**先生はめざすべき**陸地を示そうとされた**のです。

そんなことが本当にできるのか。料理というとてつもなく大きなものの本質にたどりつくことが本当に可能なのか。それが私にはわからなくて、知りたかったことでした。

さて、果たして何がわかったのか。小児心臓外科について、豚肉加工食品について、私は今ではよくわかっています。ではさまざまな黄金比を探求した今、私には何がわかっているのか。

黄金比を探求するうちに学んだいちばん大切なことは、**料理は地続きにつながっている**ということでした。ドウとバッターの変化の推移には特にこれがあてはまり、比率表を作る意味がおおいにある理由となります。パスタ生地を理解すれば、小麦粉に対して卵、水、油脂のバリエーションがどう作用するかがわかるので、パン生地、クッキー生地、パイ生地への理解も深まります。

次に学んだ大切なことは、料理技術がいかに大切かでした。同じ比率を使っても、私のほうが写真家の妻より上手にパイ生地を作ることができます。それは私のほうが数をこなしていて、生地のこね方、サクサクのパイ皮に仕上がる生地のまとまり具合を指が覚えているからです。「言っておくけど、あなただっていつも成功するわけじゃないんだからね」私が手を貸そうとすると、むくれた妻のダナに言われました。言い換えれば、料理には黄金比を覚えることと同じく、注意力、観察力、思考力、そして何より修練が欠かせないのです。

比率よりも、大切な要点を身につけるべき場合もあります。私はストックの黄金比を水3：骨2としましたが、2：1の比率を使ってもストックはできます。むしろだしをきちんととるためには、材料すべてに水がかぶるようにしなければならない理由を知るほうが大切です。こうした場合、黄金比はあくまでも役に立つ指針という位置づけになります。

結局のところ、黄金比とは料理をしやすく、わかりやすくしてくれるものなのです。ヘストナー先生の生徒が気づいたように、黄金比を身につければ、料理書やレシピにしばられずにすむからです。

日曜日、我が家で近所の友人を夕食に招きました。午後に食材の買い出しをしながら、食後に出す甘いものを何か作ろうと思いつきました。頭の中に入っているいちばん簡単な黄金比はパウンドケーキ（バター、砂糖、卵、小麦粉を同量ずつ）です。いつもなら半量の220gずつに減らすところですが、足りなくなる事態にならないよう、多めの330gずつにしようと考えました。そんなことができるのも、材料を重さで量るからです。ほとんど頭を使わずにケーキはできあがりました。帰宅して15分後には生地になってオーブンに入っていたのです。2人分だけ作る場合は、量を減らして110gにするだけです。

黄金比はあなたを解放してくれます。黄金比といくつかの基本的なテクニックを覚えたそのときから、本当の料理が始まるのです。

マイケル・ルールマン

謝辞

カリナリー・インスティテュート・オブ・アメリカ時代に出会ったシェフのマイケル・パーデュスとボブ・デル・グロッソは、執筆中の原稿に目を通し意見をくださいました。いつでも相談に応じ助言をしてくれた2人の見識のおかげで、本書の内容が濃くなりました。本書に時間と知恵をいただいたお二人には感謝の言葉もありません。

クリーブランドの「ローラ」のパティシエ、コリー・バレットにはドウとバッターについてご意見をいただき、お世話になりました。スージー・ヘラーとカリフォルニア州ヤントビルの「アドホック」料理長デービッド・ルーズにも貴重なご意見をいただきました。

先に名前を挙げた皆さんはいずれも仕事仲間のシェフであり、心から感謝申し上げます。思いがけず助けられたのはインターネットの情報源でした。本書執筆中に料理サイト「Cook's Korner」から声がかかり、Q&Aに登場する機会がありました。前著『料理の基本要素（*The Elements of Cooking*）』のプロモーション活動中のことです。同サイトでは熱心な一般の料理愛好家たちが体験を寄せあったり、誰かが上げた質問に誰かが答えたりしていました。そんな大勢のサイト利用者たちがレシピの試作を手伝いたいと申し出てくれたのです。申し出を受け、最終的に7名に協力をお願いすることになりました——なんといっても本書は、家庭で料理を作っている人を最大の読者対象としているのですから。ゴードン・アンダーソン、スティーブ・ベイカー、マシュー・カヤハラ、デイナ・ノフ・シンガー、ジェームズ・ライトマンには多大な助力をいただきました。調理用ナイフとナイフの使い方についての良書『切れ味を磨く（*An Edge in the Kitchen*）』の著者チャド・ウォードにも大変お世話になりました。マンハッタン在住の作曲家兼作詞家スキップ・ケノンには真剣かつ情熱をもって試作に取り組み、ご意見をいただけたことに格別の感謝を捧げます。このサイトの創設者はカナダのオンタリオ州在住のマーリーン・ニューウェルですが、料理愛好家たちによる本書の全レシピの試作のコーディネートと進捗管理と記録に獅子奮迅の活躍をしてくれました。まさにプロというべき彼女の仕事に心から感謝申し上げます。

いつもながら、友人でもあるエージェントのエリザベス・カプランと果敢な編集者ベス・ウェアラムにも感謝しています。妻のダナは白黒写真で料理の食感を表現するという挑戦に120パーセントの力を発揮してくれました。

そして最後になりましたが、本書をウーヴェ・ヘストナー先生に捧げます。

みんな、ありがとう。

索引

・太字のページ数は、レシピが掲載されていることを示す。

あ

アイオリソース aioli, 190
アイスクリーム ice cream:
　バナナスプリット、最高の banana split, best ever, **245**
　バニラ、メーカーズマーク入り vanilla, with Maker's Mark, **232-33**
アガベネクター agave nectar, 60
赤ワインとローズマリーのソース red wine and rosemary sauce, **212-213**
アサリ、白ワイン、ニンニク、タイムのニョッキ clams, white wine, garlic, and thyme with gnocchi, 73
亜硝酸ナトリウム sodium nitrite, 178, 179
アスパラガスのカスタード asparagus custard, **226**
アディソンのビーボップ ア リボップ ルバーブ パイ Addison's Bebop-a-Rebop rhubarb pie, **52-53**
アニョロッティ agnolotti:
　ハーブチキンの —— with herbed chicken stuffing, **169-70**
　ベジタリアン—— vegetarian, **171**
アロールート arrowroot, 141
泡立て法 foaming method, 77, 81-82, 84-86

い

イタリアン ソーセージ Italian sausages, **155**

う

ヴァロワソース valois sauce, 208
ヴィネグレット vinaigrettes, 196-203
　アジアン風味の —— Asian flavors in, **199**
　温かいトマトの —— warm tomato, **203**
　黄金比 ratio, 11, 196-98
　柑橘類の —— citrus, **200**
　クリーミーなソースにする —— in creamy sauces, 197
　クルミの —— walnut, **200-01**
　チミチュリ chimichurri, 198, **201-02**
　定番の赤ワイン—— classic red wine, **198-99**
　ナッツの —— nut, **200-01**
　肉と魚にあわせる —— for meat and fish, 201-03
　バリエーション variations, 199
　ライムとピーナツの —— lime-peanut, **202-03**
　——に加える野菜 vegetables added to, 199
　——の利用法 uses for, 197-98
ヴェルジェ、ロジェ Vergé, Roger, 74
裏ごし器 tamis (drum sieve), 164
ヴルーテソース velouté, **134**

え

エクレア éclairs, 67, 70
エビ shrimp:
　シュリンプトースト toast, **167**
　——とバジルのサーモンテリーヌ salmon terrine with basil and, **166**
　——とホタテのソーセージ and scallop sausage, **168-69**
　——のダンプリング dumplings, **166-67**
エンジェルフードケーキ angel food cake, 87-88, **89-90**
　黄金比 ratio, 87
　小麦粉を切るように混ぜ入れる folding flour in, 88
　冷ましてから切り分ける cooling before cutting, 88
　ミーザンプラス（下ごしらえ）mise en place for, 88
　卵白を混ぜ入れる mixing egg whites in, 87-88
　リング型で焼く baking in tube pan, 88

お

黄金比 ratios, 6-7
　ヘストナーの比率表 Hestnar's grid of, 19-21
　料理の真髄 truth of cooking in, 18-22
重石（タルトストーン）pie weights, 46
オランデーズソース hollandaise, 204-213
　赤ワインとローズマリーの —— red wine and rosemary, **212-213**
　温めた状態で出す served warm, 207
　黄金比 ratio, 204, 205
　オランデーズ ムースリーヌソース mousseline, **209**
　香りづけ seasoning, 205
　シトラス バターソース citrus, **209**
　チポトレとコリアンダーの —— chipotle-cilantro, **211-12**
　作り方 method for, 206-07
　伝統的な —— classic, **208-09**
　残った —— leftover, 207
　バリエーション variations, 207-08
　分離 breaking, 207
　——に入れる脂肪 fat in, 205
　——に入れるバター butter in, 205
　——に入れる卵黄 egg yolk in, 205-06
　——の重要性 importance of, 9
　——はどう役に立つのか ultimate usefulness of, 248-49
オリーブ olive(s):
　——と柑橘類入り ラムソーセージ lamb sausage with citrus and, **156-57**
　——とクルミのパン -walnut bread, **32**
オレンジ ジンジャー チョコレートトリュフ orange-ginger chocolate truffles, **242**

か

ガーリックのパン garlic bread:
　ニンニクの揚げパン fried, **33**
　ローズマリーとローストガーリックのパン rosemary and roasted garlic, **32**
果実ならなんでも、フルーツタルト fruit, any, tart, **51**
果実のパイ fruit pies, 51
カスタード custards, 216-46
　アスパラガスの —— asparagus, **226**
　黄金比 ratios, 7, 11, 219
　皮ができない方法 avoiding skin on, 217
　キッシュ ロレーヌ quiche Lorraine, **222-24**
　究極の変化形 ultimate egg transformation in, 216
　固形—— free-standing, 217, 219–227
　骨髄の —— bone marrow, **226-27**

舌ざわりの秘密 texture as key to, 216
セイボリー（惣菜）系とスイーツ系 savory and sweet, 218, 219–20, **226–27**
ソース sauces, 217, 220, 228, 229
伝統的な焼きプリン classic crème caramel, **220-21**
ハーブの —— herb, **227**
パプリカの —— sweet bell pepper, **226**
バリエーション variations on, 216, 225-27
パンプディング bread pudding, **227**
バン マリー（湯煎器）cooked in bain-marie, 216
ブルーベリー ——タルト blueberry tart, **51**
——の焼成時間 cooking times for, 216-17
カナディアン ベーコン Canadian bacon, **178-79**
鴨、ソーセージ duck, sausage, **156**
鴨肉、ほぐした、クレープの具 duck meat, shredded, in crepes, 106
カリナリー・インスティテュート・オブ・アメリカ（CIA）Culinary Institute of America (CIA), 127
カレー curry:
牛肉入りグリーン——スープ green, soup with beef, **125**
——味のイエロースプリットピーススープ curried yellow split pea soup, **125**
——味のマヨネーズ curried mayonnaise, **193-94**
——味の豆と玉ねぎのフリッター curried pea and onion fritters, **98**
柑橘類 citrus:
オリーブと——入り ラムソーセージ lamb sausage with olives and, **156-57**
シトラス バターソース butter sauce, **209**
——のヴィネグレット vinaigrette, **200**
——のグレイズ glaze, **83-84**
ガンボ gumbo, 136

き

キーラー、ギャリソン Keillor, Garrison, 52
キッシュ quiches, 218
——ロレーヌ Lorraine, **222-24**
気泡 air bubbles, 82, 88
キャトル エピス quatre épices, 171, **172**
キャラメルソース caramel sauce, 238-240, **242-43**
黄金比 ratio, 238
基本の —— basic, **242-43**
トフィー toffee, **245-46**
バタースコッチ ソース butterscotch sauce, 239-40, **244**
バナナスプリット、最高の banana split, best ever, **245**
バリエーション variations, 239
——に入れる砂糖 sugar in, 239, 242
キャラメル チョコレート タルト caramel-chocolate tart, **50**
牛乳 milk, 136
餃子 pot stickers, 160, **161**
行者ニンニクとローストしたパプリカのニョッキ ramps and roasted peppers with gnocchi, **72**
切るように混ぜ入れる folding, 88

く

クイックケーキ quick cakes, 91–102
黄金比 ratios, 91, 92-93
ふくらませる leavening in, 91
——の甘さ sweetness in, 93
クイックブレッド quick breads, 91–95
黄金比 ratio, 91
基本の生地 basic batter, **93-94**
惣菜系の —— savory, **95**
バナナブレッド banana, **95**
グジェール gougère, 67, **69-70**
カナッペのバリエーション gougère canapé variation, **70**
クッキー cookies:
アーモンドエクストラクトを混ぜ入れる almond extract in, 61
クラシック シュガー —— classic sugar, **64-65**
クラシック チョコチップ—— classic chocolate chip, **64**
原点の —— essence of, 58, **58-59**
ショートブレッド shortbread, 58
チュイール tuiles, 61
チョコレート—— chocolate, **60**
ドロップ—— drop, 61
ピーナツバター peanut butter, **60**
リップのスパイス—— Rip's spice, **63**
レモンとケシの実の —— lemon–poppy seed, 58, 60, **62**
——にスパイスを入れる spices in, 60
——にナッツ類を入れる nuts in, 59,60
クッキー生地 cookie dough, 57-65
1：2：3——（原点の ——）1-2-3 (essence-of-a-cookie), **58-59**
黄金比 ratio, 57
——に入れる砂糖の種類 sugar types in, 60
——に入れる油脂 fats in, 60-61
——のバリエーション variations on, 59-61
クネル quenelles, 164, 169
グラッセ、ハンナ『明解 料理術』（1747年）Glasse, Hannah, The Art of Cookery(1747), 82
クラブケーキ crab cakes, 166
クリーミング法 creaming method, 79, 82
クリームスープ cream soups, 131, 133, 136-47
ガンボ gumbo, 136
チャウダー chowder, 136-137
ビスク bisques, 136-137
緑色以外の野菜を使った —— nongreen vegetable, **138-40**
緑色野菜の —— green vegetable, **137-38**
——の一般的な作り方 general method for, 136
——のルー roux in, 136-37
クリームソース cream sauce, 135
グリセミック・インデックス glycemic index, 60
グルテン gluten, 27, 28, 37, 55
クルミ walnut:
オリーブと——のパン -olive bread, **32**
ポロねぎのソテーと——のタルト and sautéed leek tart, **49**
——のヴィネグレット vinaigrette, **200-01**
クレープ crepes, 103-97
黄金比 ratio, 103
活用法 many uses for, 105-07
基本の —— basic, **104-05**
スイーツ系—— sweet, **107**
ホウレンソウの —— spinach, **106-07**
水ベースの液体 any water-based liquid in, 104
レイヤーケーキ dozen-layer cake, **107**
クレープシュゼット crepes suzette, **107**
クレーム アングレーズ crème anglaise, 228-237

黄金比 ratio, 228
基本の —— basic, 231-32
クレーム パティシエール（ペイストリークリーム）pastry cream, 230, 235-36
バタークリーム buttercream, 236
バナナスプリット、最高の banana split, best ever, 245
ババロア Bavarian cream, 232
バリエーション variations, 228, 230
プロフィトロール ホットチョコレートソースがけ profiteroles with hot chocolate sauce, 236-37
メーカーズマーク入りバニラアイスクリーム vanilla ice cream with Maker's Mark, 232–33
クレーム パティシエール crème pâtissière, 230, 235-36
クレームブリュレ crème brûlée, 230, 234-35

け

計量 measurements:
重量で量るか、容積で量るか by weight vs. by volume, 13-14
目分量 by sight, 112
——用レードル ladles for, 22
ケーキ cakes:
エンジェルフード—— angel food, 87-88, 89-90
オールドファッション パウンド—— old-fashioned pound, 82-84
型にクッキングシートを敷く lining pan with parchment, 77
クイック—— quick, 91–102
スポンジ—— sponge, 80-82, 84-86
ミーザンプラス（下ごしらえ）mise en place in, 88
レイヤー —— dozen-layer crepe, 107
ケーキ型 pans:
底が抜ける —— springform, 85, 88
——に油を塗る greasing, 64
——にクッキングシートを敷く lining with parchment, 77, 88
ケフテデス keftedes, 161-62
ケラー、トーマス Keller, Thomas, 40, 106

こ

子牛のストック veal stock, 116-17
ジュ・ド・ヴォー・リエ jus de veau lié, 141
デミグラス demi-glace, 135
ルムイヤージュ remouillage, 117-18
——とブラウンソース and brown sauce, 135
——（ブラウン）brown, 117
——（ホワイト）white, 117
子牛のムースリーヌ veal mousseline, 166
香料 aromats, 113
コーンスターチ cornstarch, 102
スラリー in slurries, 131, 141–46
穀物、ストックに入れる grains, in stocks, 121
骨髄のカスタード bone marrow custard, 226-27
コペッジ、リチャード Coppedge, Richard, 33
小麦粉 flour:
準強力粉 all-purpose, 16
セモリナ粉 semolina, 74
コルニッション cornichons, 176
コロッケ croquettes, 67
コンソメ consommé, 126-30
黄金比 ratio, 126, 127
チキン—— chicken, 128-30
何のストックを使ってもできる using any stock, 127-28
ラフト raft, 127
——のクラリフィケーション clarification of, 127
——のフィルターとなる卵白 egg whites as filter for, 127
コンビーフ corned beef, 179-81

さ

サーモンテリーヌ salmon terrine, 166
エビとバジルの —— with shrimp and basil, 166
サーモン、とディル salmon, and dill, 191
サイモン、マイケル Symon, Michael, 161
材料 ingredients:
基本の ——について note about, 16
——の計量 measurement of, 13-14, 16
——を合わせる順番 order of combination, 77
魚のストック fish stock, 118-19, 122
魚のフュメ fish fumet, 119
砂糖 sugar:
カラメルソースに入れる —— in caramel sauce, 239, 242
クッキーに入れる —— in cookies, 60
シュクレ生地に入れる —— in pâte sucrée, 24
ドウに入れる —— in doughs, 24
——によるやけど burns from, 223
ザワークラウト sauerkraut, 176
サワードウ sourdough, 27, 28
「サン・スーシ」、クリーブランド Sans Souci, Cleveland, 74
サンドイッチの組み合わせ sandwich pairings, 106
サンドイッチ用の白いパン sandwich bread, white, 9
3：2：1パイ生地 3-2-1 pie dough, 46

し

塩 salt:
海—— sea salt, 152
コーシャーソルト kosher, 16, 152
ソーセージに入れる —— in sausages, 152
ドウに入れる —— in doughs, 24
パン生地に入れる —— in bread dough, 25-26
ピンクソルト pink, 178, 179
ブライン液 brine, 148, 173–81
ヨウ素添加—— iodized, 152
ローストチキンにまぶす —— on roasted chicken, 145
塩漬けタラのフリッター cod, salt, fritters, 99
シカゴ ビスケット（3：1：2ビスケット）Chicago (3-1-2) biscuits, 56
鹿肉 venison:
——と調味料 and seasonings, 153
——のソーセージ sausage, 156
七面鳥 turkey:
——のソーセージ sausage, 156
——用のハーブとレモンのブライン液 herb and lemon brine for, 175
シノワ chinois, 136
脂肪／油脂 fat:
クッキーに入れる油脂 in cookies, 60-61
脂肪が冷蔵庫臭を吸収する refrigerator odors absorbed by, 189
脂肪の質 qualities of, 184-85
ソーセージに入れる脂肪 in sausages, 151, 152
ドウに入れる油脂 in doughs, 24

  - パイ生地に入れる油脂 in pie dough, 44-45
  - バターソースに入れる脂肪 in butter sauces, 205
  - 豚の背脂 pork back, 152
  - ルーに入れる脂肪 in roux, 133
- ジャービ、フランク Jerbi, Frank, 127
- じゃがいもとポロねぎのタルト potato and leek tart, **49**
- シャスール ソース chausseur sauce, 134
- シュー生地 pâte à choux, 66-68
  - 黄金比 ratio, 66
  - 基本の —— basic, **68-69**
  - グジェール gougère, 67, **69-70**
  - コロッケ croquettes, 67
  - チュロス churros, 67
  - パリ風ニョッキ（ニョッキパリジャン）parisienne gnocchi, 67, **70-71**
  - ファンネルケーキ funnel cake, 67
  - プロフィトロール profiteroles, 67, **70**
  - ベニエ beignets, 67
  - ポテトパンケーキ potato pancakes, 67
  - ポム ドーフィーヌ pommes dauphine, 67
  - ローマ風ニョッキ（ニョッキ アッラ ロマーナ）gnocchi à la romaine, 68, **74-75**
- シュークリーム（クリームパフ）cream puffs, 66, **70**
- 重曹 baking soda, 92
- シュガー クッキー、クラシック sugar cookies, classic, **64-65**
- シュクレ生地 pâte sucrée, 24
- 蒸気 steam, 28-29
- ショートニング shortening, 44, 61
- ショートブレッド shortbread, 58
- ショロンソース choron, sauce, 208, **211**

す

- スープ soups:
  - カレー味のイエロースプリットピース—— curried yellow split pea, **125**
  - 牛肉入りグリーンカレー —— green curry with beef, **125**
  - クリーム—— cream, 131, 133, 136-47
  - コーントルティーヤの —— corn-tortilla, **124**
  - 白豆とソーセージとエンダイブの —— white bean, sausage, and escarole, **124-25**
  - ストックの —— stocks in, 121, 123, 124
  - 澄んだ —— clear, 123–30
  - 卵入り —— egg in, 123
  - チャウダー chowders, 136-137
  - ビスク bisques, 136-137
  - 野菜—— vegetable, **125**
- ズッキーニのフリッター zucchini fritters, **98**
- ストック stocks, 110-22
  - 黄金比 ratios, 110-11, 111-12
  - 基本の —— basics, 113-14
  - 子牛の —— veal, **116-17**
  - 穀物や豆類を炊くスープとしての —— as braising medium, 121-22
  - 漉す straining, 111, 114
  - コンソメ consommé, 126-30
  - 材料 ingredients, 113-14
  - 魚の —— fish, **118-19**, 122
  - 魚のフュメ fish fumet, **119**
  - スープに in soups, 121-22, 123, 124
  - スラリー slurry, 131, 141-46
  - 澄んだスープ clear soups, 123-25
  - ソースのベースとして as sauce base, 121
  - 伝統的なチキン—— traditional chicken, **115-16**
  - デンプンでとろみづけする thickening with starch, 131, 141
  - 日常使いのチキン—— everyday chicken, **114-15**
  - はじめに foundations, 111-12
  - ビーフ—— beef, **118**
  - ブールマニエ beurre manié, 131, 141-46
  - 保存 storing, 114, 121
  - ミルポワ mirepoix in, 113
  - 野菜の —— vegetable, **119-121**
  - 利用法 using, 121-22, 131
  - ルー roux, 131, 132-40
  - ルムイヤージュ remouillage, 117-18
  - ——でできるコンソメ consommé using, **127-28**
  - ——に入れる水 water in, 112
  - ——に透明感を出す clarifying, 127
  - ——に含まれるゼラチン gelatin in, 112
  - ——の温度 temperature of, 113
  - ——用の骨 bones for, 113
- スポンジケーキ sponge cake, 80-82, **84-86**
  - 黄金比 ratio, 80-82
  - ——の泡立て法 foaming method for, 81
- スラリー slurry, 131, 141-46
  - 黄金比 ratio, 141

せ

- 製パン用の小麦粉 bread flour, 29
- セージ sage:
  - バターナッツかぼちゃ、——、ブラウンバターのニョッキ gnocchi with butternut squash, brown butter and, **73**
  - 豚肉用のニンニクと ——のブライン液 -garlic brine for pork, **175**
  - ——とブラウンバターのパン and brown butter bread, **32**
- セモリナ粉 semolina, 74
- ゼラチン gelatin, 112
- セルシエロ、ジェフ Cerciello, Jeff, 71

そ

- ソース sauces:
  - 赤ワインとローズマリーの —— red wine and rosemary, **212-213**
  - ヴァロワ—— valois, 208
  - ヴィネグレット vinaigrette, 196-203
  - ヴルーテ velouté, **134**
  - 黄金比 ratios, 7, 183
  - オランデーズ—— hollandaise, 204-213
  - カスタード custard, 217, 220, 228, 229
  - カラメル—— caramel, 238-240, **242-43**
  - クリーム—— cream, 135
  - クレーム アングレーズ crème anglaise, 228-237
  - シトラス バター —— citrus butter, **209**
  - 脂肪ベースの ——の、黄金比 fat-based, ratios, 7, 183
  - シャスール—— chausseur, 134
  - ショロン—— choron, 208, **211**
  - チポトレとコリアンダーのバター —— chipotle-cilantro butter, **211-12**

チミチュリ—— chimichurri, 198, 201-02
チョコレート—— （ガナッシュ）chocolate (ganache), 238-41
デミグラス demi-glace, 135
とろみづけのブールマニエ beurre manié to thicken, 131
ナンテュア—— Nantua, 135
残ったら leftover, 207
バタースコッチ—— butterscotch, 239-40, 244
バター —— butter, 204-07
バニラ—— vanilla, 228, 231-32
パロワーズ—— paloise, 208, 211
フィーヌゼルブ—— fines herbes, 143-46
ブラウン—— brown, 134, 135
プロフィトロール ホットチョコレートーがけ hot chocolate, profiteroles with, 236-37
分離 breaking, 207
ベアルネーズ—— béarnaise, 204, 208, 210-11
ベシャメル—— béchamel, 134, 135
ボイルド ドレッシング boiled dressing, 135
ボルドレーズ—— bordelaise, 134
マザー —— mother, 134, 196
マッシュルームとエシャロットの —— mushroom and shallot, 134
マヨネーズ mayonnaise, 186-95
マルテーズ—— maltaise, 208
ムースリーヌ—— mousseline, 208, 211
ラム酒とカルダモンのチョコレート—— rum-cardamom chocolate, 241
——のベースとしてのストック stocks as base for, 121
ソーセージ sausages, 148, 150–62
味つけ seasoning, 152, 153
エビとホタテの —— shrimp and scallop, 168-69
黄金比 ratios, 150, 151
「機械式食肉除去」による肉の使用 "mechanically separated" meat in, 151
白豆と ——とエンダイブのスープ white bean, and escarole soup, 124-25
スパイシー ガーリック —— spicy garlic, 154-55
チキン——、バジルとローストした赤パプリカ入り chicken, with basil and roasted red peppers, 158-59
生のブラートヴルスト fresh bratwurst, 159-60
バリエーション variations, 155-56, 160, 161-62
ピーマンの肉詰め stuffed peppers, 161
ブーダン ブラン boudin blanc, 171-72
ミオシン myosin, 153
ラム——、オリーブと柑橘類入り lamb, with olives and citrus, 156-57
ルース—— loose, 154
——に使用する塩 salt used in, 152
——に使用する脂肪 fat in, 151, 152
——の温度 temperature of, 153
底が抜けるケーキ型 springform pans, 85, 88

た

ダッチオーブンを使ったパンの焼き方 Dutch oven method for bread, 34-35
卵 eggs:
L玉 large, 17
エンジェルフードケーキ in angel food cake, 87-88, 89-90
カスタードに入れる —— in custards, 216, 219
クッキーに入れる —— in cookies, 61
スープに入れる —— in soups, 123
ストックに透明感を出す働きをする卵白 whites, in clarifying stock, 127
ドウ生地に入れる —— in doughs, 24
バターソースに入れる —— in butter sauces, 204-07
マヨネーズに入れる —— in mayonnaise, 187
ムースリーヌに入れる —— in mousseline, 163-64
リッチな卵黄パスタ rich egg yolk pasta, 42-43
——の泡立て法 foaming method for, 81
玉ねぎ onion:
カレー味の豆と ——のフリッター and pea fritters, curried, 98
キャラメリゼオニオン（飴色 ——）とコンテチーズのタルト caramelized, and Comté tart, 48-49
——のチャバタ ciabatta, 33
タルト tarts, 48-51
黄金比 ratio, 48
果実ならなんでも、フルーツ—— fruit (any fruit), 51
カスタード custard, 227
型を使わない —— free-form, 48
キャラメリゼオニオン（飴色玉ねぎ）とコンテチーズの —— caramelized onion and Comté, 48-49
キャラメル チョコレート—— caramel-chocolate, 50
じゃがいもとポロねぎの —— potato and leek, 49
チョコレート バニラ—— chocolate-vanilla, 50
トマト—— tomato, 50
ブルーベリー カスタード—— blueberry-custard, 51
ベリー —— berry, 50
ポロねぎのソテーとクルミの —— sautéed leek and walnut, 49
桃とプロシュートの —— peach and prosciutto, 50
レモン—— lemon, 50
タルト台、空焼き tart shell, blind baking, 227
ダンプリング dumplings, 145
エビの —— shrimp, 166-67
チキンと —— chicken and, 72-73

ち

チキン chicken:
コンソメ consommé, 128-30
縛る trussing, 144
伝統的な ——ストック traditional stock, 115-16
日常使いの ——ストック everyday stock, 114-15
残り物、クレープの具 leftover, in crepes, 106
ハーブ——の、アニョロッティ herbed stuffing, agnolotti with, 169-70
ハーブとレモンのブライン液 herb and lemon brine for, 175
バジルとローストした赤パプリカ入り ——ソーセージ sausage with basil and roasted red peppers, 158-59
ブーダン ブラン boudin blanc, 171-72
ポットパイ pot pie, 51
レモンとハーブのブライン液で漬けたロースト——、つけあわせの手本のようなグリーンピース添え roasted, with lemon and herb brine, with perfect green beans, 176-78
ロースト——、フィーヌゼルブ ソースの roasted, with sauce fines herbes, 143-46
——ソーセージ sausage, 156

——とダンプリング and dumplings, 72-73
——と調味料 and seasonings, 153
チポトレとコリアンダーのバターソース chipotle-cilantro butter sauce, 211-12
チミチュリ chimichurri, 198, 201-02
チャウダー chowders, 136-137
チャバタ、玉ねぎ ciabatta, onion, 33
チュイールの黄金比 tuiles, ratio, 61
チュロス churros, 67
チョコレート chocolate:
オレンジ ジンジャー ——トリュフ orange-ginger truffles, 242
キャラメル——タルト -caramel tart, 50
クラシック チョコチップ クッキー classic chocolate chip cookies, 64
プロフィトロールのホット——ソースがけ hot sauce, profiteroles with, 236-37
ラム酒とカルダモンの ——ソース rum-cardamom sauce, 241
——クッキー cookies, 60
——ソース(ガナッシュ) sauce (ganache), 238-41
——チェリーパン -cherry bread, 33
——バニラ タルト -vanilla tart, 50
——ムース mousse, 229
チョコレートソース(ガナッシュ) ganache (chocolate sauce), 238-41
黄金比 ratio, 238
オレンジ ジンジャー チョコレートトリュフ orange-ginger chocolate truffles, 242
基本の —— basic, 240-41
バナナスプリット、最高の banana split, best ever, 245
バリエーション variations, 239, 241-42
ラム酒とカルダモンの —— rum-cardamom, 241
チョコレート チェリーパン cherry-chocolate bread, 33
チリ ライム マヨネーズ chilli-lime mayonnaise, 192-93

つ

粒コショウ peppercorns, 113

て

デミグラス demi-glace, 135
デル・グロッソ、ボブ del Grosso, Bob, 21, 57, 145, 194
天つゆ dipping sauce for, 102
天ぷら tempura:
——衣 batter, 101-02

と

ドウ(生地) doughs, 24--76
黄金比 ratios, 6, 23
クッキー cookie, 57-65
シュー生地 pâte à choux, 66-76
パイ pie, 44-53
パスタ pasta, 36-43
パン bread, 25-35
ピザ pizza, 34
ビスケット biscuit, 54-56
トウモロコシ corn:
コーントルティーヤのスープ -tortilla soup, 124
スパイシーな ——のフリッター spicy fritters, 97
ハラペーニョペッパーと ——のフォカッチャ and jalapeño focaccia, 33
——のマフィン muffins, 95
——、ベーコン、ソラマメのニョッキ bacon, and fava beans, gnocchi with, 72
トフィー toffee, 245-46
トマト tomato(es):
温かい ——のヴィネグレット warm vinaigrette, 203
ストックに入れる —— in stocks, 114, 122
バジル、——、ニンニクのニョッキ basil, and garlic with gnocchi, 72
——タルト tart, 50
トランス脂肪酸 trans fats, 44
ドロップクッキー drop cookies, 61

な

ナッツ nuts:
オリーブとクルミのパン -olive bread, 32
ポロねぎのソテーとクルミのタルト and sautéed leek tart, 49
——入りのクッキー in cookies, 60
——入りのパイ生地 in pie dough, 45, 48
——のヴィネグレット vinaigrette, 200-01
ナンテュア ソース Nantua sauce, 135

に

乳化 emulsion:
——現象 formation of, 186-87
——と水分の量 and water content, 205
——の方法 methods in, 188
ニョッキ gnocchi, 71-73
アサリ、白ワイン、ニンニク、タイムの —— with clams, white wine, garlic, and thyme, 73
行者ニンニクとローストしたパプリカの —— with ramps and roasted peppers, 72
チキンとダンプリング chicken and dumplings, 72-73
トウモロコシ、ベーコン、ソラマメの —— with corn, bacon, and fava beans, 72
バジル、トマト、ニンニクの —— with basil, tomatoes, and garlic, 72
バターナッツかぼちゃ、セージ、ブラウンバターの —— with butternut squash, sage, and brown butter, 73
パリ風——(——パリジャン) parisienne, 67, 70-71
マッシュルーム、エシャロット、ホウレンソウの —— with mushrooms, shallot, and spinach, 73
ローマ風——(——アッラ ロマーナ) à la romaine, 68, 74-75
ニンニク garlic:
アサリ、白ワイン、——、タイムのニョッキ gnocchi with clams, white wine, thyme and, 73
スパイシー ガーリック ソーセージ sausage, spicy, 154-55
バジル、トマト、——のニョッキ gnocchi with basil, tomatoes and, 50
豚肉用の ——とセージのブライン液 -sage brine for pork, 175
マヨネーズに入れる —— in mayonnaise, 190
——の芯を取り除く removing the germ of, 190

ぬ

ヌテッラ、クレープに Nutella, in crepes, 107

の

残り物 leftover food, 106

は

ハーブ herbs:
フィーヌゼルブ fines herbes, 143
フィーヌゼルブ ソースのローストチキン roasted chicken with sauce fines herbes, 143-46
フィーヌゼルブのマヨネーズ mayonnaise with fines herbes, 193
——チキンのアニョロッティ agnolotti with herbed chicken stuffing, 169-70
——とレモンのブライン液、チキン用 and lemon brine for chicken, 175
——のカスタード custards, 220-21
ハーブチキンのアニョロッティ stuffing, herbed chicken, agnoletti with, 169-70
パイ pies, 51-52
果実の —— fruit, 51
格子状の蓋をかぶせたルバーブ—— rhubarb, with lattice crust, 52-53
チキン ポット—— chicken pot, 51
パイ皮 piecrust:
空焼き blind baking, 46
格子状の蓋 lattice, 52
サクサクの —— flakiness in, 45, 47
——の軽さ tenderness of, 45
パイ生地 pie dough, 44-53
黄金比 ratio, 44 45
こねすぎ overworking, 46
3：2：1——（ブリゼ生地）3-2-1 (pâte brisée), 46
スイーツ系 sweet, 45
セイボリー（惣菜）系 savory, 45, 47-48
ナッツ入り —— nuts in, 45, 48
バリエーション variations on, 47
——に入れる油脂 fats in, 44
——の混ぜ方 mixing, 45
パウンドケーキ pound cake, 80-83
黄金比 ratio, 80-81
オールドファッション—— old-fashioned, 82-84
——のクリーミング法 -creaming method for, 82
秤（スケール）scale, 13-14
ハザン、マルチェラ Hazan, Marcella, 38
バジル basil:
エビと ——のサーモンテリーヌ salmon terrine with shrimp and, 166
——、トマト、ニンニクのニョッキ tomatoes, and garlic with gnocchi, 72
パスタ pasta:
基本の ——生地 basic dough, 38-39
生クリームと角切りベーコンの —— cream and diced bacon with, 40
バリエーション variations on, 40-41
緑の ——（——ヴェルデ）verde (green), 41-42
ラザニア lasagna, 40-41
リッチな卵黄の —— rich egg yolk, 42-43
——の色づけ color in, 41
——を切る cutting, 37
パスタ生地 pasta dough, 36-43
黄金比 ratio, 36
基本の —— basic, 38-39
バリエーション variations on, 40-41
——に入れる卵黄 egg yolks in, 41
——の味つけ flavors added to, 38
——の感触 texture of, 37
——の質感 spirit of, 37
——の冷凍 freezing, 40
——用ミキサー mixers for, 37
——をこねる kneading, 37
——をのばす rolling, 37
パストラミ、自家製 pastrami, home-cured, 181
バター butter, 44
シトラス——ソース citrus, sauce, 209
セージとブラウン——のパン brown, and sage bread, 32
練った ——（ブールマニエ）kneaded (beurre manié), 131
バターナッツかぼちゃ、セージ、ブラウン——のニョッキ brown, gnocchi with butternut squash, sage and, 73
有塩——、食塩不使用の —— salted or sweet, 15-16
バタークリーム buttercream, 236
バタースコッチ ソース butterscotch sauce, 239-40, 244
オールドファッション—— old-fashioned, 244
バナナスプリット、最高の banana split, best ever, 245
バターナッツかぼちゃ、セージ、ブラウンバターのニョッキ butternut squash, sage, and brown butter with gnocchi, 73
発酵 fermentation, 25-28
発酵種にする prefermention, 27
バッター batters, 77-107
黄金比 ratios, 6, 23
基本のクイックブレッド（マフィン生地）basic quick bread/muffin, 93-94
基本のパンケーキ生地 basic pancake, 95-96
基本のフリッター生地 basic fritter, 96-97
基本のポップオーバー basic popover, 99-101
クリーミング法 対 泡立て法 creaming method vs. foaming method, 79, 81-82, 84-86
クレープ crepe, 103-07
天ぷら tempura, 101-02
ふくらみをよくする leavening for, 81
混ぜ方 mixing methods for, 77-79, 81-82
——の気泡 air bubbles in, 82, 84
パテ アン テリーヌ pâté en terrine, 148
バナナ、クレープの具 banana, in crepes, 107
バナナスプリット、最高の banana split, best ever, 245
バナナブレッド banana bread, 95
バニラ vanilla:
チョコレート——タルト -chocolate tart, 50
メーカーズマーク入り ——アイスクリーム ice cream with Maker's Mark, 232–33
——ソース sauce, 228, 231-32
ババロア Bavarian cream, 232
パフペイストリー puff pastry, 47
パプリカ pepper(s):
行者ニンニクとローストした ——のニョッキ roasted, gnocchi with ramps and, 72
バジルとローストした赤 —— 入りチキンソーセージ roasted red, chicken sausage with basil and, 158-59

ピーマンの肉詰め stuffed, 161
——のカスタード sweet bell, custard, **226**
パプリカのカスタード sweet bell pepper custard, **226**
ハラペーニョペッパーとトウモロコシのフォカッチャ jalapeño and corn focaccia, **33**
パリ風ニョッキ（ニョッキパリジャン）parisienne gnocchi, 67, **70-71**
パロワーズソース paloise, sauce, 208, **211**
パン breads:
甘いケーキ風ブレッド sweet batter, 77
オリーブとクルミの —— olive-walnut, **32**
基本の ——生地 basic dough, **29-31**
クイックブレッド quick, 91–95
クラスト（——の皮）crusty, 28
グリルドフォカッチャ grilled focaccia, **33**
サンドイッチ用の白い —— white sandwich, **9**
セージとブラウンバターの —— sage and brown butter, **32**
ダッチオーブンを使った焼き方 Dutch oven method, 34-35
玉ねぎのチャバタ onion ciabatta, **33**
チョコレート チェリー —— chocolate-cherry, **33**
ニンニクの揚げ —— fried garlic, **33**
ハラペーニョペッパーとトウモロコシのフォカッチャ jalapeño and corn focaccia, **33**
ピザ生地 pizza dough, **34**
フラットブレッド flat, **34**
ローズマリーとローストガーリックの —— rosemary and roasted garlic, **32**
パン生地 bread dough, 25-35
黄金比 ratio, 8-10, 25
オーブン環境 oven environment for, 28-29
オーブンスプリング（窯伸び）oven spring of, 29
オリーブオイルをまぶす olive-oil coating on, 31
基本の —— basic, **29-31**
切り込みを入れる、指で穴をあける scoring and stippling, 28
こねすぎ overmixing, 27
最終発酵 proofing, 28
成形 shaping, 28, 30
練る kneading, 27
変動要素 variables in, 27
焼き上がりのタイミング doneness of, 29
リーン生地（基本の ——）lean (basic), **29-31**
ルヴァン種 levain, 27
——の弾力性 elasticity in, 27-28
——の発酵時間 fermentation time in, 27
——のバリエーション variations on, 31-35
パンケーキ pancakes:
黄金比 ratio, 92
基本の生地 basic batter, **95-96**
ポテト—— potato, 67
パン酵母 yeast:
インスタントドライイースト instant or quick-rise, 26
活性ドライイースト active dry, 26
サフ SAF, 26
ドウに入れる —— in doughs, 24
ドライイースト dried, 26
パン生地に入れる —— in bread dough, 26-27
野生酵母 wild, 27
レッドスター ドライイースト Red Star, 26
——と発酵 and fermentation, 26-27
——（生）fresh, 26, 27
——の再分散 redistributing, 28
——を水で戻す rehydration of, 26
ハンバーガー、味つけ hamburgers, seasoning, 160
パンプディング bread pudding, **227**
バン マリー（湯煎器）cooked in bain-marie, 216

ひ

ピーナツバターのクッキー peanut butter cookies, **60**
ビーフ（牛肉）beef:
牛肉入りグリーンカレースープ green curry soup with, **125**
コンビーフ corned, **179-81**
パストラミ pastrami, **181**
フランクステーキの肉詰め stuffed flank steak, **162**
ミートボール meatballs, **161**
ミートローフ meat loaf, 160, 161
——ストック stock, **118**
——ソーセージ sausage, **156**
ピール peel, 48
ビール生地のフリッター beer batter fritters, **98-99**
ピクルス、ディル pickles, dill, **176**
ピクルスのブライン液 pickling brine, **176**
ピザ生地 pizza dough, **34**
黄金比 ratio, 9
ビスク bisques, 136-137
ビスケット biscuits:
シカゴ ビスケット（3：1：2ビスケット）Chicago (3-1-2), **56**
——のサクサクした食感 flakiness of, 55
ビスケット生地 biscuit dough, 54-56
黄金比 ratio, 54
ターン turns in, 55
のばす rolling, 54-55
ヒュージュリア、ダン Hugelier, Dan, 165

ふ

ファルシ farçir, 147-181
黄金比 ratios, 7, 147
ソーセージ sausage, 148, 150–62
フォースミート forcemeat, 148, **164-65**
ブライン液 brines, 148, 173–81
ムースリーヌ mousseline, 163-72
ファンネルケーキ funnel cake, 67
フィーヌゼルブ fines herbes, 143
——ソースのローストチキン sauce, roasted chicken with, **143-46**
——のマヨネーズ mayonnaise with, **193**
ブーダン ブラン boudin blanc, **171-72**
ブールマニエ beurre manié, 131, 141–46
黄金比 ratio, 141
ソースに使う —— in sauces, 142-43
フィーヌゼルブ ソースのローストチキン roasted chicken with sauce fines herbes, **143-46**
——の濃度 consistency in, 142
フォースミート forcemeat, 148, **164-65**
フォカッチャ focaccia:
グリルド—— grilled, **33**
ハラペーニョペッパーとトウモロコシの —— jalapeño and corn, **33**

ふくらみをよくする leavening, 81
豚肉 pork:
カナディアン ベーコン Canadian bacon, 178-79
スパイシー ガーリック ソーセージ spicy garlic sausage, 154-55
ソーセージのバリエーション sausage variations, 155-56
生のブラートヴルスト fresh bratwurst, 159-60
ブーダン ブラン boudin blanc, 171-72
——用のニンニクとセージのブライン液 garlic-sage brine for, 175
豚の背脂 pork back fat, 152
ブラートヴルスト、生の bratwurst, fresh, 159-60
プライス、ヴィンセントの『名作レシピ集』Price, Vincent, A Treasury of Great Recipes, 42
フライパン／ケーキ型 pans:
クレープ専用—— crepe, 104
ブライン液 brines, 148, 173–81
黄金比 ratio, 173, 174
カナディアン ベーコン Canadian bacon, 178-79
基本の —— basic, 174-75
コンビーフ corned beef, 179-81
塩を液状にする turning salt into liquid, 173-74
バリエーション variations, 175-76
ピクルス用—— pickling, 176
保存料として as preservative, 176
レモンとハーブの ——で漬けたローストチキン lemon and herb, roasted chicken with, 176-78
フラットブレッド flat bread, 34
フランクステーキの肉詰め flank steak, stuffed, 162
ブリゼ生地 pâte brisée, 46
フリッター fritters:
黄金比 ratio, 91-92
カナッペ canapé, 97
カレー味の豆と玉ねぎの —— curried pea and onion, 98
基本の ——生地 basic batter, 96-97
塩漬けタラの —— salt cod, 99
ズッキーニの —— zucchini, 98
スパイシー コーン—— spicy corn, 98
ビール生地の —— beer batter, 98-99
桃の —— peach, 99
リンゴの —— apple, 99
ブルーベリー カスタード タルト blueberry-custard tart, 51
フレンチ・ランドリー French Laundry, 40, 169
プロフィトロール profiteroles, 67, 70
——ホットチョコレートソースがけ with hot chocolate sauce, 236-37

へ

ペアリング pairings, 71, 76
ベアルネーズソース béarnaise sauce, 204, 208, 210-11
バリエーション variations, 211
——ムースリーヌソース mousseline, 208, 211
ペイストリークリーム（クレーム パティシエール）pastry cream, 230, 235-36
ベーキングストーン baking stone, 48
ベーキングパウダー baking powder:
クイックブレッドに入れる —— in quick breads, 91
クッキーに入れる —— in cookies, 61
ベーコン bacon:
カナディアン—— Canadian, 178-79
生クリームと角切りにした ——のパスタ diced, and cream with pasta, 40
トウモロコシ、——、ソラマメのニョッキ corn, and fava beans, gnocchi with, 72
ベシャメルソース béchamel, 134, 135
ヘストナー、ウーヴェ Hestnar, Uwe, 17-20, 110, 248-49
ベニエ beignets, 67
ベリー berry(ies):
クイックブレッドとマフィンの具 in quick breads and muffins, 94
クレープの具 in crepes, 107
ブルーベリー カスタード タルト blueberry-custard tart, 51
——タルト tart, 50
変動要素 variables, 27

ほ

ボイルド ドレッシング dressing, boiled, 135
ホウレンソウ spinach:
マッシュルーム、エシャロット、——のニョッキ gnocchi with mushrooms, shallots and, 73
——のクレープ crepe, 106-07
ホタテとエビのソーセージ scallop and shrimp sausage, 168-69
ポップオーバー popovers, 92-93, 99-101
黄金比 ratio, 92-93
基本の —— basic, 99-101
ポテトパンケーキ potato pancakes, 67
ポルシン、ブライアン Polcyn, Brian, 158, 159
ボルドレーズ ソース bordelaise sauce, 134
ポロねぎ leek:
じゃがいもと ——のタルト and potato tart, 49
——のソテーとクルミのタルト sautéed, and walnut tart, 49

ま

マギー、ハロルド『マギー キッチンサイエンス』McGee, Harold, On Food and Cooking, 55, 82, 186-87, 205
マッシュルーム mushroom(s):
——、エシャロット、ホウレンソウのニョッキ shallot, and spinach with gnocchi, 73
——とエシャロットのソース and shallot sauce, 134
マフィン muffins, 91, 93
黄金比 ratio, 91, 93
基本の生地 basic batter, 93-94
トウモロコシの —— corn, 95
バリエーション variations, 94-95
豆 bean(s):
グリーンピースを鮮やかな緑色に仕上げるゆで方、ローストチキンのつけあわせ how-to-cook-green-beans green, roasted chicken with, 176-78
白豆とソーセージとエンダイブのスープ white, sausage, and escarole soup, 124-25
トウモロコシ、ベーコン、ソラマメのニョッキ fava, corn, and bacon, gnocchi with, 72
豆 pea(s):
カレー味のイエロースプリットピーススープ yellow split, soup, curried, 125
カレー味の ——と玉ねぎのフリッター and onion fritters, curried, 98
豆類、ストックに入れる legumes, in stocks, 121

マヨネーズ mayonnaise, 186-95
アイオリソース aioli, 190
黄金比 ratio, 11, 186-88
カレー味の —— curried, **193-94**
基本の —— basic, **189-90**
困ったときのお助けワザ troubleshooting, 188
即席—— instant, **194-95**
チリ ライム —— chilli-lime, **192-93**
作り方 ways to approach, 188
バリエーション variations for, 190-91
フィーヌゼルブの —— with fines herbes, **193**
レモンとエシャロットの —— lemon-shallot, **191-92**
——に入れるニンニク garlic in, 190
——に入れるマスタード mustard in, 191
——に入れる卵黄 egg yolks in, 186-88
——の色と風味 color and flavor in, 187
——の乳化 emulsion of, 187-89
丸型 ring molds, 222
マルテーズソース maltaise sauce, 208

み

ミートボール meatballs, **161**
ミートローフ meat loaf, 160, **161**
ミオシン myosin, 153
水、容積と重量の値 water, volume-to-weight relationship in, 112
ミルポワ mirepoix, 113, 128
きつね色になるまで炒めた —— browned, 134

む

ムースリーヌ mousseline, 163-72
黄金比 ratio, 163
オランデーズ——ソース hollandaise, **209**
基本の ——フォースミート basic forcemeat, **164-65**
シュリンプトースト shrimp toast, **167**
ハーブチキンのアニョロッティ agnolotti with herbed chicken stuffing, 19, **169-70**
ベアルネーズ——ソース béarnaise, 204, 208, **210-11**
——ソース sauce, 208, **211**
——に入れる卵 eggs in, 143-44
——の使い道 using, 165-66

め

メキシカン チョリソー Mexican chorizo, **156**

も

桃 peach:
——とプロシュートのタルト and prosciutto tart, **50**
——のフリッター fritters, **99**
桃とプロシュートのタルト prosciutto and peach tart, **50**

や

焼き菓子作り、泡立て法 baking, mixing methods for, 77-79, 81-82
焼きプリン、伝統的な crème caramel, classic, **220-21**
野菜 vegetables:
ヴィネグレットに加える —— in vinaigrettes, **199**
飾り garnish, 136, 139
植物性ショートニング vegetable shortening, 44, 61
ストックに入れる —— in stocks, 113-14
緑の ——用の塩水 green, salted water for, 175-76
緑の ——以外、カスタード nongreen, in custards, **226**
ミルポワ mirepoix, 113, 128
緑色以外の ——、クリームスープ nongreen, in cream soups, **138-40**
緑色——の、クリームスープ green, in cream soups, **137-38**
——スープ soup, **125**
——のストック stock, **119-121**
——のピクルス pickled, **176**
——を炒める sweating, 120

ら

ラード lard, 44, 46
ラードン lardons, 223
ライドン、シューナ・フィッシュ Lydon, Shuna Fish, 244
ライム lime:
チリ——マヨネーズ -chilli mayonnaise, **192-93**
レモンと ——のパウンドケーキ -lemon pound cake, **82-84**
——とピーナツのヴィネグレット peanut-lime vinaigrette, **202-03**
ラザニア lasagna, 40-41
ラビオリ raviolis, 165
自動的に作れる袋状に閉じた —— self-sealing, 169
ハーブチキンのアニョロッティ agnolotti with herbed chicken stuffing, **169-70**
ラフト raft, 127
ラム酒とカルダモンのチョコレートソース rum-cardamom chocolate sauce, **241**
ラム肉 lamb:
オリーブと柑橘類入り ——ソーセージ sausage with olives and citrus, **156-57**
——と風味づけ and seasonings, 153, 191, 208

り

リー、コーリー Lee, Corey, 164
リエ lié, 141
リップのスパイス クッキー Rip's spice cookies, **63**
料理技術、の重要性 technique, importance of, 249
料理技術、の大切さ cooking technique, importance of, 249
料理の真髄 truth of cooking, 18-22
料理のプロのみなさんへ professionals, note to, 15
料理用タコ糸 butcher's string, 21
リンゴとブラウンシュガー、クレープの具 apple and brown sugar, in crepes, 107
リンゴのフリッター apple fritters, **99**
リンツァークッキーの生地 Linzer cookie dough, 60

る

ルー roux, 131, 132–40
ヴルーテ velouté, **134**
黄金比 ratios, 132-33
クリームスープに入れる —— in cream soups, 136-37
白い —— pale, 132-33
使い方 using, 134-35
ブラウンソース brown sauce, 134, 135
ベシャメルソース béchamel, 134, 135
マザーソース mother sauces, 134, 196

——に使用する脂肪 fat for, 133
ルヴァン種 levain, 27
ルバーブ・パイ、アディソンの、格子状の蓋をかぶせた rhubarb pie with lattice crust, Addison's, 52-53
ルムイヤージュ remouillage, 117-18

れ

レイヒー、ジム Lahey, Jim, 34
レードル ladles, 22
レシチン lecithin, 187, 205
レモン lemon:
鶏肉と七面鳥用のハーブと ——のブライン液 and herb brine for chicken and turkey, 175
——タルト tart, 50
——とエシャロットのマヨネーズ -shallot mayonnaise, 191-92
——とケシの実のクッキー –poppy seed cookies, 58, 60, 62
——とライムのパウンドケーキ -lime pound cake, 82-84
——カード curd, 50
レモンとケシの実のクッキー poppy seed–lemon cookies, 58, 60, 62

ろ

ローズマリー rosemary:
赤ワインと ——のソース and red wine sauce, 212-13
——とローストガーリックのパン and roasted garlic bread, 32
ロディエ、クロード Rodier, Claude, 74
ロワイヤル royales, 220

わ

ワイン wine:
赤——とローズマリーのソース red, and rosemary sauce, 212-13
アサリ、白——、ニンニク、タイムのニョッキ white, clams, garlic, and thyme with gnocchi, 73
定番の赤——、ヴィネグレット red, classic vinaigrette, 198-99
料理に使用する —— cooking with, 144

[著者]
マイケル・ルールマン (Michael Ruhlman)
1963年生まれ。作家、ジャーナリスト。料理人になるための修業をした経験を生かし、料理・食をテーマにしたベストセラー書を多数執筆。
1996年、著作活動の一環として、米国最高峰の料理大学、カリナリー・インスティテュート・オブ・アメリカ(略称CIA)に学生として入学。CIAでの厳しい授業を通じて、自身を含む生徒たちが苦しみながらも一人前の料理人へと成長していく様子を描いたノンフィクション『料理人誕生』(邦訳:集英社刊)を上梓(じょうし)。この本がベストセラーになり、著作家としての地位を確立。その後、十数年を経て刊行された本書で、CIAの元学長が考案した「配合比率表」の内容を、本人の許可を得て、独自の修正を加えた上で、一般向けの出版物として初公開。原著は好評をもって迎えられ、2009年の刊行以来、いまだに売れ続けるロングセラーになっている。その他の著作に、著名シェフのトーマス・ケラーとの共著『The French Laundry Cookbook』などがある。

[訳者]
谷 水奈子 (たに・みなこ)
翻訳者。上智大学文学部卒業。

制作協力　フィーストインターナショナル株式会社
DTP　株式会社ユニオンワークス
編集協力　齋藤美帆

[図版クレジット]
(ページ数の後に - で続く番号は、ページ内の上から何番目の写真かを示す。
写真がページ内で2段以上に分かれている場合は、左上→左下→右上→右下の順に数えた番号を示す)

P9-1, Hong Vo.　P9-2, bonchan.　P9-3, hsagencia.　P11-1, Andrey Solovev.　P11-2, Ann Pics.
P27-1, M. Unal Ozmen.　P27-2, manfredxy.　P30-2, Israel Patterson.　P33-1, Binh Thanh Bui.
P33-2, Kristina Postnikova.　P39-1, timquo.　P39-2, Quanthem.　P39-3, Sonia Dubois.
P40-2, spaxiax.　P47, photogal.　P48-1, Danny Smythe.　P49-1, Adam Wasilewski.
P49-3, Peter Zijlstra.　P52, Africa Studio.　P61, zukerka.　P67-1, CKP1001.　P67-3, Lakiere Christie.
P68-1, AGCuesta,　P68-2, AnnapolisStudios.　P68-3, Robyn Mackenzie.　P72, RuslanHoroshko.
P78-1, Ryzhkov Photography.　P78-2, hd Connelly.　P78-3, Hong Vo.　P78-4, margouillat photo.
P79-1, Anastasia Prisunko.　P79-3, Feng Yu.　P79-4, HeinzTeh.　P87, MaraZe.　P95, nathanipha99.
P98-1, optimarc.　P98-2, Moving Moment.　P123-2, vitals.　P133-1, Fanfo.　P133-2, Fanfo.
P133-3, AS Food studio.　P134-2, Joe Gough.　P134-3, gontabunta.　P134-4, Audi Dela Cruz.
P148, Alexandralaw1977.　P150, koss13.　P165, hlphoto.　P175, DronG.　P184-1, bonchan.
P185-2, Brent Hofacker.　P185-3, doliux.　P185-5, Magnago.　P217-1, Atsushi Hirao.
P217-3, Chef photography.　P217-4, CKP1001.　P220-2, CKP1001.　P239-2, Y Photo Studio.
P240-1, pick.　P240-2, Wiktory.　P240-3, Anna_Pustynnikova. (以上Shutterstock.com)

P8, Floortje.　P19, iko636.　P24, stocknshares.　P28, yanggiri.　P29, Pixel_Squid.　P30-1, Esdelval.
P37-2, Sfocato.　P40-1, eZeePics Studio.　P49-2, adrianciurea69.　P49-4, PicturePartners.
P60, Ivenks.　P67-2, margouillatphotos.　P67-4, lazywing.　P79-2, DebbiSmirnoff.
P134-1, EarnestTse.　P185-4, sbossert.　P217-2, viennetta.　P245, Mindstyle. (以上iStockphoto.com)

P12, P13, P14, P22-1, P22-2, P22-3, P30-3, P35, P37-1, P45, P55, P58, P66, P69, P77, P80, P85, P88, P92, P96, P97, P100, P104, P111, P123-1, P132, P135, P142, P149, P151, P164, P174, P197, P205, P220-1, P222, P229, P230, P239-1 (以上Donna Turner Ruhlman)

西洋料理の黄金比

2018年11月11日　第1刷

著　者　マイケル・ルールマン
訳　者　谷 水奈子
発行所　株式会社 楽工社
〒190-0011
東京都立川市高松町3-13-22春城ビル2F
電話 042-521-6803
www.rakkousha.co.jp
印刷・製本　大日本印刷株式会社
装　幀　水戸部 功

978-4-903063-81-2

好評既刊

歴史を変えた
6つの飲物

ビール、ワイン、蒸留酒、コーヒー、茶、コーラが語る
もうひとつの世界史

トム・スタンデージ著

定価（本体2700円＋税）

17カ国語で翻訳版刊行。読み出したら止まらない、世界的ベストセラー!
エジプトのピラミッド、ギリシャ哲学、ローマ帝国、アメリカ独立、フランス革命……。
歴史に残る文化・大事件の影には、つねに"飲物"の存在があった!
6つの飲料を主人公として描かれる、人と飲物の1万年史。
「こんなにも面白くて、しかも古代から現代まで、人類史を短時間で集中的に
説得力をもって教えてくれる本は、そうそうない」――ロサンゼルス・タイムズ紙